ライブラリ 経営学コア・テキスト=3

コア・テキスト
マクロ組織論

山田 耕嗣・佐藤 秀典

新世社

編者のことば

　経営学は常識の学問である。経営学はいまや現代人にとっての基本的なリテラシーの一部である。最新ニュースのほとんどに企業や組織がからみ，この世のほとんどすべての問題は，経営の問題として読み解くことができる。経営学はまさに現代社会の常識なのである。

　経営学は常識の学問である。経営学は科学であり，個々の理論やモデルが正しいかどうかはデータと事実が決める。しかもその検証作業は，一部の研究者たちだけの占有ではない。広く一般の人々も日々の実践の中で検証を繰り返し，その結果生き残った経営理論だけが，常識として広く世の中に定着していく。

　経営学は常識の学問である。経営学は常識にもかかわらず，学問としての体系をもっている。そこが普通の常識とは異なる。体系的に学び，体得することができる。実際，現代ほど学問として体系的な経営学の教科書が渇望されている時代はない。高校生から定年退職者に至るまで，実に多くの人から「経営学の良い教科書はどれか」と質問される。

　それでは，良い教科書の条件とは何か。第一に，本当に教科書であること。予備知識のない普通の人が，順を追って読み進めば，体系的に理解可能な本であること。第二に，学問的に確からしいことだけが書かれていること。もちろん学問には進歩があり，それまで正しいとされていたものが否定されたり，新しい理論が登場したりすることはある。しかし，ただ目新しくて流行っているというだけで根拠もなく取り上げるビジネス書とは一線を画する。そして第三に，読者がさらに学習を進めるための「次」を展望できること。すなわち，単体として良い本であるだけではなく，次の一冊が体系的に紹介され，あるいは用意されていることが望ましい。

　そのために，このライブラリ「経営学コア・テキスト」が企画された。経営学の「核となる知」を正しく容易に理解できるような「良い教科書」群を体系的に集大成する試み。そのチャレンジに，いま21世紀を担う新世代の経営学者たちが集う。

高橋　伸夫

はしがき

　本書はマクロ組織論の入門書です。経営学の研究対象はその分析レベルによって，個人，小集団，企業，企業間関係やネットワーク組織などに大別できます。このうち組織の中の個人や小集団などを主な分析対象とするのがミクロ組織であり，企業そのものやネットワーク組織などを主な分析対象とするのがマクロ組織論です。

　経営学が分析対象とする組織というと，企業のことを思い浮かべる方も多いかと思いますが，「組織」という概念は企業とは異なる概念です。詳しいことは序章で説明しますが，組織とは本来，つながりや関係性を本質的特性としたシステムやネットワークとしてとらえるべき概念なのです。組織は企業の内部のみならず，その境界を越えて成立し，活動しています。たとえば企業の活動には，境界外部の投資家，サプライヤー，流通業者，顧客，公的機関，時にはライバル企業との相互作用も必要になります。現代社会では，さまざまな人や企業がネットワーク的につながり，一つのシステムとして組織的な活動を行っています。こうしたマクロ・レベルでの多様な主体間のつながり方や組織化のメカニズムについて分析を行うのがマクロ組織論です。

　私たちの日々の生活は，社会に張り巡らされた大小さまざまなネットワーク組織の活動によって支えられています。また私たち自身も，就業者や消費者として，日々こうした組織的活動に参加しています。このような現実を考えれば，マクロ組織論を学ぶ意義は，研究者のみならず，多くの社会人や学生にとっても大きいといえるでしょう。本書で取り上げたマクロ・レベルでの組織の諸現象やそれを考察するための諸理論は，その一部にすぎませんが，本書がマクロ組織論に興味を持つきっかけとなり，また，さらに学び進めていくうえでの一助になればと願っています。

　本書の出版に当たっては，多くの方々にお世話になりました。まず本書を執筆する機会を与えてくださった東京大学大学院経済学研究科の

高橋伸夫先生に深く感謝申し上げます．筆者2人は時期こそ違いますが，学生時代から長きにわたり高橋先生はじめ，藤本隆宏先生，新宅純二郎先生，和田一夫先生ら多くの先生からご指導いただきました．今回，高橋先生には草稿段階の原稿をゼミナールで輪読していただき，先生のみならずゼミ生の皆さんからも多くの有益かつ率直なコメントを頂戴しました．この貴重なご助言，ご意見によって完成稿とすることができました．厚く御礼申し上げます．

また横浜国立大学大学院国際社会学府の山倉健嗣先生にも本当にお世話になりました．執筆者の一人である山田は学部生時代，先生のゼミナールで組織間関係論を学ばせていただいたことによって，その後の研究の方向性を決めることができました．そして先生と同じ大学に所属する佐藤も常日頃より大変お世話になっております．謹んで感謝申し上げます．

最後になりましたが，新世社編集部の御園生晴彦氏には，執筆のスケジュール管理において大変お世話になりました．御園生氏には，遅々として執筆が進まない筆者を辛抱強く見守り励ましていただきました．氏のご尽力なしには本書の完成はありえませんでした．心より御礼申し上げます．

2014年6月

山田耕嗣・佐藤秀典

目　次

序　章　システムとしての組織　　1

- 0.1　組織とは何か ―― 2
- 0.2　本書の範囲と構成 ―― 8

第Ⅰ部　現象編　　11

第1章　組織デザイン概論　　13

- 1.1　組織をデザインするとは？ ―― 14
- 1.2　代表的な組織の構造 ―― 15
- 1.3　組織構造の選択 ―― 23
- 1.4　組織構造の変更 ―― 24
- 1.5　部門間の調整と情報の流れ ―― 26
- ●演習問題　29

第2章　サプライヤー・システム　　31

- 2.1　2つのサプライヤー・システム ―― 32
- 2.2　製品アーキテクチャと企業間関係 ―― 37
- 2.3　部品開発における緊密な連携 ―― 38
- 2.4　協調行動の進化を支える信頼と未来の重さ ―― 41
- 2.5　トヨタのサプライヤー・システムにおける協調関係の進化 ―― 43
- ●演習問題　48

第3章　技術と組織　49

- 3.1　技術と組織のかかわり ─── 50
- 3.2　ヒット商品を生み出すためには ─── 54
- 3.3　製品開発の組織 ─── 58
- 3.4　製品特性と開発組織 ─── 61
  - ●演習問題　64

第4章　クラスター　65

- 4.1　クラスターとは ─── 66
- 4.2　外部経済と柔軟な専門化 ─── 69
- 4.3　クラスターにおける開放性と柔軟性 ─── 73
- 4.4　立地の競争優位の源泉 ─── 77
- 4.5　スピンオフとシリアル・アントレプレナー ─── 79
  - ●演習問題　85

第5章　多国籍企業　87

- 5.1　P&Gの海外戦略 ─── 88
- 5.2　多国籍企業が直面する「隔たり」 ─── 92
- 5.3　グローバリゼーションの変遷と組織形態 ─── 94
- 5.4　多国籍企業における知識の創造・移転 ─── 100
- 5.5　海外子会社の役割変化 ─── 105
- 5.6　富士ゼロックスによる知識の逆移転 ─── 107
  - ●演習問題　112

第6章　標準化　　113

6.1　標準化とは ── 114
6.2　フォード・システムにおける標準化 ── 116
6.3　組織における標準化 ── 124
6.4　インプット，アウトプットにおける標準化 ── 125
6.5　スループットにおける標準化 ── 128
6.6　良品計画の店舗業務改革 ── 132
　●演習問題　135

第7章　組織不祥事　　137

7.1　組織が社会に悪影響を与える出来事 ── 138
7.2　不祥事が起こる原因 ── 142
7.3　組織不祥事の事例 ── 145
7.4　不祥事後の対応 ── 148
7.5　不祥事後の対応の事例 ── 149
7.6　必要な対応が先送りされる理由 ── 151
　●演習問題　153

第Ⅱ部　理論編　　155

第8章　コンティンジェンシー理論　　157

8.1　コンティンジェンシー理論とは ── 158
8.2　環境と管理システム ── 159
8.3　技術と組織構造 ── 160
8.4　環境と組織構造・組織プロセス ── 164
8.5　行為の中の組織 ── 169
　●演習問題　172

第9章　資源依存理論　　173

- 9.1 組織間関係論とは ― 174
- 9.2 資源依存 ― 176
- 9.3 依存とパワー ― 177
- 9.4 依存関係のマネジメント ― 180
- 9.5 組織間関係と組織内のパワー構造 ― 187
- 9.6 組織の有効性のジレンマ ― 189
  - ●演習問題　193

第10章　コンフリクトとパワー　　195

- 10.1 取り逃がした未来 ― 196
- 10.2 組織におけるコンフリクト ― 200
- 10.3 パワー ― 204
- 10.4 パワー構造の変化 ― 209
- 10.5 パワー構造の固定化 ― 214
  - ●演習問題　217

第11章　取引コスト理論　　219

- 11.1 取引コスト理論とは ― 220
- 11.2 取引コストの規定要因 ― 222
- 11.3 取引のガバナンス構造と取引属性 ― 224
- 11.4 取引コストと取引の内部化 ― 228
- 11.5 動学的取引コスト ― 231
  - ●演習問題　235

第 12 章　組織エコロジー論

- 12.1　組織は環境変化に対応できるか？ — 238
- 12.2　スペシャリスト組織とジェネラリスト組織 — 243
- 12.3　組織の誕生と死 — 248
  - ●演習問題　252

第 13 章　新制度派組織論

- 13.1　組織はなぜ似てくるのか？ — 254
- 13.2　組織にとっての正当性の意味 — 259
- 13.3　同型化とパフォーマンス — 262
- 13.4　組織の制度への戦略的対応 — 266
- 13.5　制度的企業家 — 268
  - ●演習問題　269

第 14 章　組織のネットワーク理論

- 14.1　組織を「つながり」から考える — 272
- 14.2　直接結合と構造同値 — 274
- 14.3　ネットワークによる知識の共有 — 276
- 14.4　ネットワークと競争優位 — 278
- 14.5　埋め込まれた紐帯 — 281
  - ●演習問題　284

第 15 章　組織アイデンティティ　285

- 15.1　組織アイデンティティとは？ ── 286
- 15.2　組織アイデンティティと組織イメージ ── 288
- 15.3　組織アイデンティティの変化の例 ── 291
- 15.4　組織アイデンティティの主体的な変化 ── 294
- 15.5　組織アイデンティティの危機 ── 296
- 15.6　複数の組織アイデンティティ ── 298
- 15.7　組織アイデンティティと組織の戦略 ── 301
  - ●演習問題　302

参考文献 ── 303
索引 ── 315

本書に記載している製品名は各社の登録商標または商標です。
本書では®と™は明記しておりません。

序章

システムとしての組織

　組織とはいったいどのようなものなのでしょうか。
　組織はさまざまな要素が結びつき相互作用するシステムとしてとらえることができます。組織論とは組織を構成する要素間の関係性について考える学問です。では，組織を構成する要素とはどのようなものなのでしょうか。
　本章では，組織の概念やその本質について考えてみましょう。

○ KEY WORDS ○
システム，構成的特性，
オープン・システム，
組織均衡，組織の参加者

0.1 組織とは何か

○ システムとは何か

　「ところで，組織学会の『組織』ってなんなの？」。勤務する大学で組織学会の研究発表大会が開催された際，私の家族がいぶかしそうにふともらした言葉です。最初は「何を今さら当たり前のことを？」と思ったのですが，すぐにそうでもないことに気づかされました。確かに組織という言葉は，普段当たり前のように使われていますが，実はその意味や本質は必ずしも周知されているとはいえません（ちなみに経営学にあまり興味のない彼女は，組織学会について，強面の方々の団体なのか？ などと勝手に想像を膨らませていたようです）。

　「組織とは何か？」。このような問いかけに対して，あなたはどのようなものを組織だと答えるでしょうか。自分が勤めている会社や通っている大学，所属しているゼミナールやサークル，普段利用しているコンビニエンス・ストア，銀行，バスや電車などの公共交通機関など，組織らしきものは私たちの身の周りは数多く存在しています。では，これらに共通する組織的特性とはどのようなものなのでしょうか。

　少々抽象的な話になりますが，組織とは一般的に，さまざまな要素の相互作用によって成立するシステムとしてとらえることができます。システムとは，一般的に「相互に関係する要素の複合体」と定義されます。組織というと，「組織の枠にはまる」とか「組織の壁に阻まれる」といった言葉のように，「枠」や「境界」を示す概念のようにとらえる人も多いのですが，本来組織とは複数の要素が結びつく関係性やネットワークを表す概念なのです。

　システムとして組織をとらえる場合，そのもっとも重要な特徴としてあげられるのが，システムを構成する要素間の関係特性です。システム全体の特性は，個々の要素の特性を足し合わせただけでは理解できません。複数の要素が複雑に相互作用し，組織化することでシステム全体は個々の要素の総和以上のものになります。また同じような要素が集まった複合体であっても，システム内部

での相互作用のあり方が違えば，全体的なパフォーマンスにも差異が生じます。このようなシステムの特性を，一般システム論を体系化したフォン・ベルタランフィは**構成的**（constitutive）**特性**と呼んでいます（von Bertalanffy, 1968）。たとえばサッカーのチームの場合，個々の選手を入れ替えなくても，フォーメーション（選手の配置），監督のリーダーシップ・スタイル，コミュニケーション方法，チームの組織文化を変えることで，すなわち選手間の相互作用のあり方を工夫することで，チームの総合力をアップさせることができます。良い選手を集めるだけでチームが強くなるのであれば，サッカーは面白くありませんし，監督もコーチも戦術もチーム練習も必要ありません。チームとしての構成的特性をいかに高めるかが，チームという組織づくりの醍醐味です。

○ バーナードの組織観

　組織をシステムとしてとらえ，要素間の「関係性」に組織の本質を見出したのが，近代組織論の創始者であるバーナード（Chester I. Barnard）でした。バーナードはニュージャージー・ベル電話会社の初代社長を務めた経営者でした。バーナードが1938年に著した"*The Functions of the Executive*"（邦訳『経営者の役割』）は，今なおもっとも影響力のある経営学の古典の一つとして読み継がれています。

　バーナードは普段私たちが目にする具体的な組織のことを，人間が生物学的制約を克服するために作り出した**協働システム**（cooperative system）としてとらえます（Barnard, 1938）。協働システムとは，

> 「少なくとも一つの明確な目的のために2人以上の人々が協働することによって，特殊なシステム的関係にある物的，生物的，個人的，社会的構成要素の複合体」

と定義されています（Barnard, 1938）。

　たとえば，経営者や従業員，工場，設備，資本などさまざまな要素によって構成される会社などの具体的な組織がこれにあたります。そのうえでバーナードは，こうした具体的な組織において共通してみられる組織的現象，すなわち

協働システムの各要素が協働するような状態に結びつけられている関係性こそが組織の本質だと考え，これを公式組織（formal organization）と呼びました。

バーナードは公式組織を

「意識的に調整された複数の人間の諸活動や諸力の体系」

と定義しています。「公式組織」という言葉の響きから，これを実体のある組織のようなものとイメージする人もいるかもしれませんが，公式組織とは，あくまでも構成概念（construct；その存在を仮定することによって，複雑な現象を比較的簡単に説明したり，予測することを目的に想定されるもの）であり，目に見えるようなものではありません。あえていえば，会社のような協働システムにおいて，従業員や工場や設備などの具体的な要素の部分を取り除き，残りの「要素間の関係」の部分にあたるものが，バーナードが言う公式組織なのです（高橋，2000）。

では，この公式組織，すなわち協働システムの各要素が協働的に結びつく状況は，どのようなときに実現されるのでしょうか。バーナードはこれを公式組織の成立条件と呼び，

①コミュニケーション：相互に意思を伝達できる人々がいること。
②貢献意欲：それらの人々は行為を貢献しようとする意欲をもっていること。
③共通目的：共通目的の達成を目指していること。

という3つの条件がそろったとき公式組織が成立すると考えました。

こうしたバーナードの組織観について，おそらく抽象的でシンプルすぎると感じている人もいると思います。しかしながら実際の企業活動を観察していると，実はこうしたバーナードの考え方は，現代においてこそきわめて現実的な意味をもつ，非常にするどいアイディアだということに気づきます。

たとえば，バーナードの定義によると，企業で働く正社員は企業のメンバーではありますが，常に組織のメンバーであるとは限りません。バーナードは，何らかの共通目的を達成するために，貢献意欲をもってコミュニケーションをとりながら協働するという関係性が生まれてはじめて組織は成立すると考えましたが，昔も今も企業においては，こうした3つの条件が常に簡単に成立する

図表 0.1　システムとしての組織と企業間関係

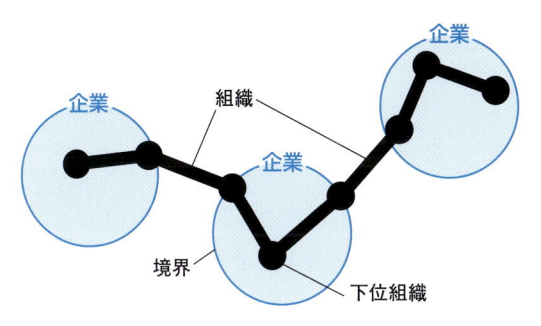

（出所）　高橋（1995, p.245）をもとに作成。

とは限らないのです。むしろ多くの企業においては，上司と部下，部門内や部門間でのコミュニケーション不足，働く意欲のない従業員，部門間の利害対立による共通目的の喪失など，さまざまな問題が常態化している（だからこそ，こうした問題を解明し，解決するための経営学が生まれたわけですが）ことを考えれば，バーナードの言う公式組織を成立・存続させることは多大な努力と工夫が必要な仕事なのです（高橋，2000）。ちなみにバーナードは，この公式組織を成立・存続させ，協働システムを維持することこそが経営者の役割に他ならないと主張しています。

またこうした協働を伴う関係性，すなわち組織は企業の境界を越えて成立します。たとえば，自動車産業を例にとると，法律的な定義では，サプライヤー（supplier；原材料や部品の供給企業）やディーラーは自動車メーカーという企業の境界の外にあるとみなされます。しかしながら実際には，サプライヤーからの部品の供給，自動車メーカーでの自動車の組立，ディーラーによる完成車の販売というように，これらの企業の活動は，自動車の生産，販売のシステムとして実質的に，1つの「組織」のように機能しています。組織は企業という「境界」を越えて複数の要素が機能的に結合しているシステムとしてとらえることができ，ここに企業間関係が出現するのです（図表 0.1）。

このように，複数の企業で形成される系列のようなネットワークも，製造，マーケティング，財務部門などの下位組織で構成されている企業も，複数の個人から構成される職場組織も，バーナードの考えにもとづけば，すべて「組織」というシステムとして統一的にとらえることができるのです。

○ オープン・システムとしての組織

では，組織はどうすれば存続し続けることができるのでしょうか。こうした組織の存続を考える際に重要になるのが，**オープン・システム**（open system）という概念です。オープン・システム概念とは，組織などのシステムは，**環境**との相互作用の中で存続，成長していくという考え方です。ちなみに環境からの影響を受けず自律的に機能するシステムのことを**クローズド・システム**（closed system）と呼びます。現実の組織は，それを取り巻く環境との相互作用の中で活動するオープン・システムです。環境とは，厳密にいえば技術的・経済的理由で，組織によって制御されない諸要因すべてを指しますが，ここでは組織の外部環境のことを環境と呼びます。

外部環境は，多くの組織に共通する**一般環境**と組織特殊的な**タスク環境**に大別することができます。一般環境とは，経済的環境，文化的環境，政治的環境，技術環境，自然環境などがこれにあたります。他方，タスク環境とは，組織の目的設定や目的達成に直接的に影響を与える環境で，具体的には，顧客，投資家，サプライヤーなどがこれにあたります。組織とタスク環境との関係は基本的には交換的なもので，組織は接触をもっている顧客や投資家，サプライヤーなどによって何らかの望ましいものを提供していると判断されなければ，存続に必要なインプットを受け取ることができません。

こうしたオープン・システム観にもとづき，組織存続の条件について**組織均衡**（organizational equilibrium）という概念を提示したのが，サイモン（Herbert A. Simon）でした。サイモンは，バーナードの考えを受け継ぎ，近代組織論の発展に大きく貢献した人物です。1978年にはノーベル経済学賞を受賞しています。サイモンは組織均衡について，次のように説明しています（March & Simon, 1958；1993）。

① 組織は**参加者**（participants）と呼ばれる多くの人々の相互に関連した社会的行動のシステムである。ここでいう組織の参加者には，従業員のほか，顧客，投資家，サプライヤーなども含まれる。

② 各参加者は組織から**誘因**（inducements）を受け，その見返りとして組織に対して**貢献**（contributions）を行う。

③ 各参加者は，要求されている貢献に比べて等しいか，またはそれより大きい誘因が提供されていると知覚する場合，組織への参加を続ける。なお，ここでいう誘因と貢献の比較とは，誘因と貢献の客観的価値の比較ではなく，個々の参加者にとっての主観的な誘因効用と貢献効用との比較である。

④ 各参加者が提供する貢献は，組織が参加者に提供する誘因を作り出す原資となる。

⑤ 組織は，各参加者の貢献を引き出すのに十分な誘因を供与し，かつそれだけの誘因を供与するに十分な貢献を参加者から引き出すことに成功しているならば，存続することができる。この状態を組織均衡という。

ここでいう誘因とは，組織が各参加者に対して行う見返りのことで，たとえば，従業員に対する賃金，顧客に対する製品やサービスの提供，投資家に対する利益の配当などがこれにあたります。他方，貢献とは，参加者が組織に対して行う見返りのことで，たとえば，従業員は労働力，顧客は代金，投資家は資本という形で組織に対して貢献を行います。

組織は参加者に魅力的な誘因を与え，その活動の原資となる貢献を引き出すことで存続することができるのですが，ここで注目すべきは，サイモンが組織の参加者と呼んでいるメンバーの範囲です。バーナードもサイモンも，組織のメンバーとして従業員のみならず，タスク環境である顧客，投資家，サプライヤーなども参加者としてとらえ，それらの組織化こそが組織が長期的に存続し続ける鍵となると考えたのです。

事実，企業はこうした外部参加者との関係構築，すなわち組織化を進めています。たとえば，企業と顧客との関係の変化はまさにその典型です。企業は顧客満足を徹底して高めることで，繰返し自社製品・サービスを利用してくれるリピーターを作り上げ，その顧客との長期的な関係から安定的な利益を確保し

ようとしています。また，企業にとって顧客（ユーザー）は直接的な利益の源泉としてだけではなく，新しい製品・サービスのアイディアの源泉としても重要な存在になっています。技術進歩が速い業界においては，メーカーよりも，ユーザーである顧客のほうが先進的なアイディアや技術をもつケースが増えてきました。また情報技術の進歩により，インターネットなどを通じて企業はこれまでよりも容易にかつ低コストで顧客と直接的な対話ができるようになっています。その結果，企業の製品開発に顧客が深く関与し，企業と顧客が協働で新しい付加価値を生み出すような，いわば顧客の組織化ともいうべき現象が今や常態となっています。

あるいは，かつて日本の大企業でよくみられた株式の持ち合いによる安定株主工作や近年の投資家・株主に対するIR（Investor Relations；投資家向け広報）活動，日本の自動車産業における自動車メーカーと部品のサプライヤーとの長期的で協調的な取引関係の構築等も，それぞれ投資家，サプライヤーに対する組織化の典型的な例です。

バーナードやサイモンらが思い描いていたシステムとしての組織観の意義を今こそ再認識することで，私たちは組織の現実を大局的にとらえ，その本質的理解をより深めることができるのです。

0.2　本書の範囲と構成

本書では，組織をシステム，ネットワークとしてとらえ，組織を構成する要素間の関係性に注目し，要素間の関係性にまつわる重要なトピックやそれらの諸現象を考察するための代表的な理論について解説します。とくに本書で取り上げるのは，マクロ・レベルでの組織現象とその理論です。組織論では，組織の分析レベルを次の4つに分類します（藤田，2007；図表0.2）。

①組織の中の個人
②組織の中の（小）集団

図表 0.2　組織に対する分析レベル

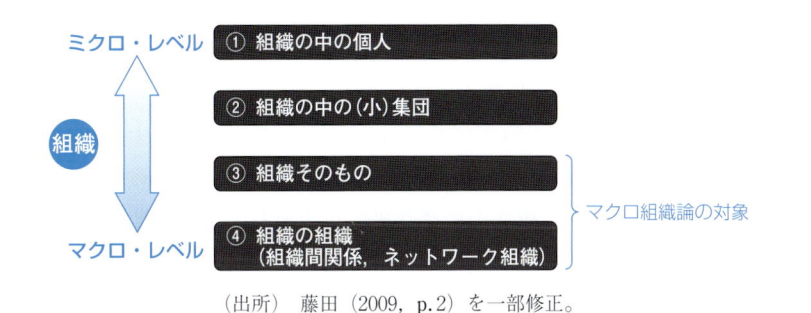

ミクロ・レベル
- ① 組織の中の個人
- ② 組織の中の(小)集団
- ③ 組織そのもの
- ④ 組織の組織（組織間関係，ネットワーク組織）

マクロ・レベル

③と④ → マクロ組織論の対象

（出所）　藤田（2009, p.2）を一部修正。

③組織そのもの
④組織の組織（組織間関係，ネットワーク組織）

このうち，①や②などのミクロ・レベルを主な分析範囲とし，個人のモチベーション，リーダーシップ，キャリアなどの諸現象について研究を行うのがミクロ組織論です（ミクロ組織論の詳細については，本ライブラリの『コア・テキスト ミクロ組織論』を参照してください）。これに対して，③や④などのマクロ・レベルを主な分析対象とし，組織構造やコンフリクトとパワー，組織変革，企業間関係などの諸現象の分析と解明を試みるのがマクロ組織論です。

マクロ組織論という名称そのものは，近年において定着した呼称ですが，もともとは官僚制組織の研究に代表されるような，組織目的を合理的に達成するための最善の組織構造や組織プロセスの探求から始まったものです。しかし現実的には，社会には規模，形態，管理スタイルが異なるさまざまな組織がそれぞれ異なる環境のもとで活動をしています。本当に唯一最善の組織形態など存在するのだろうか，こうした疑問から，組織構造や管理手法などの組織化の方法を，各企業，各産業によって異なる環境や技術などとの適合関係において解明しようとしたのがコンティンジェンシー理論（第8章参照）でした。これ以後マクロ組織論においては，組織と環境との関係に注目が集まるようになり，

組織とそれを取り巻くさまざまなステークホルダーとの関係を分析対象とした組織間関係論（第9章参照）や組織のネットワーク理論（第14章参照）が本格的に展開されるようになりました。

　本書は二部構成になっています。第Ⅰ部の現象編では，マクロ・レベルの組織現象に関する重要なトピックスを取り上げます。具体的には，部門間の結びつき方のパターンである組織デザイン（第1章），メーカーとサプライヤーによって形成されるサプライヤー・システム（第2章），生産や研究開発に対する技術の影響（第3章），複数の企業や組織が地理的に集積し組織的活動をするクラスター（第4章），本国親会社と海外子会社とによって構成される多国籍企業（第5章），仕事の流れの円滑化と組織能力の蓄積・発展の基礎となる標準化（第6章），社会との関係に大きな影響を及ぼす組織不祥事（第7章）といったトピックスを紹介しています。

　また第Ⅱ部では，これらのマクロ・レベルのトピックスの意味を読み解くうえで役に立つ，マクロ組織論の代表的な理論を紹介しています。具体的には，組織と環境との適合関係に注目したコンティンジェンシー理論（第8章），組織間の資源依存とパワーとの関係に注目した資源依存理論（第9章），部門間や企業間で発生するコンフリクトとパワーに関する理論（第10章），企業のMake or Buyの意思決定問題を理論化した取引コスト理論（第11章），組織群のレベルで適応と淘汰のメカニズムを考察する組織エコロジー論（第12章），法や社会的規範などの制度的ルールと組織との影響関係に注目する新制度派組織論（第13章），ネットワーク上の位置やネットワークの構造から個人や企業の行動や強みを分析する組織のネットワーク理論（第14章），組織メンバーによって醸成される「自分たちらしさ」の意味について考察する組織アイデンティティ論（第15章）について解説しています。

　第Ⅰ部の現象編と第Ⅱ部の理論編の内容には，関連する部分が数多く含まれています。第Ⅰ部の各章では，各トピックスを紹介しながら，これらの現象を論理的に読み解くためのフレームワークとして，第Ⅱ部のマクロ組織の理論が紹介されています。第Ⅰ部で紹介されているトピックスを，第Ⅱ部で解説されているマクロ組織の理論をもとに自分の頭で整理し考えることで，その本質の理解がより深まることでしょう。

第 I 部

現象編

第1章　組織デザイン概論
第2章　サプライヤー・システム
第3章　技術と組織
第4章　クラスター
第5章　多国籍企業
第6章　標準化
第7章　組織不祥事

第1章

組織デザイン概論

　本章では，組織の中の部門間の結びつきを取り上げます。

　皆さんは企業の組織図を目にすることがあると思います。そのとき，「どこも同じような組織の形をしている」と感じたでしょうか。それとも「どこも違った組織の形をしている」と感じたでしょうか。実際には，組織構造はいくつかの代表的なタイプに分けることができます。本章では，代表的な組織構造にはどのようなものがあるか，それらはどのような基準で選ばれるかについて考えていきます。

○ KEY WORDS ○

組織デザイン，
機能別組織，事業部制組織，
マトリックス組織，
コミュニケーション

1.1　組織をデザインするとは？

　現在，私たちの生活は，数多くの組織によって支えられています。たとえば，大学へ通学するため，あるいは会社に通勤するため，皆さんはバスや電車を利用するかもしれません。それらはバス会社や鉄道会社という組織によって運行されています。自家用車を使う人であれば，それは自動車会社という組織によって作られた製品を利用していることになります。また，お昼ごはんを買うために，コンビニエンス・ストアやファストフード店に立ち寄るかもしれません。それらももちろん組織です。その他にも，皆さんの身のまわりにあって目にするもののほとんどが，組織によって作られたり，組織によって販売されたりしているものでしょう。

　このように，組織はとても身近で，私たちの生活に非常に深くかかわっています。そのため，もし組織が適切に運営されなければ，私たちの生活にも問題が生じてしまいます。

　組織は，1人ではできないことを可能にします。しかし，組織が大きくなるほどそこで働く人の数も多くなり，また活動する範囲も広くなっていきます。大きな企業であれば，世界中に拠点をもち，何十万人もの従業員が働いているということも少なくありません。そうすると，それだけ仕事を調整し，1つの目的のために動いていくことが難しくなってしまいます。そこで，組織を適切に運営するための一つの仕組みとして組織デザインについて考えなければいけなくなります。

　組織は人の集まりですが，人が集まればすぐに組織となるわけではありません[1]。互いに協力し合わなければ，組織としての力を発揮することはできません。そのためには活動の範囲を定め，コミュニケーションをとることが必要になります。つまり，分業したうえで活動を調整しなければならないということです。

1　バーナードは，組織が成立する要件として①共通目的，②貢献意欲，③コミュニケーションの3つをあげています（Barnard, 1938）。

このように，組織をデザインするということは権限と責任の範囲を定め，情報が流れるルートを決めることでもあります。そのため，組織デザインは組織で働く人たちの行動や考え方にも影響を与えます。ここではまず，組織デザインの一例として，組織図で表されるような組織構造についてみていくことにしましょう。

1.2 代表的な組織の構造

　代表的な組織の構造として，ここでは，①機能別組織，②事業部制組織，③マトリックス組織の３つを中心に取り上げます。
　もちろん，実際の企業ではこれらを組み合わせた組織となっていることが一般的で，単純にどの組織構造にあてはまるということができるわけではありません。ですが，基本的な組織構造を知り，それらのもつメリット，デメリットを理解しておくことは実際の複雑な組織を理解するうえでも役に立ちます。

○ 機能別組織

　機能別組織は，組織を運営するために必要な機能ごとに部門が分かれている組織です（図表1.1）。実際の名称は組織によってさまざまですが，代表的なものとしては生産，営業，経理，人事，総務，研究開発などの機能があり，それぞれが生産部門，営業部門，経理部門などのように１つの部門となります。
　機能別組織では，類似の仕事を行う人たちが１つの部門に集まることになります。そのため，同じ専門分野をもった人同士でのコミュニケーションがしやすくなり，専門的な知識を蓄積することができます。また，何かを販売したり購入したりするときには，販売部門や購買部門といった１つの部門がその仕事を担当するため，会社全体の取引をまとめることができます。それにより，効率的に取引を行うことができ，また，取引の規模も大きくなるため，有利な条件で契約することができる可能性も高くなります。

図表1.1 機能別組織

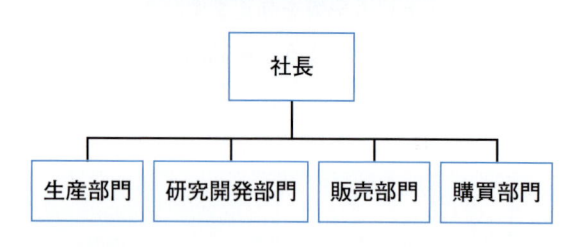

```
            社長
  ┌──────┬──────┬──────┐
生産部門 研究開発部門 販売部門 購買部門
```

　一方で機能別組織では，生産と販売といった異なる業務を担当する部門の間でのコミュニケーションが難しくなります。そのため，それぞれの部門が，自分たちの目標を達成するために努力することが，組織全体にとってのメリットにつながらない可能性もあります。

　たとえば，販売部門はさまざまなプロモーション活動を行い，顧客とコミュニケーションをとることで製品の売上を伸ばそうとするでしょう。生産部門は，できる限り効率的に作れるようにさまざまな改善活動を行うかもしれません。これらはどちらもそれだけを見ればいいことに違いありません。しかし，生産部門が今月どれだけ作るのかを決めるためには，どれぐらい売れそうかという販売部門の情報が必要になるでしょう。また，販売部門が顧客に対してどれぐらいの納期で製品を納入できるかを説明するときには，生産部門のもつ情報が必要になるかもしれません。もし，2つの部門でのコミュニケーションがうまくいっていなければ，顧客に対して，必要な製品を必要なときに供給することは難しくなるでしょう。

　機能ごとの部門に分かれているということは，さまざまな機能をまとめて組織全体を運営できるようなマネジャーが育ちにくいという側面ももっています。長く生産部門で働いてきた人は生産のエキスパートに，経理部門が長い人は経理のエキスパートにというように，専門性を高めることはできます。しかし，経営者として会社全体を見る立場についたときには，生産のことしかわからない，経理のことしかわからないということでは困ってしまいます。キャリアパ

スをうまく考えて，組織全体を考える視点を養うように経験を積ませることが重要になります。

このような特徴をもつ機能別組織は，少数の製品のみを限られた地域で扱うような組織では有効です。しかし，企業は経営資源を有効活用するために扱う製品を増やしたり，活動する地域を広げたりしながら多角化していきます。その場合にはこの組織構造では管理が難しくなります。そこで用いられるのが次にみる事業部制組織です。

○ 事業部制組織

事業部制組織とは，扱っている製品や活動している地域を軸として事業を定め，事業ごとに部門を分けている組織です。機能別組織では，機能ごとに部門が分かれていました。そのため，それぞれの部門単独では業務が完結しません。人事部門だけあっても，それだけでは顧客に対して製品やサービスを提供することはできないわけです。

これに対して事業部制組織では，それぞれの事業部が生産や営業などの機能をもった部署を含んでいます。そのため，それぞれの事業部で業務を完結させることができます。ある製品を扱う事業部では，その製品に関してはその事業部だけで顧客に対応することができることになります。つまり，それぞれの事業部をみると小さな機能別組織になっているということです。

製品ごとに事業を分けている場合には，それぞれの部門は○○製品事業部ということになります（図表 1.2）。

事業部の呼び方は企業によってさまざまあり，事業グループ，事業ユニットなどと呼ばれることもあります。また，それぞれの事業をあたかも独立した会社のよう扱い，自由度を高めている場合にはカンパニー制と呼ばれることもあります。

製品あるいは製品群ごとに事業部を分けるのは，製品によって用いられる技術や製品の寿命，顧客のニーズなどが異なるためです。

製品あるいは製品群ごとに事業部を設けることによって，その製品に関する機能別の部署の連携がとりやすくなります。それにより，より良い顧客への対

図表 1.2　製品別の事業部制組織

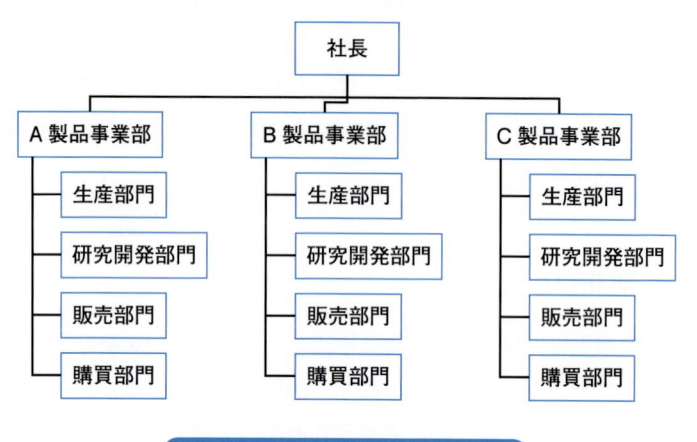

```
                    社長
        ┌────────────┼────────────┐
    A製品事業部    B製品事業部    C製品事業部
    ├生産部門      ├生産部門      ├生産部門
    ├研究開発部門  ├研究開発部門  ├研究開発部門
    ├販売部門      ├販売部門      ├販売部門
    └購買部門      └購買部門      └購買部門
```

図表 1.3　地域別の事業部制組織

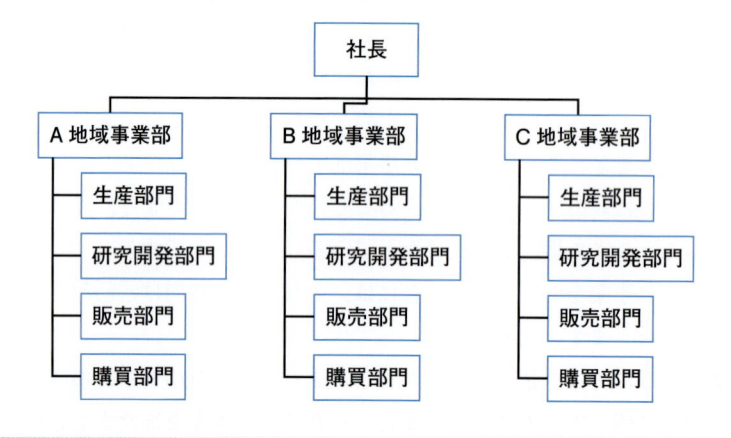

```
                    社長
        ┌────────────┼────────────┐
    A地域事業部    B地域事業部    C地域事業部
    ├生産部門      ├生産部門      ├生産部門
    ├研究開発部門  ├研究開発部門  ├研究開発部門
    ├販売部門      ├販売部門      ├販売部門
    └購買部門      └購買部門      └購買部門
```

応が可能になります。

　事業部を製品以外の軸で分けたものとしては，地域別の事業部制組織があります（図表 1.3）。

　日本国内で営業している企業であれば，北海道事業部，東北事業部，関東事業部などのように事業部が分かれるものです。グローバルに展開している企

であれば，アジア事業部，ヨーロッパ事業部，アメリカ事業部などのように分けられます。この場合には，本社の地域別の事業部長が海外の子会社などを統括することになります。

　地域が異なると，製品に対する好みや評価も異なることが多くあります。とくに，国際的に展開している企業であれば，それぞれの国の歴史や宗教などの文化も製品に対する評価に大きく影響します。そのため，事業部を地域ごとに分け，その地域のニーズに適したビジネスを行うことが有効になります。

　このように，事業部制組織では機能別組織と比べて顧客のニーズへの対応が容易になります。また，事業部長は生産，研究開発，販売など複数の機能部門をまとめ，意思決定を行う責任をもちますので，幅広い職務について理解のある経営者が育ちやすくなります。ですが，事業部制組織には機能別組織とは違った問題があります。

　事業部制組織では，事業によって部門を分けます。そのため，異なる事業間でのコミュニケーションが難しくなります。とくに事業部の独立性が強調され，それぞれが自分たちの部門の収益を強く意識しなければならない場合にはこの問題が大きくなります。事業部同士が互いをライバル視し，激しく競争することになり，互いに情報を出し合おうとしなくなります。その結果，同じような製品を2つの事業部で開発してしまうといった重複が生じてしまう可能性があります。これは会社全体としてみた場合には資源が有効に利用されていないということになります。また，事業部制組織は，機能別組織と比べてそれぞれの職務の専門性を高めるという面では弱いというデメリットもあります

　機能別組織と事業部制組織を組み合わせた組織も考えられます。生産や販売などは事業部に任せ，財務や人事，あるいはさまざまな製品に応用できるような研究開発に関しては事業部から独立して設置する組織構造です。これは，ハイブリッド構造とも呼ばれます（図表1.4）。

　この組織は，機能ごとに全社で共有するのか，事業部ごとにもつのか，どちらのほうがメリットが大きいのかを考えて決めるもので，実際の企業でも多くみられる現実的な組織構造といえます。ただし，組織図を完全な形で描くと煩雑になりすぎるため，企業が公表している組織図は簡略化されていることがほとんどです。そのため，実際には次にみるマトリックス組織のように運営され

図表 1.4　ハイブリッド構造の組織

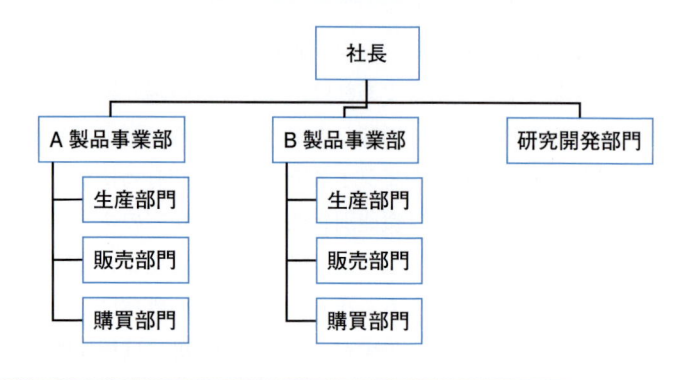

```
              社長
   ┌───────────┼───────────┐
A 製品事業部  B 製品事業部  研究開発部門
  ├生産部門    ├生産部門
  ├販売部門    ├販売部門
  └購買部門    └購買部門
```

ていても，組織図上はハイブリッド組織のように描かれているという場合もあります。

○ マトリックス組織

　すでにみたように，機能別組織は特定の機能について専門性を深めるのに適しています。これに対して，事業部制組織は製品や地域ごとの個別のニーズに細かく対応するのに適しています。ですから，自分たちのビジネスにとって，どちらを優先する必要があるのかが明らかであれば，それに適した組織構造を選択すればよいということになります。しかし，機能別の専門性と事業ごとの顧客への対応の両方が同時に同じぐらい重要である場合にはどうすればよいのでしょうか。このときの選択肢の一つがマトリックス組織です（図表 1.5）。

　マトリックス組織は，製品や地域といった事業ごとの軸と，機能の軸の両方を取り入れた組織です。この組織では，機能部門のマネジャーと事業部門のマネジャーが同等の権限をもち，部下にとってはどちらの上司の命令を優先するかについて順位に差がないことになります。つまり，通常の組織では1人の従業員にとっての直接の上司は1人であるというのが原則ですが，マトリックス

図表 1.5　マトリックス組織

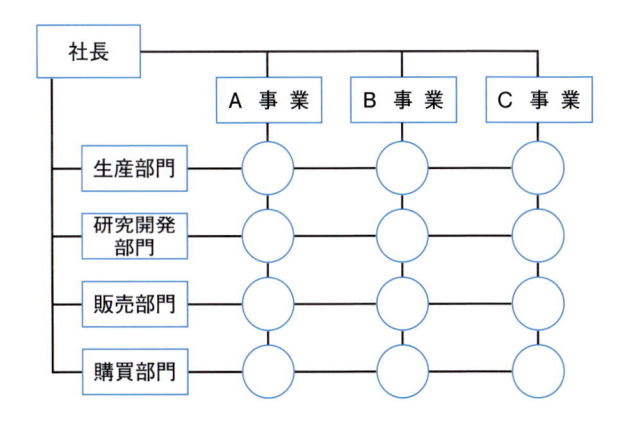

```
社長
├── A事業　B事業　C事業
├─生産部門────○────○────○
├─研究開発部門──○────○────○
├─販売部門────○────○────○
└─購買部門────○────○────○
```

組織では直属の上司が2人いることになります。この，**複数の命令系統が存在する**ことをマトリックス組織の定義として考えることもできます（Davis & Lawrence, 1977）[2]。

　マトリックス組織が適しているのは，①複数の目標を同時に達成しなければいけない，②高い情報処理能力が必要，③資源を共有しなければならないという3つの条件を満たしているときであるとされます（Davis & Lawrence, 1977）。

　複数の目標を同時に達成しなければいけないというのは，高度な技術的問題と，顧客ごとの独自のニーズの両方に同時に対応しなければいけないような場合です。高い情報処理能力が必要とは，組織が直面する環境が複雑で不確実性が高く，さらに組織内でのさまざまな業務の相互依存性が高い場合です。このような場合には，組織内でのコミュニケーションや調整の必要性が大きくなるため，高い情報処理能力が必要になります。資源を共有しなければならないというのは，人材や設備をそれぞれの部門が独自に保有するほどの余裕はないため，設備を融通し合ったり，1人の従業員が複数の業務を兼任したりしなけれ

---
[2] このため，マトリックス組織は**2ボス・モデル**とも呼ばれます。

ばいけないような状況を指します。

　マトリックス組織はうまく運営することができれば，機能別組織と事業部制組織の良いところを取り込むことができます。しかし，マトリックス組織にもデメリットがあります。

　まず，マトリックス組織の特徴である「上司が2人いる」ということが，その下で働く従業員にとっては困惑の原因となることがあります。たとえばある会社で，機能別の軸と製品別の軸からなるマトリックス組織が採用されていたとします。その場合，機能部門長と製品部門長は同等の権限をもつことになります。この2人の管理者の意見が一致している場合にはよいのですが，2人の意見が食い違う場合には，その下にいる従業員はどちらの指示に従えばよいのかがわからなくなってしまいます。これは，製品部門長は来年発売する新製品に使うため，短期に実現可能な技術の開発を優先するように指示をしているのに対し，研究開発部門長はより高度な技術を開発するため長期的な目標を重視しているといった場合に起こります。

　このような意見の対立自体は他の組織構造でも起こりうることです。その場合には，より上位の管理者がどちらの意見を採用するかを判断するというのが原則です。しかしマトリックス組織をうまく運用するためには，この方法を用いるのではなく，自ら考え，積極的に調整に動かなければなりません。この利害の調整のための活動が，将来経営者になるためのトレーニングとして役立つ側面もありますが，担当者には高度なコミュニケーション能力やリーダーシップが要求されます。そのため運用が難しく，うまく運用しないと権力争いや意思決定の遅れといった問題が他の組織形態よりも大きくなる可能性があります。

　また，機能部門長と製品部門長のパワーのバランスをとるのも容易ではありません。上下関係がはっきりしていたほうが，決定が円滑になることも多くあります。バランスをとる努力をしなければ一方にパワーが偏りやすくなりますし，うまくバランスをとろうとすれば調整のために多くの時間をかけなければならなくなります。

1.3 組織構造の選択

では,どのようなときにどの組織構造が選ばれるのでしょうか。すでにふれたとおり,実際の組織は純粋な機能別組織や事業部制組織であることは少なく,図表 1.6 のようにその中間の形で幅広く存在しています(Galbraith, 1971)。

組織構造の選択に影響を与える代表的な要因としては,製品ラインの多様性と変化の程度,機能部門間の相互依存性,求められる技術的専門性の程度,規模の経済の重要性と組織の規模があります(Galbraith, 1971)。

製品ラインの多様化や激しい変化は,機能部門長がすべての製品について十分な知識をもつことを困難にし,それぞれの事業に焦点を当てた意思決定の重要性を高めることになります。そのため,図表 1.6 でみるとより右側の事業部制寄りの組織を選択させる要因となります。

機能部門間の相互依存性が高まった場合にも同様です。相互依存性が高い場合には部門間の調整がより重要になりますが,機能別組織ではそれをすべて社

図表 1.6 中間的な組織構造

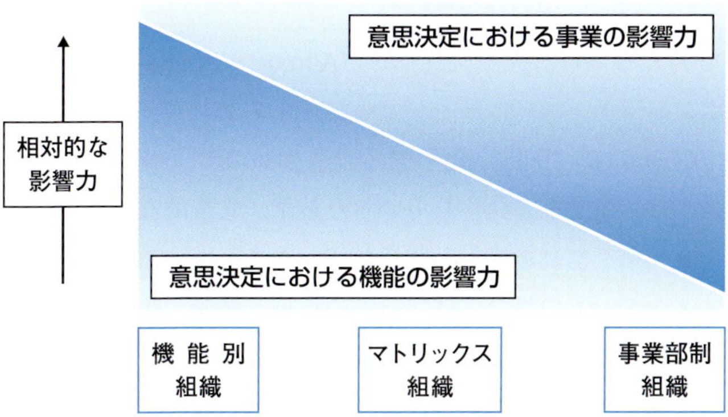

意思決定における事業の影響力

相対的な影響力

意思決定における機能の影響力

機能別組織　マトリックス組織　事業部制組織

長が行うことになってしまいます。トップの過剰な負担を防ぐためには，調整のタスクを事業ごとに分割し，事業部長が担当するほうが効率的になります。

反対に，求められる技術的専門性が高くなることは，図表1.6では左側になる機能別組織寄りの組織を選択させる要因となります。これは，機能ごとに部門を分けたほうが，すべての専門家が同じ部門に集まって仕事ができるため，専門的な知識やスキルを蓄積しやすくなるためです。

また，複数の製品で設備や原材料などを共有でき，規模の経済が強く働く場合には，生産部門を1つにまとめて複数の製品を担当するほうがコスト面で有利になることがあります。この場合にも図表1.6のより左側の組織が選択されることになります。ただし，組織の規模が大きい場合には，事業部制を採用してもそれぞれの事業で十分な規模を確保できるため，規模の経済の影響が小さくなることも考えられます。

1.4 組織構造の変更

ここまで，基本的な組織の構造についてみてきましたが，組織の構造はデザインされるものですから，一度決められたら変わらないというものではありません。環境の変化や戦略の変化に応じて組織の構造も変更されることがあります。

古典的な例としては，チャンドラー（Alfred D. Chandler, Jr.）が取り上げた，デュポン，シアーズ，ニュージャージー・スタンダード，GMのケースがあります（Chandler, 1962）。化学製品製造会社のデュポンと小売業のシアーズのケースでは，事業を多角化していった結果，集権的な機能別組織では管理が難しくなり，事業部制組織へと移行していきました。石油会社のニュージャージー・スタンダードの場合には，石油の採掘，精製，輸送，販売までの事業の垂直統合を推し進めたことが事業部制採用の引き金となりました。GMの場合には，過度に分権的な持ち株会社のもとでは多角化した事業を効率的に管理できなかったことから，総合本社を設け，より集権的に事業を管理するように

なりました。

　このように，組織によって動機や経緯は異なりますが，そのときの必要に応じて組織構造を変化させていることが明らかにされています。

　次に日本企業の例として，パナソニック株式会社[3]（以下，パナソニック）を取り上げてみましょう。パナソニックは，早くから事業部制を採用した企業です。それが2001年には組織改革の一環としてマーケティング本部が設立され，ハイブリッド構造の組織になります。しかし，2013年になり，再び事業部制の採用がされることになっています。

　パナソニックの事業部制導入は松下幸之助によって1933年から行われています。当時の組織は，ラジオ部門を第1事業部，ランプ・乾電池部門を第2事業部，配線器具・合成樹脂・電熱部門を第3事業部とする3つの事業部からなっていました。それぞれの事業部が製品分野別の自主責任経営体制をとり，製品の開発から生産，販売，収支に至るまで，一貫して責任をもつ独立採算制の事業体となっていました[4]。

　その後，事業の拡大とともに事業部の数も増え，より複雑な組織となっていきましたが，開発，生産，販売の機能を事業部がもつ体制が基本となっていました。

　ところが，国内の家電販売の中心が小規模な系列店から大規模な家電量販店に移行し，流通構造が変化したことや，組織内で生産部門のパワーが強く，市場の変化に十分対応できていなかったことから，国内家電営業の改革が行われました。それにより，パナソニックマーケティング本部，ナショナルマーケティング本部が設置され，そこに強い権限を与えられることとなりました。従来，事業部・流通部門・宣伝事業部にマーケティング機能が分散されていましたが，それらすべてがマーケティング本部に集約されました。事業部からは販売に関する機能は外され，ビジネス・ユニットと呼ばれる開発・生産を担当する組織となりました[5]。

　これが2013年，中期計画の中で，悪化している経営状況に対して個々の事

---

[3] パナソニック株式会社は，松下電器産業株式会社から2008年に社名変更されています。以下では現在の名称であるパナソニックに統一します。
[4] パナソニック社史（http://panasonic.co.jp/history/chronicle/1933–02.html）。
[5] パナソニック社史（http://panasonic.co.jp/history/chronicle/2001–01.html），福地（2007）。

業を強化していくため，再び事業部制の導入が行われることとなりました。それにより，88 あったビジネス・ユニットを 49 の事業部にし，それぞれの事業部がグローバルな開発，製造，販売を担当し，資金と利益を継続的に増加させる責任をもつこととされました。これにより，「作った人が売り方まで考え，売るところまで見届ける」ということが目指されています。

また，複数の事業部が含まれる大きなくくりとして，アプライアンス，エコソリューションズ，AVC ネットワーク，オートモーティブ&インダストリアルシステムズの 4 つのカンパニーを設置し，事業部単独では難しい大きな事業展開や新規事業の創出，基幹デバイスの強化などを行い，事業部の進化をサポートすることとされました[6]。

このパナソニックの例も，その時々の経営環境に応じて，組織体制を変化させようとしているものだと考えることができます。

まったく新しく会社を立ち上げる場合などを除けば，組織をゼロからデザインするということはありません。それまでの組織構造を前提にデザインを考えることになります。組織構造を変化させるということは，権限や責任の範囲，コミュニケーションのルートを変化させることになります。それまでの組織ではうまくいっていたコミュニケーションや意思決定がうまくいかなくなってしまうこともありえますので，十分に注意を払い，現在の状況にふさわしいデザインを考えることが重要です。

1.5　部門間の調整と情報の流れ

組織構造を決めることは，何かの軸で部門を分けるということです。生産や販売などの機能の軸で部門を分ければ機能別組織になりますし，製品や地域，顧客といった軸で分ければ事業部制組織になります。しかし，いずれにせよ組織全体の目的を達成するためには，それぞれの部門が協力することが必要になります。そこで部門間でコミュニケーションをとり，調整を行うような仕

---

[6] パナソニック HP（http://panasonic.co.jp/ir/vision/pdf/20130328_vision_note_j.pdf）。

組みが組織にとっては必要になります。

　すでにみたマトリックス組織がその一つのやり方です。しかし，マトリックス組織は強力な仕組みですがデメリットも存在し，コストも多くかかります。そのため，すべての組織においてマトリックス組織を用いた調整が必要になるわけではありません。組織が対応する環境の不確実性が高まるにつれて，より強力な調整のメカニズムが必要になりますが，よりシンプルでコストのかからない調整方法で十分な場合も多くあります。そこで次に，組織における部門間のコミュニケーションと調整の仕組みについてみていきましょう。ガルブレイスは，コストのかからない順に以下の7つをあげています（Galbraith, 1974）。

〈1〉管理者間の直接接触

　もっともシンプルな調整方法としては，問題を共有する管理者同士が直接コミュニケーションをとって調整するというものがあります。何か特別の組織構造の変化を必要とするわけではないため，この方法で調整が可能なのであればコストもあまりかからずにすみます。この方法がうまく機能するためには，人材を複数の部門を経験するように育成し，インフォーマルなネットワークを形成することが必要になります。

〈2〉調整連絡役の設置

　部門間の調整の頻度が高くなると，調整のために割く時間が多くなり，直接のコミュニケーションにより調整するという方法では効率が悪くなります。そこで，調整連絡を専門とする担当者を設置することで，効率よく調整を行うことができるようになります。

〈3〉タスク・フォースの設置

　調整が必要なのが少数の部門間であれば直接のコミュニケーションや調整連絡役の設置が有効かもしれませんが，より多くの部門が関係しており，それらの調整が必要な場合には，これらの調整方法では有効に機能しなくなります。そこで，調整が必要な問題に関して，関連する部門から代表者を出してタスク・フォースを編成するという方法がとられます。タスク・フォースは一時的に編成されるもので，問題が解決すればそのメンバーは元の所属部門に戻ることになります。

〈4〉調整グループ，チームの設置

多数の部門にまたがる問題に頻繁に対処する必要があるような場合には，問題に対応するためのチームが設置されることになります。このチームはタスク・フォースとは異なり，問題が解決したら解散されるわけではなく，常に設置されたまま維持されます。

〈5〉統合的職位の設置

対応すべき問題が多様化し，それぞれの部門で直面する不確実性に違いが生まれてくると，単純にそれぞれの部門からメンバーを出してチームを作るだけでは調整が難しくなります。そこで統合的職位が設置されるようになります。この職位についた人は，複数の部門にまたがる問題について自らが意思決定するわけではありませんが，適切な意思決定を促進する役割が期待されます。

〈6〉統合的管理職位の設置

統合的職位の設置よりもさらに強力に部門間の調整が必要になる場合には，その職位の権限を強めた統合的管理職位を設置することになります。この職位についた人は，意思決定の調整を行うだけでなく，より積極的に意思決定のプロセスに関与していくことになります。

〈7〉マトリックス組織の導入

最後がすでにみたマトリックス組織の導入です。組織の広い範囲において調整，統合のメカニズムが作用する方法で，もっともコストがかかる方法ともいえます。

組織にとってはこれらのような調整のメカニズムが選択肢となります。調整の必要度合いに応じて，適切な仕組みを選択することが重要です。ここまでは，主に組織内での意思決定としてどのような組織形態がとられるかということをみてきましたが，たとえばどの程度の部門間の調整が必要かということに関しても，組織外部の要因である環境要因も影響してきます。次章以降では，このような要因も考慮しつつ，組織のあり方について考えていきます。

演習問題

1.1　いくつかの企業について，どのような組織図になっているか調べてみましょう。またそこから，機能別組織，事業部制組織，マトリックス組織のどの組織構造に一番近いか考えてみましょう。

1.2　1.1で調べた企業のうち1つを取り上げ，その企業の強みと弱みを組織構造の観点から考えてみましょう。

第 2 章

サプライヤー・システム

　日本の企業間取引の特徴として，しばしば緊密で協調的な取引関係が指摘されます。その典型としてよく取り上げられるのが，日本の自動車メーカーと部品メーカーとの取引関係です。

　両者はそれぞれ独立した企業でありながら，自動車生産のシステムとして，1つの組織のように機能しています。本章では，こうした緊密で協調的な関係にはどのようなメリットがあり，またこうした関係はどのように発生し，進化するのかについて考えてみましょう。

○ KEY WORDS ○
機会主義，exit 型，voice 型，
インテグラル型アーキテクチャ，
承認図方式，ゲスト・エンジニア，
埋め込み理論，信頼，未来の重さ

2.1　2つのサプライヤー・システム

　1979年の第2次石油危機は，米国の**ビッグ・スリー**（ゼネラル・モーターズ（以下，GM），フォード，クライスラー）の凋落と日本の自動車メーカーの台頭という日米の逆転を世界に知らしめる大きな契機となりました。

　戦後長きにわたって世界の自動車産業の覇権を握ってきた米国ビッグ・スリーでしたが，ガソリン価格の高騰により，燃費効率の悪いビッグ・スリーの大型車は大量に売れ残る一方，自動車市場全体が縮小する中で，日本の小型車は売上を増やしていきました。米国の大型車に比べ，日本の小型車は燃費効率が良いということが直接的な原因でしたが，性能，品質，価格といった総合的な面でも消費者に高く評価されていたのです。この時期を境に，日本の自動車産業の競争優位性がさまざまな研究結果によって明らかになっていきます。

　本章で取り上げる**サプライヤー・システム**（supplier system）もその競争優位性を支える大きな要因の一つです。ここで言うサプライヤー・システムとは，組立メーカー（本章の場合，自動車メーカー）とサプライヤー（部品メーカー）からなる部品取引システムのことを指します。

　80年代初頭，日米自動車産業のサプライヤー・システムには大きな違いがありました（図表2.1参照）。自動車は数え方にもよりますが，約3万点の部品によって構成されています。こうした大小さまざまな部品を自動車メーカーが内部で開発，生産するのか，あるいは外部の部品メーカーから調達するのか，そして外部調達するにしても，部品メーカーとどのような取引関係を構築するのか，その取引方法のあり方が製品の競争力に大きな影響を及ぼします。

◯　米国の自動車産業のサプライヤー・システム

　当時の米国の自動車メーカーは，全般的に部品の内製比率が高く，たとえばGMは部品の70%を社内の部品事業部から調達していました。対する日本の自動車メーカーは部品の外製比率が高く，部品の70%を外部の部品メーカー

から調達していました。GMやクライスラーなどのビッグ・スリーは当初，企業規模が小さく労働コストの低い外部サプライヤーの利用こそが，日本の自動車メーカーのコスト競争力の源泉だと考え，社内の巨大な部品事業部を切り離し，部品のアウトソーシングを進めようとしました。しかし，問題の本質は，部品製造を社内でどれだけ行い，社外にどれだけ任せるのかといった単なる内外製比率の違いではなく，自動車メーカーと部品メーカーとの取引関係の質的な違いにあったのです。

米国の自動車メーカーは，部品の外製比率は低いものの，直接取引をする部品メーカーの数は多く，競争入札によって取引相手を選定していました。自動車メーカーは部品設計の大部分を自社内で行い，その詳細設計図面にもとづいて入札を実施し，主に入札価格の「安さ」を基準に，2，3社の部品メーカーと短期間（たいていは1年間）の取引契約を結んでいました。また同じ仕様の部品を複数の部品メーカーに発注することでリスク分散を図り，代替可能な取引相手を複数社もつことで，部品メーカーに対するパワー優位性を保持しようとしていたのです。

こうした価格を基準とした競争入札は市場取引の典型であり，一見，公正で効率的な取引方法のように見えますが，実は多くの問題をはらんでいました。たとえば，自動車メーカーとの契約を勝ち取る唯一の手段が低価格であったため，最安値を狙い，採算割れを承知のうえで入札してくる部品メーカーが後を絶ちませんでした。そして，いったん契約を結んだ後は，材料費の高騰，労働組合からの賃金の値上げ圧力，設備更新の必要性など，さまざまな理由をつけて，自動車メーカーに対して部品価格の引き上げを迫ったのです。

また自動車メーカーと部品メーカーが共有する情報も，入札価格と部品の設計図面に示された結果情報のみで，どうしてそのような設計，仕様になったのかについてのプロセス情報を自動車メーカーはほとんど教えず（西口，2007），また部品メーカーも自社の生産計画や生産方法等の情報を提供することはありませんでした。そのような大事な情報を開示したら，相手に足元をみられて取引上不利になると考えていたのです。こうした両者の機会主義（opportunism；人や企業が，チャンスがあれば相手を出し抜いてでも自分の得になる行動に走ること）的な行動は，競争入札によるスポット的な取引契約では抑制で

きず，むしろ相手への不信感や敵対心をも助長していました。

またこうした両者のコミュニケーション不足は，開発や生産面でもさまざまな問題を引き起こしていました。たとえば，自動車メーカーが部品メーカーに提示する設計図面は常に完璧なものとは限りません。実際，図面上は製造可能でも，製造準備を始める段階で莫大な設備投資が必要になることが判明したり，完成した部品を自動車に組み付ける段階で，取り付け箇所にスペース的な余裕がなくうまく取り付けられない，他の部品と干渉し合いうまく動作しない等の問題も頻発していました。こうした契約後に顕在化する生産面でのトラブルのため，設計のやり直しや，生産ラインの大幅変更等で多大な追加的コストも発生していたのです。

◯ 日本の自動車産業のサプライヤー・システム

それに対して日本のサプライヤー・システムは，構造的にも機能的にも米国のそれとはまったく異なっていました（図表2.1）。日本のサプライヤー・システムは構造的には自動車メーカーを頂点として，その自動車メーカーにエンジン部品，電装部品，車体用部品といったユニット部品や完成品を供給する一次部品メーカー，さらにこの一次部品メーカーのユニット部品製造に必要な単体部品の供給や切削加工，溶接，塗装，部品組立等を行う二次部品メーカー，さらに同様に三次，四次部品メーカーといったように**ピラミッド型の階層構造**となっていました。そして，日本の自動車メーカーは，比較的少数の一次部品メーカーと**緊密で長期継続的な取引関係**を構築していたのです。

日本の一次部品メーカーは，米国の部品メーカーと比べると部品の生産能力のみならず，高い開発・設計能力をもっていました。日本の自動車メーカーは，単体部品の生産だけでなく，詳細設計，試作，テストといった開発・設計工程や，部品の品質管理やサブ組立といった製造工程等の多くの部分を，こうした部品メーカーに**まとめて任せていた**のです（藤本，1997）。そして，そのことが，日本の自動車メーカーが高機能，高品質，低価格の自動車を短期間で開発・生産するうえで大きく貢献していたのです。

図表2.1　日本および米国の典型的なサプライヤー・システム

(1) 伝統的な米国のサプライヤー・システム

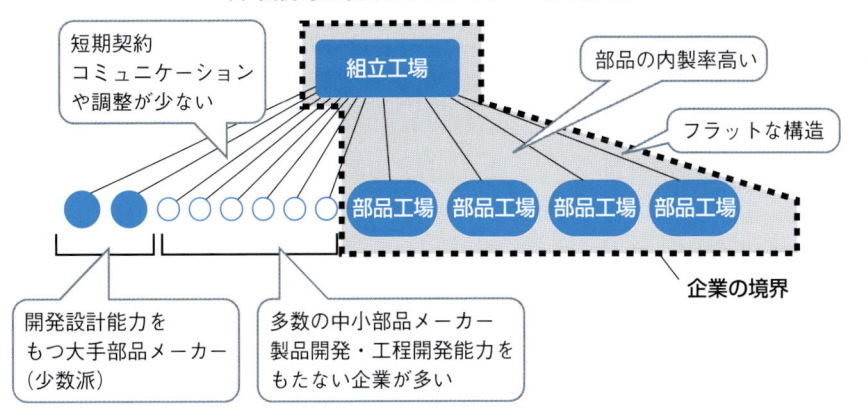

- 短期契約　コミュニケーションや調整が少ない
- 部品の内製率高い
- フラットな構造
- 組立工場
- 部品工場
- 企業の境界
- 開発設計能力をもつ大手部品メーカー（少数派）
- 多数の中小部品メーカー　製品開発・工程開発能力をもたない企業が多い

(2) 日本のサプライヤー・システム

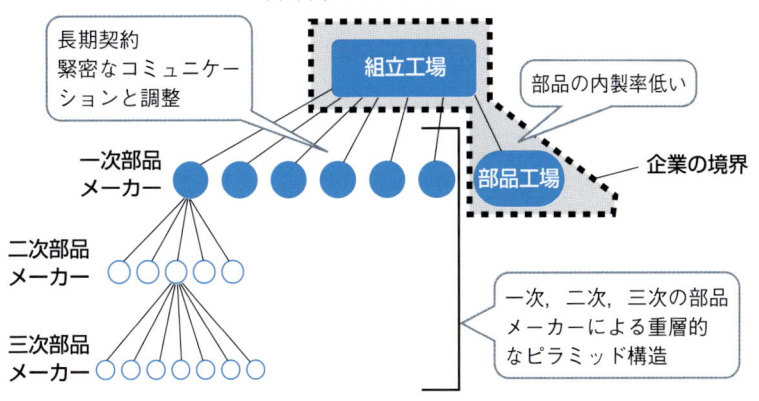

- 長期契約　緊密なコミュニケーションと調整
- 組立工場
- 部品の内製率低い
- 部品工場
- 企業の境界
- 一次部品メーカー
- 二次部品メーカー
- 三次部品メーカー
- 一次，二次，三次の部品メーカーによる重層的なピラミッド構造

● 開発・設計能力をもつ部品メーカー
○ 開発・設計能力をもたない部品メーカー

（出所）　Clark & Fujimoto（1991, p.139, 邦訳 p.175）をもとに作成。

◯ exit 型と voice 型の取引メカニズム

企業間取引のマネジメントについて，ヘルパー（Susan Helper）は，ハーシュマン（Albert Hirschman）の研究成果（Hirschman, 1970）を応用して，exit 型（退出型）と voice 型（発言型）に分類しています（Helper, 1991）。

ハーシュマン（Hirschman, 1970）では，パフォーマンスが低下しつつある組織において，当該組織の関係者がとりうる行動として「離脱（exit）」と「発言（voice）」という2つの選択肢があると指摘されています。離脱とは，その組織との関係を断つこと，その組織から離れることで，発言とは組織との関係を維持しつつも何らかの形で不満を表明することです。たとえば，レストランなどの外食企業と消費者との関係であれば，料理の味や質が以前よりも落ちたときに，そのレストランに行くのをやめることが離脱，レストランに直接苦情を言って改善を促すのが発言です。

ヘルパーは，ハーシュマンが提示した「離脱」と「発言」の概念を拡張して，企業間の取引関係において，何か問題が発生した場合に，その相手との取引をやめて，他の相手に乗り換える exit 型と，相手にその問題を指摘し改善させる，場合によっては一緒に問題解決に取り組むこともある voice 型とに分類しています。

かつての米国の自動車メーカーと部品メーカーとの関係は，典型的な exit 型でした（Helper, 1991）。取引期間は短期で，いったん取引契約を結んでも，品質や納期の面でトラブルが発生したり，次の入札でより低い価格を提示する別の部品メーカーが現れると，あっさりと取引を打ち切られました。こうした先が読めない不安定な関係のため，部品メーカーは自動車メーカーと一定の距離を置くような関係（arm's-length relationship）を保っていたのです。

他方，日本の自動車メーカーと部品メーカーとの関係は，voice 型の長期継続的な関係でした。部品メーカー側に何か問題が発生すれば，自動車メーカーはその問題を指摘し改善を求め，場合によっては，共同して問題解決に取り組みました。そして，互いに長期的なパートナーとしてその関係を維持，発展させようとする傾向が強かったのです。

2.2　製品アーキテクチャと企業間関係

では，そもそもなぜ自動車メーカーと部品メーカーとの緊密で長期継続的な取引方法が，自動車の性能，品質，価格といった製品パフォーマンスに良い影響を及ぼすのでしょうか。実はこれには自動車という製品の「**製品アーキテクチャ**」特性が深く関係しています。

製品アーキテクチャとは，製品設計の基本思想のことで，製品を構成する個々の部品や要素の間のつなぎ方，製品全体としてのまとめ方を意味しています（Baldwin & Clark, 2000；青島・武石, 2001；藤本, 2004）。製品アーキテクチャは大別して**モジュラー型アーキテクチャ**と**インテグラル型アーキテクチャ**に分類することができます（Ulrich, 1995；Baldwin & Clark, 2000）。

モジュラー型のアーキテクチャとは，部品や要素間の**インターフェイス**（interface）が標準化していて，それぞれの部品や要素を組み合わせるだけで製品性能が出せるタイプの設計方式です。ここでいうインターフェイスとは接合部という意味で，部品と部品とが物理的に接合する部分や部品間でエネルギーや信号のやりとりが行われる部分のことを指します。たとえば，ネジとネジ穴のような物理的なインターフェイスやインターネットの利用時における通信プロトコル（通信規約）のような電子的なインターフェイスなどがあります。ちなみにインターフェイスが業界全体で標準化しているものを，とくにオープン・モジュラー型アーキテクチャと呼ぶこともあります。

インターフェイスが標準化しているモジュラー型アーキテクチャの製品では，各部品を別々に開発・製造し，後でそれらを寄せ集めて組み合わせても，製品として立派に機能します。各部品は機能的に独立しているため，ある部品の設計を変更しても，他の部品や製品全体の設計を変える必要はないのです。

それに対してインテグラル型のアーキテクチャとは，部品間のインターフェイスの標準化は事前にはあまりせず，設計の段階で各部品の相互調整をしながら製品全体の最適設計を行い，その完成度を高めるタイプの設計方式です。

自動車は典型的なインテグラル型アーキテクチャの製品です。自動車は，エ

ンジン，トランスミッション，ショックアブソーバー，サスペンションなど数多くの部品によって構成されていますが，多くの部品が，特定モデルごとに特殊な仕様になっており，部品間のインターフェイスも標準化されていません。自動車というインテグラル型アーキテクチャの製品の完成度を高めるためには，部品の開発・設計やその組立段階において，自動車メーカーでの開発部門内調整，部門を越えた部門間調整のみならず，境界外の部品メーカーの開発設計に関しても緊密に相互調整を行いながら，製品全体としての最適化を図る必要があるのです。

2.3　部品開発における緊密な連携

○ 開発・設計における分業と承認図方式

　実際，日本の部品メーカーは自動車部品の製造のみならず，開発・設計にも深く関与しています。日本の自動車メーカーは，多くの部品において部品の基本設計は自らが行うものの，その詳細設計と製造は部品メーカーにまとめて任せています。こうした部品の設計・製造の方法を承認図方式と呼びます（藤本，1997）。

　自動車部品は大きく市販部品とカスタム部品とに大別できます。市販部品とは，部品メーカーが部品の仕様設定，開発，生産を行い，カタログを通じて自動車メーカーに販売される標準部品です。自動車産業の黎明期においては，比較的小規模の自動車メーカーが，外部の部品メーカーから標準部品を購入し，自動車を組み立てるのが一般的でしたが，製品の統合性（product integrity；まとまりの良さ）が強く求められる現在においては，バッテリーやスパークプラグなどといった数少ない例を除けば，ほとんどの部品が自動車メーカーのニーズに応じて作られるカスタム部品となっています。

　カスタム部品も部品の開発設計方法の違いによって，貸与図部品と承認図部品とに分類できます。

貸与図部品とは，自動車メーカーが部品の基本設計と詳細設計を行い，価格入札によって選んだ部品メーカーにその設計図面を「貸与」して，製造だけを担当させる部品です。貸与図方式による部品の設計開発では，基本設計・詳細設計をともに自動車メーカー自らが行うため，少なくとも設計段階では，部品同士の接合性や製品全体としての一貫性を保つことができます。また部品の設計図の所有権は自動車メーカーが保持しているので，部品メーカーとの部品取引においても強い交渉力をもつことができます。その一方で，開発設計に関する自動車メーカー側の負担は大きくなってしまいます。

承認図方式とは，自動車メーカーと部品メーカー間で部品の開発設計作業を分担するやり方です。通常は自動車メーカーが提示した基本設計をもとに部品メーカーが詳細設計を行い，自動車メーカーの「承認」を受けて，部品の製造も行います。また部品の設計図の所有権は部品メーカーが保有することになります。武石（2003）の日本の一次部品メーカー153社に対するアンケート調査によると，日本の場合，承認図方式による部品取引が全体の7割以上を占めています。

承認図方式のメリットの一つは，自動車メーカーの開発設計の負担を大幅に軽減できるということです。部品メーカーとの設計・製造に関する分業によって，日本の自動車メーカーは，製品開発期間の短縮や開発工数の節約を実現し，これが日本の自動車メーカーの競争力を支える大きな要因となっています。

実際，日本で承認図方式が普及し始めたのは1960年代のモータリゼーション期だといわれています。当時，急速な自動車モデルの増加によって，自動車メーカーの開発設計作業の負荷が大きくなり，やむなく部品設計の一部を部品メーカーに外注したのがそのはじまりだったのです（藤本，1997）。

ただし，開発負荷を軽減するにしても，単に開発作業を外注するだけではうまくいきません。先ほど述べたように，自動車はインテグラル型アーキテクチャの製品であるため，製品全体としてのまとまりの良さを実現するには，部品メーカーと設計や製造に関する相互調整を頻繁に行うことも必要です。この切迫した状況に対応する過程において，部品メーカーと緊密なコミュニケーションをとりながら共同で部品開発をする体制が定着していくのです。

ゲスト・エンジニア

　部品メーカーとの緊密なコミュニケーションを維持，促進する上でもう一つ大事なのが**ゲスト・エンジニア**という制度です。ゲスト・エンジニアとは，部品メーカーのエンジニアが一定期間（数週間から長いときは数年），自動車メーカーの開発施設に常駐し，自動車メーカーのエンジニアと共同で開発設計業務を行うという制度です。新車開発においては，主要部品メーカーはプロジェクトが始まる前の2～3年間，数名の設計エンジニアと製造エンジニアを自動車メーカーに派遣します。彼らは自動車メーカー側の企画，設計，製造プロセスのエンジニア，および他の部品メーカーのゲスト・エンジニアとプロジェクトチームを組み開発作業に取り組みます。プロジェクト終了後，設計エンジニアは，所属する部品メーカーに戻りますが，製造エンジニアは自動車メーカーに残り，自社の部品がどのように自動車に組み込まれているのかを観察し，メーカーの不満を含めた諸問題をフィードバックし，より容易な**製造性**（manufacturability；作りやすさ）とコスト削減のための設計変更を提案します（Nishiguchi, 1994）。さらに自動車のライフサイクルに関係なく，自動車メーカーに常駐する製品開発の専属チームが，部品メーカーから送り込まれることもあります。

　このような承認図方式やゲスト・エンジニアのメリットは，自動車メーカーが部品メーカーの開発に関するノウハウと人材を活用しながら，かつ製品全体の統合性を保てるということです。また部品メーカーも，部品の設計段階から参加し，自動車メーカーと比較的早い段階から情報を交換，共有することで，設計上の問題を早期に発見し，自分の工場の設備や条件を念頭に置いた「**作り勝手のよい部品設計**」が可能になりました。そして，それは部品のコスト削減や開発作業期間の短縮に大きく貢献したのです。

2.4　協調行動の進化を支える信頼と未来の重さ

　では，こうした緊密で協調的な関係はなぜ成立し，継続するのでしょうか。企業間の長期継続的で協調的な関係が発生する理由やその意義について，社会ネットワーク分析の観点から，その説明を試みるのが「埋め込み（embeddedness）」理論です。埋め込み理論は，企業をさまざまな利害関係者によって形成される社会ネットワークに「埋め込まれた（embedded）」存在としてとらえ（Uzzi, 1996），企業間の協調的関係が長期継続化する理由について，企業間で形成される信頼の機能に注目します。ここでは信頼を，「相手が利己的に振舞えば自分が損を被る可能性のある状況，すなわち社会的不確実性が存在する状況において，相手が自分に対して協力的に振舞うであろうという期待」（山岸, 1998）と定義します。

◯ 企業間関係における信頼

　企業間関係における信頼は，そのレベルが低次なものから高次なものまで，3つのタイプに分類すると「制度への信頼」「能力への信頼」「意図への信頼」に区別することができます（Sako, 1992；真鍋・延岡, 2002；若林, 2006）。

　「制度への信頼」とは，たとえば，契約書にもとづく取引の履行を，法的に保障，監視している社会制度や公的機関に対する信頼がこれにあたります。こうした制度への信頼は，ある特定の国や地域すべての企業間取引の成立を支えるインフラとして機能しますが，現実の取引を法律やそれにもとづく契約書のみで完全にコントロールすることは不可能です。協調的な取引関係を維持するためには，取引当事者が取引相手に対して「能力への信頼」や「意図への信頼」をもつことが必要となります。

　「能力への信頼」とは，取引相手がその役割を十分に遂行する能力をもっているか否かに関する期待で，ここでは取引相手の技術力や経営管理能力が問題

とされます。取引契約を結ぶにしても，事前審査や業界内での評判によって相手の実力不足が明らかであれば，契約を締結することはできませんし，一度契約を結んでも，品質や納期に関する問題が頻発すれば，その相手と取引を続けようとは思わないでしょう。

「意図への信頼」とは，取引相手がその役割を果たす意思をもっているか否かに関する期待です。取引相手がいくら高い能力をもっていても，契約どおり製品を納入したり，支払いをする意思をもっていなければ，取引は実現されません。こうした意図への信頼のうち，事前に約束した契約内容やその期待されている役割を越えて，取引相手の要求に応えようとする意思や互いの共通利益への貢献姿勢をもつといった，無限定的なコミットメントへの期待のことを，とくに「善意への信頼（goodwill trust）」と呼びます（Sako, 1992）。

より高次の信頼の存在によって（たとえば，善意への信頼），取引当事者の駆け引き的行動が抑制され，取引関係が安定化するだけでなく（Uzzi, 1997），双方向のコミュニケーションが活性化され，企業間学習が促進されることで，より大きな付加価値が創出される可能性も高まります。

こうしたより高次の信頼関係を形成するためには，取引当事者双方が，まずは低次の信頼を相手に抱かせることから始めて，誠実な取引を積み重ねながら，徐々により高次の信頼関係を形成していかなければなりません（近能・高井，2010）。信頼関係の構築はまさに1日にしてならずで，時間と労力のかかるプロセスなのです。

◯ 未来傾斜原理

また，取引を繰返し行い，相手への信頼が徐々に高まるにしたがって，取引を継続化しようとするインセンティブもより強くなります。取引当事者双方が，「いま相手を裏切って得られる短期的な利益よりも，将来も協調的な関係を続けることで得られる長期的な利益のほうが大きくなる」と認識するようになったときに，すなわち，当事者双方が将来の関係に価値を見出している場合に，協調的な関係が発生し，維持されていくのです（Axelrod, 1984）。逆に関係が1回で終わってしまうことが最初からわかっていれば，当該関係での利益を少

しでも獲得するために，相手への機会主義的な行動が発生しやすくなります。たとえば，かつて米国の自動車メーカーと部品メーカーとの間で行われていた競争入札によるスポット的な取引関係の場合では，取引が長続きする可能性はきわめて低く，そのため相手に対する裏切り行為も頻発していました。取引当事者にとって，未来がどれだけ重要性をもっているかという意味では，こうした見通しは「未来の重さ」と呼ぶこともできます（高橋, 1999）。未来の重さが十分に大きければ，機会主義的な行動パターンよりも，協調的な行動パターンのほうが有利になり，その結果，長期継続的な協調関係が発生するのです。こうした現在の損得勘定よりも，未来の実現への期待に寄り掛かって意思決定を行う原理を高橋（1996）は「未来傾斜原理」と呼んでいます。

日本の自動車メーカーと部品メーカーとの間の協調関係も，はじめから確立されていたわけではなく，相互の信頼構築とともに進化した未来志向型の協調行動によって，徐々に形成，発展していきました。最後にトヨタのサプライヤー・システムを例に，こうした企業間の協調関係の進化について考えてみましょう。

2.5　トヨタのサプライヤー・システムにおける協調関係の進化

○ 問題の顕在化とサプライヤー育成策のはじまり

　緊密で長期継続的な取引関係を特徴とした日本の自動車産業のサプライヤー・システムは，1950年代から70年代にかけて徐々に形成されていきました。とくに，1960年代の国内の自動車需要の急増が，その大きなきっかけになったといわれています（藤本, 1997）。

　1960年代の国内市場におけるモータリゼーションによって，国内の自動車生産量，自動車のモデル数はともに急速に増加しました。1960年の国内生産量は約50万台でしたが，1965年には約200万台，1970年代には約500万

台，1980年には1,100万台へと拡大し，自動車産業全体における乗用車の基本モデル数も，1960年は8モデルだったのに対して，1965年には24モデル，1970年には37モデル，1980年には46モデルと急増していったのです (Clark & Fujimoto, 1991)。

　こうした生産量の増加やモデルの多様化があまりに急速に進んだため，各自動車メーカーは自社の生産設備や技術者や生産要員を増やすだけでは対応しきれなくなり，結果，部品の開発・設計や生産業務の多くの部分を部品メーカーに委託する，外注化が進みました。しかしながら，外注化が進むにつれ，外部の部品メーカーから調達する部品の品質，価格，納期に関する問題が顕在化することになります。当時の部品メーカーは資金力，開発設計能力，生産能力，すべてに乏しい中小企業がほとんどでした。そのためトヨタは安定した部品の供給体制を確保すべく，部品メーカーの支援，育成に積極的に乗り出したのです。

　トヨタの部品メーカーに対する支援策は他社と比べるとかなり早い段階から始まっています。1952年には，トヨタは中小企業庁が設けた企業系列診断制度を活用し，協豊会（トヨタに部品を納入する企業の協力会組織）所属の主要部品メーカーに対して工場診断を行い，また優良自動車部品認定制度を活用して，経営体質の改善や合理化のためのアドバイスを受けさせます。この系列診断では，トヨタ自身も部品メーカーに対する技術指導が不十分との改善勧告を受けています。

　それまでのトヨタでは，部品の品質管理に関しては，納品後に品質をチェックする受入検査のみを行い，部品価格も，部品メーカーとの駆け引き的な交渉によって決められていました。しかし，この改善勧告をきっかけに，トヨタでは部品の生産工程における品質の作り込みや，合理的な価格設定による部品メーカーとの信頼関係の構築こそが，品質やコストを適正なものにするためには不可欠だと認識するようになったのです。

　トヨタが品質管理体制の改革のために用いたのがTQC（Total Quality Control），全社的品質管理でした。TQCとは生産部門だけでなく，設計から生産，販売，アフター・サービスまでを含めた全社レベルでの品質管理活動のことを指します。トヨタではQCという言葉こそなかったものの，そうした考え方自

体は創業当時から存在し，監査改良という形で実施されていました。戦後1948年に占領軍によってQCが紹介されると，翌1949年には，これを検査部の業務に取り入れ，TQC活動という全社的な活動として展開していきます。

○ 購買管理活動の本格化

　1960年には，トヨタの品質管理部と購買部技術課が共同で品質管理研究会を組織し，TQCの手法を自社だけでなく外部の部品メーカーにも普及，定着させるべく同年9月から翌1961年5月まで68社の部品メーカーに対して指導を行いました。この指導によって，生産工程管理が改善され品質が安定したと認められた部品メーカーについては，検査なしでその部品を受け入れるようになります。この無検査受け入れシステムの確立によって，その後，トヨタかんばん方式による部品メーカーとの生産の同期化が実現されるのです。

　またこうした品質改善活動と並行して，購買部品の価格決定方法の変更とそれにもとづくコスト削減も進められます。1953年には標準作業時間にもとづくコスト計算法を採用し，1957年にはさらにこれを改訂して，それまでの3カ月ごとの数量契約から6カ月ごとの単価契約に改めています。この変更は，トヨタ自身の価格交渉の負荷を軽減すると同時に，部品メーカーにとっても，長期的な視野で生産の合理化努力を行うインセンティブとなったのです。

　部品のコスト削減の具体的な方法としては，1962年に購買部でVA（Value Analysis；製品の生産期間に，工程改善を通じて原価の引き下げを行うこと）提案制度が導入され，技術部門と協力して部品メーカーを対象とした部品検討会を実施しています。またそれに先立ちVE（Value Engineering；目標として設定した部品の価格を達成するために設計段階からの見直しを行うこと）についても，1959年に試作段階にあったパブリカ（図表2.2）に「1000ドルカー」という目標販売価格を設定し，トヨタと部品メーカーが共同で，開発設計段階からのコスト削減に取り組みました。このとき部品メーカーに対しては，3年間で30％のコストダウンが目標に設定され，その結果，1961年6月に販売されたパブリカは小型大衆車（総排気量697cc，4人乗り，最高速度110km/h）でありながら，軽自動車並みの価格（38万9,000円）を実現する

図表 2.2　UP10 型パブリカ（1961 年 6 月販売）

（写真提供）　トヨタ博物館

ことができたのです。

◯ サプライヤー・システムにおける組織間学習

　トヨタと部品メーカー双方による相互学習の進展は，トヨタのサプライヤー・システムに所属するメンバー間の信頼関係をさらに強固にしました。真鍋と延岡（2002）は，こうした信頼関係を**ネットワーク信頼**と呼び，トヨタにおいてネットワーク信頼を醸成した組織間学習の仕組みとして①生産調査部，②ゲスト・エンジニア制，③協豊会，④自主研究会，をあげています。

　トヨタでは，トヨタ生産システムを内外に普及，浸透させる目的で 1970 年に生産管理部内に生産調査室が設置されました。1991 年，生産調査室は**生産調査部**に名称変更されています。生産調査部は，自社工場だけでなく，希望する部品メーカーに対してもトヨタ生産システムの視点から生産性の向上，品質改善，在庫削減に関する具体的な方法を指導し，必要があれば数カ月にわたって改善チームを派遣しています。生産調査部の指導は長期に及ぶことが多く，そうした長期間の現場指導によってトヨタ生産システムの本質的な部分である

暗黙知的な知識を移転することが可能になったのです。

　トヨタと部品メーカーとの人的交流も，こうした暗黙知的な知識の移転，共有に大きく貢献しました。こうした人的交流を通じた知識の移転，共有では，トヨタからの部品メーカーに送られる出向者に加え，部品メーカーからトヨタに派遣されるゲスト・エンジニアが大きな役割を果たしました。トヨタでのゲスト・エンジニア制は1958年に豊田工機のエンジニアがトヨタに常駐したことから始まったとされていますが（Nishiguchi, 1994），こうしたゲスト・エンジニア制による共同開発は，部品の開発・生産プロセスの改善に貢献しただけでなく，日々の共同作業や日常的な接触を通じて，双方の従業員間の信頼関係も醸成していったのです。

　またこうした組織間学習を伴う各種の共同活動は，トヨタと部品メーカーとのダイアド（dyad；一対一）レベルでの関係のみならず，部品メーカー同士のネットワークレベルでの関係においても活発に行われてきました。

　たとえば，トヨタのサプライヤー組織である協豊会は，部品メーカー間の相互交流と情報交換を目的として1943年に設立されています。この協豊会では，トヨタと部品メーカーによる各種定例部会や各種委員会を通じた研究会等が盛んに開催され，「ムダの排除」や「自働化」，「かんばん方式」など，トヨタ生産方式の知識とその背後にある哲学が部品メーカーに浸透，共有化されていきます。またそうした知識，価値観の共有によって，トヨタと部品メーカーの間で同じ組織のメンバーとしての意識，いわゆるアイデンティティの基盤も形成されたのです（和田，1991；真鍋・延岡，2002）。

　さらにトヨタは，1976年から部品メーカー同士の相互学習活動を促進するため，部品メーカーによる自主研究会も支援しています。自主研究会では，トヨタ生産方式に関する課題についてテーマを設定し，1年間かけて研究会メンバーの各工場をまわり，その問題点と解決策をメンバー全員で徹底的に議論，検討します。こうした長期にわたる共同活動によって，問題の解決のみならず，部品メーカー間の相互理解が深まり，そのアイデンティティもさらに強化されていったのです。

　こうした品質管理活動，原価低減活動，部品の共同開発等を通じた，経時的な相互学習と相互協力は，トヨタ対部品メーカーという一対一の関係から，ネ

図表2.3 トヨタのサプライヤー・システムにおける組織間学習

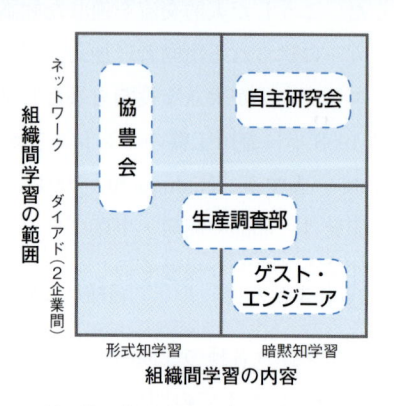

	形式知学習	暗黙知学習
ネットワーク	協豊会	自主研究会
ダイアド（2企業間）		生産調査部 / ゲスト・エンジニア

縦軸：組織間学習の範囲
横軸：組織間学習の内容

（出所）真鍋・延岡（2002, p.188）

ットワーク全体に至るまで，さまざまな組織間関係レベルで行われました（図表2.3）。その多様な組織間学習の仕組みは，形式知のみならず，トヨタ生産システムの本質部分にかかわる暗黙知的な知識の移転，共有にも有効に機能しました。トヨタ生産システムはテキストやマニュアルを読むだけではけっしてその本質を理解することはできません。その本質な部分は，当時者同士の密接な相互交流を通じてはじめて，習得できる埋め込み型の知識（embedded knowledge）だからです（Badaracco, 1991）。そして，深く幅広いコミュニケーションと共同活動を持続的に行うことで，双方の関係は，単なる契約書による取引関係から，「善意への信頼」にもとづく未来志向型の協調関係へと進化し，トヨタの持続的な競争優位を支え続けているのです。

演習問題

2.1 製品アーキテクチャの違いが，企業間の取引関係のあり方にどのような影響を及ぼすのか，実例を調べ，考えてみましょう。

2.2 信頼と未来の重さが，どのように協調関係の進化に影響を及ぼすのか，考えてみましょう。

第3章

技術と組織

　本章では，組織の中の生産や研究開発に対する技術の影響を取り上げます。技術というと，発明家やエンジニアに関係のあることだと思う人もいるかもしれません。しかし，組織は安定して高品質の製品を作らなければなりませんし，繰返し新製品を開発しなければなりません。そのためにはそれを支えるための組織が必要なのです。そこで本章では，組織の視点から技術の問題について考えていくことにしましょう。

○ *KEY WORDS* ○
生産システム，新製品開発，開発組織

3.1 技術と組織のかかわり

　組織にとって，技術をいかにマネジメントするのかということは非常に大きな課題です。たとえばあるメーカーが，優れた新技術にもとづく新製品を開発することができれば，顧客にとってはライバル企業の製品よりも魅力的に映るでしょう。また，ライバル企業よりも低いコストで生産することができるようになれば，より低価格で製品を顧客に提供できるようになり，売上を伸ばすことができるかもしれません。このように，技術のマネジメントは企業の競争力に大きく影響します。

　そこで，新たな技術の導入や新製品の開発，生産活動といった技術に関する活動を支えるための組織についても考えなければいけません。では，どのような組織が適切であるかを考える際には，何に注目すれば良いのでしょうか。ここでは，技術と組織のかかわりについて，生産活動と製品開発活動[1]の2つの側面から考えていくことにしましょう。

　まずは生産活動における技術と組織のかかわりです。たとえば，アパレル製品を作る工場と自動車を作る工場，飲料製品を作る工場で同じような組織にするのが良いのでしょうか，それとも異なる組織がふさわしいのでしょうか。

　実際の企業をみてみると，製品の複雑さやどのような技術が用いられているかによって，組織の特徴も変わってくることがわかります。つまり，技術の特性が適切な組織を決めるための大きな要因となっています。

　このことを明らかにした古典的な研究が，ウッドワード（Joan Woodward）によるサウス・エセックス研究です（Woodward, 1965）[2]。これはイングランドのエセックス州南部の企業を対象とした調査で，生産システムと組織構造の間の対応関係が検討されています。

---

[1] 製品開発活動については，サービス業でも新たなサービスの開発という形で行われていますが，ここでは製造業を対象にみていくことにします。
[2] このウッドワードの研究は，コンティンジェンシー理論の代表的な研究としても有名です（風間，2012）。コンティンジェンシー理論については第Ⅱ部第8章で詳しく解説します。

図表3.1 エセックス州南部の企業における生産システム

単品生産および小規模なバッチ生産	1. 顧客の求めに応じた単品生産
	2. プロトタイプの生産
	3. 段階ごとに分けての巨大設備の組立
	4. 顧客の注文に応じた小規模なバッチ生産
大規模なバッチ生産および大量生産	5. 大規模なバッチ生産
	6. 流れ作業による大規模なバッチ生産
	7. 大量生産
装置生産	8. 多目的プラントによる化学製品の断続的生産
	9. 液化装置による液体，気体，結晶体の連続生産
その他	10. 大規模なバッチで標準化された部品を生産した後，いろいろに組み立てるもの
	11. 結晶体を装置で生産した後，標準化生産法によって販売準備するもの

(出所) Woodward（1965, p.39, 邦訳 p.47）より作成。

　ウッドワードは，生産システムを11のタイプに分類したうえで，さらにそれを①単品生産および小規模なバッチ生産[3]，②大規模なバッチ生産および大量生産，③装置生産の3つのグループに分類しています（図表3.1）。このうち，1から9までの生産システムは，技術が複雑化する順に並べられています。

　ウッドワードはこれらの生産システムをとる企業ではどのような組織になっているのかについてさまざまな観点から検討しています。そしてその結果，生産システムと組織の間には2つのタイプの関係性がみられることが明らかにされました。一つは，技術の複雑化に伴って変化するもの，もう一つは技術の複雑さの両端で類似するものです。

---

3 バッチ生産とは，決められた数量をまとめて作ってから流す生産方式です。

◯ 技術の複雑化に伴って変化する特徴

〈1〉命令系統の長さ

命令系統は，装置生産でもっとも長く，単品生産および小規模なバッチ生産でもっとも短くなっています。つまり，技術が複雑化するほど組織の階層の数が増えていることになります。

〈2〉最高執行責任者が管理する人数

最高執行責任者が管理する人数，つまり企業の戦略形成に責任を負う人の数は，装置生産でもっとも多く，単品生産および小規模なバッチ生産でもっとも少なくなっています。

〈3〉賃金給料の支払いが総売上高に占める比率

労務関連のコストの割合は，技術が複雑化するほど小さくなっていました。ただし，単品生産および小規模なバッチ生産と大規模なバッチ生産および大量生産の差があまり大きくないのに対し，装置生産と大規模なバッチ生産および大量生産との間には大きな差がありました。つまり，生産物が「数で数えられる」生産方式と，「量で計る」生産方式との間には大きな差があったということになります。

〈4〉総従業員数に対する管理層の割合

管理層と非管理層の比率をみると，装置生産でもっとも管理層の割合が高く，単品生産および小規模なバッチ生産でもっとも低くなっており，技術が複雑化するほど管理層の割合が高くなっています。

〈5〉作業労働者に対する事務管理スタッフの割合

事務管理スタッフの割合は装置生産でもっとも高く，単品生産および小規模なバッチ生産でもっとも低くなっており，技術が複雑化するほど事務管理スタッフの割合が高くなっています。

〈6〉間接労働に対する直接労働の割合

間接労働者の割合は装置産業でもっとも高く，単品生産および小規模なバッチ生産でもっとも低くなっており，技術が複雑化するほど間接労働者の割合が高くなっています。

○ 技術の複雑さの両端で類似する特徴

〈1〉生産部門におけるラインの末端監督者が管理する人数
　ラインの末端監督者が管理する人数の平均は，装置生産と単品生産および小規模なバッチ生産で少なく，大規模なバッチ生産および大量生産でもっとも多くなっています。

〈2〉熟練労働者の数
　熟練労働者の数は，装置生産と単品生産および小規模なバッチ生産で多く，大規模なバッチ生産および大量生産でもっとも少なくなっています。

〈3〉有機的な組織体制の割合
　装置生産と単品生産および小規模なバッチ生産では，有機的な組織体制が多く用いられている一方，大規模なバッチ生産および大量生産では機械的な組織体制が多く用いられています[4]。

〈4〉専門スタッフの数
　専門スタッフの数は，大規模なバッチ生産および大量生産でもっとも多く，装置生産と単品生産および小規模なバッチ生産では少なくなっています。これは，大規模なバッチ生産および大量生産ではライン管理者と専門スタッフの役割が明確に区別されていたのに対し，他の２つの生産システムではこの区別が明確ではなかったことによります。ただし，単品生産および小規模なバッチ生産ではライン管理者には経験にもとづく技術的能力が求められていたのに対して，装置生産では科学的知識が重視されていました。

〈5〉コミュニケーションの方法
　装置生産と単品生産および小規模なバッチ生産では口頭でのコミュニケーションが多く用いられていたのに対し，大規模なバッチ生産および大量生産では文書によるコミュニケーションが多く用いられていました。

　このように，生産システムと組織構造の間にはある種の適合関係があること

---
[4] 有機的な組織体制および機械的な組織体制とは，バーンズとストーカー（Burns & Stalker, 1961）の有機的管理システムと機械的管理システムに対応するものです。詳しくは第Ⅱ部第8章を参照してください。

がわかります。ある生産システムを採用して，それにもとづいて活動していくには，それに適した組織が必要になるということです。

このような適応関係は，その工場で行われる生産に関する作業のうち，どれぐらいを人が担当し，どれぐらいを設備が担当するかということと関係しています。たとえば，同じぐらいの面積で同じぐらいの売上高の工場であっても，組立作業を中心とする工場と機械設備による加工が中心の工場とでは従業員の数に違いが生まれます。

大規模バッチ生産や大量生産の組立工場のように人が直接作業して製品を作る場合には，働く従業員の数は多くなります。一方，装置生産の飲料や化学製品を作る工場，あるいは製鉄所などでは，人が直接製品に触って加工するというわけではありません。加工自体は機械設備を通じて行われ，従業員の主な仕事はその設備を通じて生産を管理することです。そのため，組立工場と比較すると従業員の数は少なくなります。

3.2　ヒット商品を生み出すためには

次に新製品の開発について考えてみましょう。新製品開発は非常に難しい活動です。そのため，いくら適切な組織を選択したとしても常にヒット商品を開発できるというわけではありません。

皆さんが普段コンビニの棚で何気なくみかける商品を思い出してみてください。定番の製品の他，各社が開発した新製品が並んでいるのではないでしょうか。しかし，お気に入りだった製品がいつの間にか店頭から消えていたという経験をしたことのある人も多いのではないでしょうか。その場合，残念ながらあなたにとってはお気に入りの製品であっても，他の人にはあまり気に入られることなく売上が伸び悩んだため，販売が中止になったのだと考えられます。

このように入れ替わりの激しい製品分野では，さまざまな新製品が開発されては消えていきます。定番商品として長い期間にわたって販売が続けられる製品は，開発された製品のほんの一部にすぎません。さらに，開発の途中では，

実際に販売される前に消えていった商品案がさらに数多くあることでしょう。

すべての製品が，売上が伸び悩んだらすぐに販売が打ち切られるというわけではありませんが，いずれにせよ，ヒット商品の陰には売上が伸びず忘れられていく商品が数多くあるということです。

製品開発の難しさ，面白さがよくわかるとても有名な例としては3Mの開発したポスト・イットのケースがあります[5]。皆さんもよく目にするポスト・イットは，もともと接着剤の開発に失敗したところから出発しています。あるエンジニアが強力な接着剤を開発しようとしたところ，「よく付くけれど，簡単に剥がれてしまう」という接着剤ができてしまいました。これはもともと開発しようとしていたものではなく，接着剤としては明らかに失敗作でした。

普通なら失敗作として忘れ去られてしまうところですが，この奇妙な性質をもった接着剤は，何に使えるかわからないけれど何か使えそうだと考え，社内のさまざまな部門の人たちに紹介してまわりました。興味をもつ人はなかなか見つかりませんでしたが，ある日，研究員の一人が教会で賛美歌を歌っているときにしおりが落ちてしまったことから，「のりの付いたしおり」のアイディアを思いつきました。これにあの奇妙な接着剤が使えると考え，開発された製品が今のポスト・イットにつながっているのです。

このように，大ヒット製品の開発ストーリーをみると，エンジニアの突然のひらめきや偶然の結果が影響しているというケースも多くみられます。

では，ある会社がヒット商品を数多く開発できているとすれば，それは「運が良かった」からなのでしょうか。実はここに製品開発を組織の視点から考えてみることの意味があります。

もし，ヒット商品を多く生み出す企業とそうでない企業の差が「運の良さ」だけであるとすれば，組織的な工夫を行う余地は少なくなってしまいます。しかし実際には，確実にヒット製品を生み出す方法はないとしても，その可能性を高めるための組織的な工夫はあると考えられます。

もしヒット商品の数を増やしたければ，①商品がヒットする可能性を高めるか，②同時に行えるプロジェクトの数を増やすかのいずれかを実現できれば良いということになります。

---

[5] 住友3M　HP（http://www.mmm.co.jp/wakuwaku/story/story2-1.html）

仮にライバル企業と同じ数の新製品開発プロジェクトを実施しているとします。その場合には，ライバル企業よりもヒット商品を生み出す可能性が高ければ，それだけライバル企業よりも多くのヒット商品を生み出すことができるわけです。そのためには，顧客のニーズを適切にくみ取ること，さらにいえば，顧客の期待を良い意味で裏切るような驚きを生み出すことが必要になります。そのような開発プロジェクトを実施するためには，企業内のさまざまな部門が協力しなければなりません。ここに，どのような組織でプロジェクトを実施するかを工夫することの重要性があるわけです。

②の，同時に行えるプロジェクトの数を増やすということに関しても同様に，組織を工夫する余地があります。仮にヒットする可能性が一定であれば，プロジェクトの数を増やせばそれだけヒット商品の数は増えることになります。であればプロジェクトの数をどんどん増やしていきたいところですが，実際にはそうはいきません。

まず，企業に所属している人員には限りがあります。さらに製品開発にかかわる人員の数はその一部です。その限られた人員でプロジェクトを行わなければならないため，当然実施できるプロジェクトの数には限りがあります。また同様に，企業の予算にも限りがあります。限られた予算の中でプロジェクトを行わなければならないため，この面からも実施できるプロジェクトには限度があることになります。つまり，企業のもつ資源は有限であることから，同時に実施できるプロジェクトの数にも限りがあるわけです。

しかし，同数の人員，あるいは同額の予算でどれだけのプロジェクトを実施できるのかについては企業によって差が生じます。より効率的に，より速くプロジェクトを実施できるような組織的な仕組みをもった企業のほうが，同じ条件のもとでは多くのプロジェクトを同時に実施することができるのです。

多くのユニークな新製品の開発に成功している企業として，小林製薬株式会社があります。「アイボン」や「熱さまシート」，「のどぬ～る」など，有名な製品を数多く開発しています。

小林製薬[6]では，「あったらいいなをカタチにする」をブランドスローガンに，他の企業が作っていない製品を開発して新しい市場を生み出すということを常に行っている企業です。そのために重視していることの一つが，「いち早く製

図表 3.2　小林製薬の開発組織

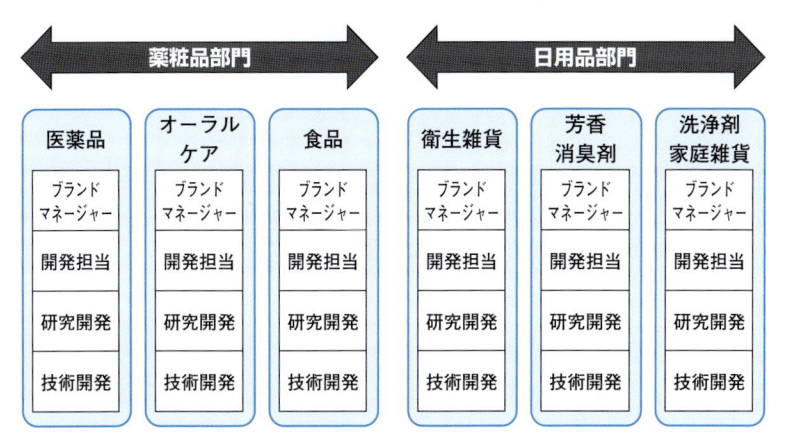

薬粧品部門				日用品部門		
医薬品	オーラルケア	食品	衛生雑貨	芳香消臭剤	洗浄剤家庭雑貨
ブランドマネージャー	ブランドマネージャー	ブランドマネージャー	ブランドマネージャー	ブランドマネージャー	ブランドマネージャー
開発担当	開発担当	開発担当	開発担当	開発担当	開発担当
研究開発	研究開発	研究開発	研究開発	研究開発	研究開発
技術開発	技術開発	技術開発	技術開発	技術開発	技術開発

（出所）小林製薬 Newsletter 2012 年 2 月号より作成。

品化できる開発組織体制」です。

　小林製薬では，製品カテゴリーごとに開発担当者，研究者，技術者，ブランドマネージャーの4つの機能で1つのチームを組み，最初の段階から機能部門横断で開発を進めます（図表 3.2）。

　これによりアイディア着想から製品化，市場投入までの工程が一元管理され，すべての段階で各担当者が共通認識をもつことができるようになります。結果，消費者のニーズやマーケット環境の変化に素早く対応するスピード開発が可能になっています。

　製品によって差はありますが，現在の平均開発期間は約 13 カ月で，年間約 20 個の新製品が生まれています。とくにこの体制が活かされたスピード開発の事例としては「チンしてこんがり魚焼きパック」があり，約 5 カ月で開発さ

---

6 以下の記述は小林製薬 NewsLetter 2012 年 2 月号（http://www.kobayashi.co.jp/corporate/news/2012/120221_02/index.html）にもとづいています。

れています。

3.3　製品開発の組織

　小林製薬の例では，製品カテゴリーごとの機能部門横断的な開発組織が有効に機能していると考えられます。しかし，製品開発組織にはその他の形も考えられます。ここでは，新製品開発組織の例として自動車産業を取り上げ，製品開発組織にはどのようなバリエーションがあるのかをみていきましょう（クラーク・藤本，1991）。

　代表的な製品開発組織の形としては，〈1〉機能別組織，〈2〉軽量級プロダクト・マネジャー型組織，〈3〉重量級プロダクト・マネジャー型組織，〈4〉プロジェクト実行チーム型組織の4つがあります[7]。

〈1〉機能別組織

　機能別の製品開発組織では，それぞれの部門は機能ごとに分かれています（図表3.3）。たとえば製品を構成するパーツごとに部門が置かれているといったことが考えられます。それぞれの部門が自分たちの担当する分野について責任をもち，製品全体をまとめる責任をもった人を置かない組織です。この組織は，第1章でみた会社レベルでの機能別組織と同じように，それぞれの部門が専門性を磨くのには適していますが，部門間の調整は難しくなります。

〈2〉軽量級プロダクト・マネジャー型組織

　軽量級プロダクト・マネジャー型の組織では，プロダクト・マネジャー（PM）と呼ばれる役割の人が置かれ，その人が各部門を代表する連絡担当者を通じて部門間の調整を行います（図表3.4）。このプロダクト・マネジャーは，実務レベルのエンジニアに直接働きかけることはなく，開発部門以外への

---

[7] 以下の組織図は，関連する部門のみを簡略化して描いたものです。機能部門長やプロダクト・マネジャーにも上司が存在しますし，プロジェクトも複数存在するのでプロダクト・マネジャーも複数存在することになります。

図表3.3 機 能 別 組 織

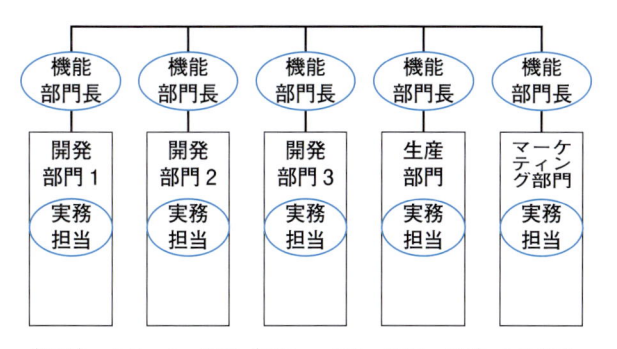

(出所) クラーク・藤本（1991, p.254, 邦訳 p.301）より作成。

図表3.4 軽量級プロダクト・マネジャー型組織

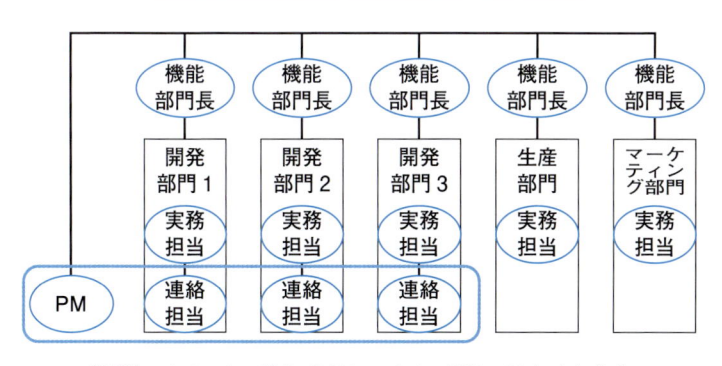

(出所) クラーク・藤本（1991, p.254, 邦訳 p.301）より作成。

影響力もあまりありません。また，それぞれの機能部門長と比べて組織内での地位や権限は強くありません。そのため，強力に部門間を統合するというよりも業務が円滑に進むように調整を行うのが仕事になります。

〈3〉重量級プロダクト・マネジャー型組織

　重量級プロダクト・マネジャー型組織でも，プロダクト・マネジャーは部門間をまとめる役割をもちます（図表3.5）。しかし，この組織ではプロダク

図表3.5　重量級プロダクト・マネジャー型組織

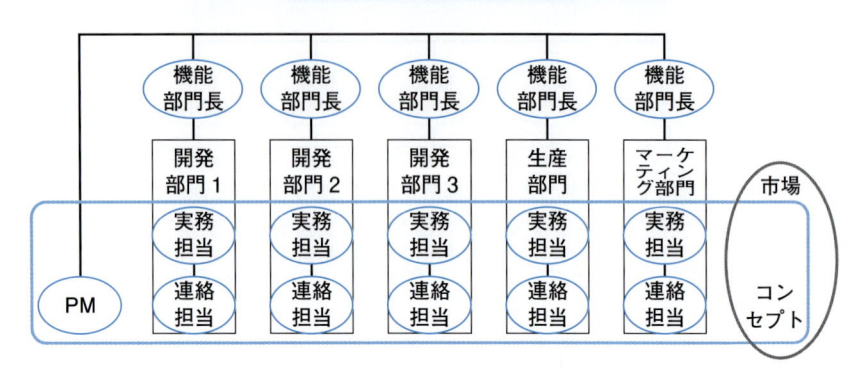

（出所）　クラーク・藤本（1991, p.254, 邦訳 p.301）より作成。

図表3.6　プロジェクト実行チーム型組織

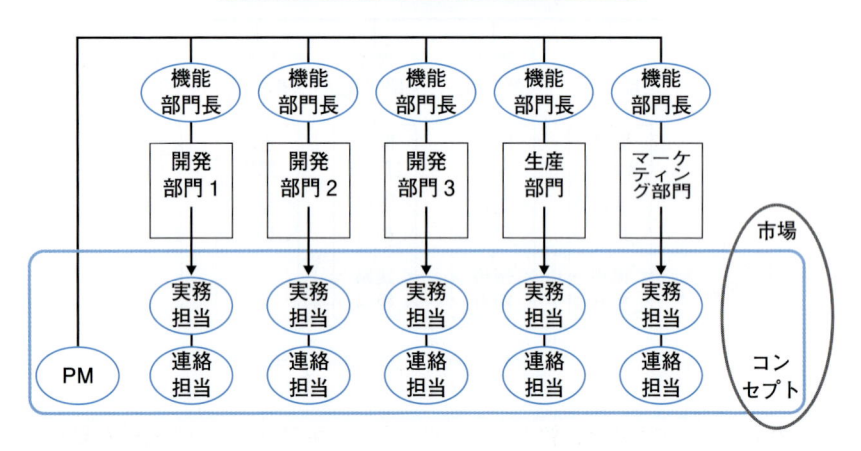

（出所）　クラーク・藤本（1991, p.254, 邦訳 p.301）より作成。

ト・マネジャーの責任と影響力の範囲が軽量級型と大きく異なります。軽量級プロダクト・マネジャーの仕事が部門間の調整であったのに対し，重量級の場合は，より強力に部門間の統合を行います。そのため，実務レベルのエンジニアに直接働きかけることもあります。また，開発部門だけでなく，生産やマー

ケティングの部門にも影響力をもちます。組織内での地位も各機能部門長と同格以上になっています。

さらに，組織内の各部門を統合するだけでなく，製品のコンセプトについても責任をもち，製品がユーザーの期待に合うものになるようにする役割も果たします。

自動車の開発，とくに量産車の開発ではこのような強力なプロダクト・マネジャーがいる組織でパフォーマンスが高くなっています。

強力なプロダクト・マネジャーは，組織内の部門間を強力に統合（**内的統合**）し，製品開発を進めます。さらに，製品コンセプトにも責任をもち，ユーザーのニーズと適合するように外部との統合も推し進めます（**外的統合**）。結果，製品開発プロジェクトは迅速に，効率的に行われ，生み出される製品も評価の高いものとなるのです。

〈4〉プロジェクト実行チーム型組織

プロジェクト実行チーム型の組織では，重量級プロダクト・マネジャー型組織と同様に，非常に強力なプロダクト・マネジャーが製品全体について責任をもつことになります（図表3.6）。この組織では，それぞれのエンジニアは機能別の部門を離れ，プロジェクト専属のメンバーとして活動することになります。そのため，非常に**製品志向の強い組織**ということができます。

3.4　製品特性と開発組織

このようにみてくると，強力なプロダクト・マネジャーのいる組織が製品開発を行ううえでは優れているように思えます。しかし，すべての業種で同じような製品開発組織が高いパフォーマンスをあげるわけではありません。どのような技術に対応するのかによって適切な組織が異なるというのは，生産の場合に限らず，新製品の開発に関しても同様のことがいえます。たとえば，自動車と医薬品と食品では開発のプロセスが大きく異なるため，適切な組織もまた異なることになります。

たとえば，医薬品の開発を考えてみましょう（桑嶋，2006）。医薬品は，私たちが病気の治療や予防をする際にお世話になるものです。その場合に重要なのは，その医薬品が期待したような効き目を発揮してくれるかどうかということです。その製品に対して期待されること，つまりニーズが明確であることから，医薬品は市場ニーズの多義性が低い製品ということができます。これに対して，自動車はデザイン性，乗り心地の良さ，耐久性などさまざまな評価の軸があり，多様なニーズをもっています。つまり，市場ニーズの多義性が高い製品ということになります。

また，医薬品の開発には高度な知識が必要ではありますが，製品自体が数多くの部品からできているわけではありません。一方自動車は，数万の部品から構成されており，さらにそれらの部品が密接に関連し相互作用をもちながら機能しています。そのため，医薬品は複雑性の低い製品，自動車は複雑性の高い製品と考えられます。

このように，医薬品は市場ニーズの多義性，製品の複雑性ともに低い製品という特徴をもつことから，内的統合の必要性も外的統合の必要性もあまり高くないということになります。そのため高度な専門知識をもった少数の研究者を中心に開発が行われます。

市場ニーズの多義性と製品の複雑性の2つの軸で考えると，どのような開発組織が採用される傾向があるのかは，図表3.7のようにみることができます（藤本・安本，2000）。

〈1〉**市場ニーズの多義性も製品の複雑性も低い場合**

これは，すでにみた医薬品のケースなどがあてはまります。強力な外的統合も内的統合もあまり必要ではないため，少数の研究者，エンジニアが中心となって製品開発を行うタイプのものです。

〈2〉**市場ニーズの多義性は低いが，製品の複雑性は高い場合**

これには，主に第2章でみたモジュラー型の製品が含まれます。ニーズがわかりやすいため，外的統合があまり重要ではない場合，図表3.4でみた軽量級プロダクト・マネジャーのような開発リーダーで十分かもしれません。内的統合は重要な場合もありますが，強力な統合を行いながら開発プロセスを進め

図表 3.7 市場ニーズの多義性と製品の複雑性

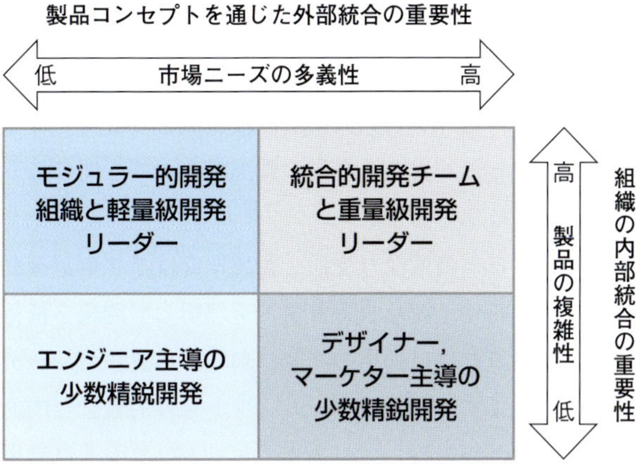

製品コンセプトを通じた外部統合の重要性

←低　市場ニーズの多義性　高→

	市場ニーズの多義性 低	市場ニーズの多義性 高
製品の複雑性 高	モジュラー的開発組織と軽量級開発リーダー	統合的開発チームと重量級開発リーダー
製品の複雑性 低	エンジニア主導の少数精鋭開発	デザイナー，マーケター主導の少数精鋭開発

組織の内部統合の重要性

（出所）藤本・安本（2000, 図終―1）を一部修正。

るよりも，部品ごとに事前にうまく分業することで専門性を生かすモジュラー的開発組織が採用されることも多くあります。

〈3〉市場ニーズの多義性は高いが，製品の複雑性は低い場合

アパレルや飲料，食品などの製品では，消費者による評価の仕方は多様で，1つの機能で明確に決まるわけではありません。そのため，外的統合が重要になります。一方，製品自体は数多くの部品でできているわけではなく，比較的シンプルな構造をしているため，内的統合の重要度はあまり高くありません。そのため，アパレル産業などではデザイナー，食品産業などではマーケターといった製品デザインやマーケティング担当といった立場から外的統合の中心となる人が主導するタイプの組織になります。

〈4〉市場ニーズの多義性も製品の複雑性も高い場合

これには自動車などのケースがあてはまります。部品点数が多く，さらに部品同士が密接に関連し相互作用をもっているため，内的統合が重要となります。また，どのような自動車が評価されるかは，特定の指標で計れるわけではない

うえに顧客の好みによっても違いが出ます。そのため外的統合も重要となります。このように外的統合と内的統合の両方が重要となるため，図表3.5や図表3.6にあるような重量級の開発リーダーが組織をまとめていくタイプになります。

　このように考えると，意外な製品同士が似た特徴をもっていることもあります。この場合には，まったく異なる産業の製品であっても同じような製品開発組織が有効ということになります。

　たとえば，ゲームソフトの開発（生稲, 2012）では，プロジェクト・リーダーは単なる調整役ではなく，製品コンセプトを理解して開発を積極的に推進する役割を果たします。これは自動車の開発における重量級のリーダーと似た役割をもっているといえます。これはゲームソフトも外的統合と内的統合の両方が重要な製品であることが影響しています。ゲームソフトと自動車のように，一見まったく異なる製品同士であっても，実は似たタイプの開発組織が採用されることがあるのです[8]。

　逆に，見かけは似ている製品であっても実は異なる特徴をもっていることもありえます。この場合には，見かけに騙されて製品開発組織を選ぶと，それは実は不向きな組織で，思わぬ失敗を招いてしまうことになるかもしれません。

演習問題

　3.1　図表3.3〜図表3.6の製品開発組織について，共通点と相違点を表にまとめて整理してください。そのうえで，同じ製品（たとえば乗用車）でも，製品開発組織が異なってくる場合をその整理した表を使って説明してみましょう。

　3.2　何か一つ製品を取り上げ，その製品が図表3.7のどの特徴にあてはまり，どのような開発組織が適しているのか考えてみましょう。

---

[8] もちろん，似ている点だけでなく，異なる点もあります。たとえば，ゲームソフトの開発の場合，プロジェクト・リーダーが内部のマネジメントを主に担当するディレクターと，外部との関係を担当するプロデューサーが分かれていることもあります（生稲, 2012）。

第4章

クラスター

　本章では，複数の企業や組織が地理的に集積して活動をする現象を取り上げます。通信・輸送技術が発達した現代においても，競争力をもった企業や産業は依然として特定の地域で発生して，集積しています。こうした，さまざまな専門的技術や知識をもった組織が地理的に集積し，分業しながら緩やかなネットワークを形成している状態をクラスターと呼びます。本章ではクラスターの発生と発展のメカニズムについて解説します。

○ KEY WORDS ○
産業集積，立地，クラスター，
外部経済，地理的近接性，柔軟な専門化，
スピンオフ，シリアル・アントレプレナー，集合的アイデンティティ

4.1 クラスターとは

　情報通信網，輸送網の発達は，企業と企業，企業と消費者との間の時間的，物理的距離を縮めてきました。とくに近年におけるコンピュータ，インターネット等の情報技術の急速な発展によって，私たち消費者や企業は世界のどの場所からでも必要な資本，製品，情報を容易にかつ短期間に（場合によっては瞬時に）手にすることができます。もはや企業にとって，どこで活動を行うのかといった立地（location）の問題は，さほど重要な経営課題ではなくなったかにも思えます。

　しかしながら実際には，こうした通信，輸送技術の発達に合わせて，個々の企業の活動拠点が世界中のあらゆる場所に拡散化したという事実はみられません。それどころか競争力をもつ企業や特定の産業は依然として，特定の地域で発生し，集積しています。

　なぜこのような企業の地理的集積が生まれ，またこの集積によってどのような経済的効果が生じるのでしょうか。こうした現象は古くから産業集積と呼ばれ，経済地理学，地域経済学，中小企業論等の分野でさかんに議論されてきました。近年では経営戦略論やイノベーション論，社会ネットワーク論の視点からも研究が活発に行われるようになり，その火付け役の一人である経営学者のポーター（Michael E. Porter）は，企業や関連組織が地理的に集積している状態をクラスター（cluster）と呼んでいます。クラスターとは，語源的にはブドウの房という意味があるのですが，ポーター（Porter, 1998）はクラスターを「地域的に相互に関係をもつ企業が集中した状態であり，その中にはサプライヤー，サービス産業（起業支援産業），関連産業や関係する機関が所在し，相互に競争したり協力をし合ったりしている状態」と定義しています。

　ポーターによると，クラスターには，原材料，部品，加工サービスを提供するサプライヤーや流通業者，販売業者，顧客，同業のライバル企業などさまざまな組織が活動しています。また起業を支援する会計事務所，弁護士事務所，ベンチャー・キャピタル（venture capital；将来性のある未上場企業に対して

株式投資や，経営支援などを行う投資ファンド），さらに政府や地方自治体，大学，金融機関なども，クラスターの重要な構成要素です。

　クラスターでは，さまざまな専門的能力をもった企業，組織によって細かな分業が発達し，それぞれが緩やかに結びつくことによって，ネットワークを形成しています。またクラスターでは協調的な関係だけでなく，企業同士の激しい競争も行われています。クラスターでは，新しい市場のニーズに適応した企業が次々と生まれる一方で，技術や需要の変化に対応できなくなった企業は淘汰されます。クラスター内の新興企業と既存企業が活発に競争し，互いに生産性の向上やイノベーションへの意欲を刺激し合うことで，クラスター全体の活力が維持され，さらなる成長が可能となるのです。

　産業集積もクラスターもともに，ある特定の地域にさまざまな経済主体が集積している状態を表す概念で，厳密な線引きはできませんが，伝統的な産業集積論では産業集積を特定産業内における企業（工場）の分業システムととらえていたのに対して，クラスターという概念では標準的な産業分類を越え，さまざまな産業に所属する組織の相互作用としてとらえています。

　たとえば，図表4.1 はイタリアの製靴・レザーファッション・クラスターに属する関連企業のつながりを表したものですが，同クラスターには，特定素材の特定製品（たとえば革靴）の各生産工程のみならず，異なるタイプの靴製品，また同じ革素材の異なる製品（革ベルト，革製ハンドバッグ），さらには別のファッション関連品（アパレル，織物）など，異なる業種や工程の企業が，それぞれの活動を相互に補完しながら活動しているのです（Porter, 1998）。また先述したように，企業以外にも顧客，地方自治体，大学，業界団体，金融機関，法律事務所等，多様な組織をその構成要素としてとらえているのも特徴です。

　また伝統的な産業集積論では，産業集積のメリットとして天然資源，労働力など生産要素の比較優位や輸送コスト，コミュニケーション・コストなどの集積による費用削減効果に焦点が当てられていたのに対して，近年のクラスター論では，地域内の関係者間で蓄積され共有される埋め込み型の知識（embedded knowledge）の重要性やそれらをもとに生み出されるイノベーションの意義に注目しています。本章では伝統的な産業集積論や近年のクラスター論をふ

4 クラスター

図表 4.1　イタリアの製靴・レザーファッション・クラスター

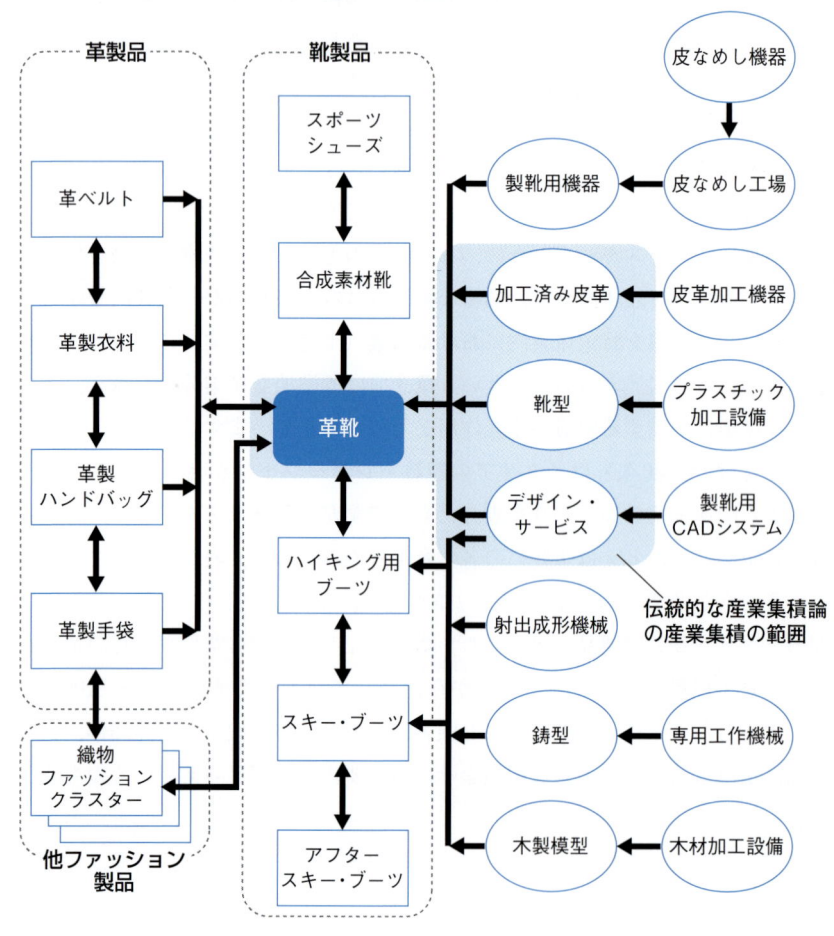

革製品
- 革ベルト
- 革製衣料
- 革製ハンドバッグ
- 革製手袋

他ファッション製品
- 織物ファッションクラスター

靴製品
- スポーツシューズ
- 合成素材靴
- 革靴
- ハイキング用ブーツ
- スキー・ブーツ
- アフタースキー・ブーツ

- 製靴用機器 ← 皮なめし機器 → 皮なめし工場
- 加工済み皮革 ← 皮革加工機器
- 靴型 ← プラスチック加工設備
- デザイン・サービス ← 製靴用CADシステム
- 射出成形機械
- 鋳型 ← 専用工作機械
- 木製模型 ← 木材加工設備

伝統的な産業集積論の産業集積の範囲

（出所）　Porter（1998, p. 200, 邦訳 p. 72）をもとに作成。

68

まえつつ，産業集積やクラスターについて解説します。

4.2 外部経済と柔軟な専門化

◯ 生産要素の比較優位と外部経済

　産業集積の利益について，はじめて経済学的な分析を行ったのはマーシャル（Alfred Marshall）です。マーシャル（Marshall, 1890）は産業集積の発生の論理と成長の論理を異なるものとしてとらえたうえで，産業集積発生の要因として，①自然条件（天候や土壌の性質，鉱山・採石資源への近接性，陸上・水上交通の利便性など）に加え，②宮廷の庇護（高価な財に対する需要の創出），③為政者による計画的な街づくりという要因をあげています。

　またマーシャルは産業集積が発展・成長する要因として産業の地域的集中がもたらす経済的効果に注目し，外部経済（external economies）という概念を提示しています。マーシャルは個々の企業が規模を拡大することによって生じる内部経済と，産業全体の規模の拡大によって生じる外部経済とに区別し，外部経済が発生する典型的な例として産業集積に注目したのです。

　マーシャルは産業集積の外部経済として①分厚い熟練労働者市場が形成され，高い専門技能をもった労働者の確保が容易になる，②原材料や部品のサプライヤーや流通業者など補助産業が発達する，③空間的近接性によって情報の伝達が効率的になり，地域内における技術や知識のスピル・オーバー（spill over；波及効果）が促進される，等を指摘しています。

　こうした産業集積の外部経済は，企業間の相互関係から生まれる利益と深いつながりをもっています（稲水ほか，2007）。

　需要側のメリットとしては，熟練労働市場や補助産業の発達によって，必要なときに必要なだけ労働力や技術，サービスを利用できるため，企業は需要変動に対して柔軟に対応できることがあげられます。供給側のメリットとしては熟練労働力の利用が増え熟練労働市場の厚みが増すことによって，それぞれの

技術の専門化と深化が進むことがあげられます。また補助産業企業が提供する技術やサービスの利用の増加も補助産業全体の発展を促すことになります。さらに地理的近接性や熟練労働者の移動による技術の伝播・普及によって，産業集積全体の発展が維持されるのです。

たとえば，18世紀に勃興した英国の産業革命は木綿産業から始まりましたが，同産業は英国西北部のランカシャー（Lancashire）という特定の地域に集中して発生しました。

ランカシャーに木綿産業が集中した理由の一つが，同産業に有利な自然条件でした。ランカシャーは，①紡績・織布に適合的な湿度（乾燥していると糸切れが発生しやすくなる），②水質（木綿産業に適した軟水），③水力の供給源や交通手段としての河川，に恵まれた地域だったのです。また農村部であったランカシャーは，都市部とは違いギルド（guild；徒弟制度を基礎とした職業別組合）の規制がほとんどなかったこと，オランダ（当時スペインからの独立問題や宗教問題で国内が混乱していた）から英国へ亡命した技術者の一部がランカシャーに移住したことで織布技術が移転された等の，社会的，技術的条件も大きな要因でした（安部，2002；2010）。

当時ランカシャーには 2,000 を超える綿業企業が事業を行っていましたが，紡績はランカシャー南部，織布はランカシャー北部と地域内でも工程が分化していました。さらに紡績と織布それぞれにおいても専門化と技術の深化が進み，同時に分厚い熟練労働者市場も形成されるようになります。ランカシャーの木綿産業は，土地，天然資源，労働力等の生産要素の比較優位によって発生し，集積による外部経済によって発展を遂げたのです。

○ 柔軟な専門化

マーシャルの産業集積論をふまえ，フォード・システム（第 6 章参照）に代表されるような大量生産システムと対比させながら，産業集積の利点を柔軟な専門化（flexible specialization）という概念で表したのがピオリ（Michael J. Piore）とセーブル（Charles F. Sabel）でした。

20世紀初頭成立した米国のビッグ・ビジネスは，サプライヤーや流通業者，

販売業者などとの取引から発生する不確実性（原材料・部品価格の不安定化，納入遅滞，自社製品の不当廉売等）を削減するため，垂直統合を行いました。不確実性の源泉である取引そのものを内部化し，公式権限のコントロール下に置くことで，自社の活動を安定化させようとしたのです。しかしながらピオリとセーブル（Piore & Sabel, 1984）が指摘するように，安定した需要，少品種大量生産体制を前提とした一貫生産型の分業システムでは，量的にも質的にも激しく変化する需要に適切に対応できないというデメリットがあります。

こうした点でみると産業集積は，垂直統合型の巨大企業とは対照的に，柔軟性という優れた特徴をもった分業システム，組織形態といえます。

たとえば，ピオリとセーブルが取り上げたイタリアのプラート（Plato；トスカーナ州北西部の都市）などの繊維・アパレルの産業集積はこの典型でした。イタリアの繊維・アパレル産業は，もともとはパリのオートクチュール（高級仕立て服）に対して，織物生産や縫製加工の工程を担う下請産地として発展しました。しかし 1970 年代になると日本その他アジア諸国からの安価な繊維製品の流入によって，深刻な経済危機に陥ります。こうした危機に対して，たとえばミラノでは，従来からの下請け生産から脱却すべく，付加価値の高いプレタポルテ（高級既製服）の企画・生産・販売に戦略を転換することで自立化の道を歩み始めます。この時期ミラノからは，ジョルジオ・アルマーニ（Giorgio Armani），ジャンニ・ヴェルサーチ（Gianni Versace），ジャンフランコ・フェレ（Gianfranco Ferré）など有能なデザイナーが数多く輩出され，ミラノ・ファッションの基盤が形成されていくのです。

日本にも古くから泉州（毛織物），尾州（毛織物），石川（合繊織物）など多くの繊維・アパレルの産地は存在しています。イタリアの産業集積も日本の産地も，中小企業の比率が高く，各企業が担当する工程が細かく分かれているという点では同じなのですが，産業集積の性格やその果たす役割は大きく異なっていました。

イタリアの企業が戦略転換を実現する際，産業集積が重要な役割を果たしました。これらの産業集積では生産だけでなく，製品企画，マーケティング，販売といった機能をも有し，地域として自立した活動を行っています。

それに対し日本の産地では，一般に産地の外にいる企業（紡績企業，商社，

4.2 外部経済と柔軟な専門化

問屋，アパレル等）が企画・販売の主導権を握り，産地内の中小企業はその生産下請けとなっていました。日本の産地では，製造機能しかもたない中小企業がほとんどで，自らが製品を企画・開発することもなく，そのため競争の手段も低価格しかなかったのです。多くの中小企業が大手メーカーの傘下に入り，仕事の受注は親企業に大きく依存していました。各系列間の壁は高く，そのため同じ産地内の企業であっても，横の連携はほとんどありませんでした。産地として協調して新規顧客を開拓したり，人材を育てるといったこともなく，産地としての独自の行動をとることができなかったのです。

他方イタリアでは，日本のように商社や大手メーカーと下請関係を結んでいる中小企業は例外的で，自分で素材を調達し，自分で企画し，自分で販売先を見つける自主自立が経営の基本となっています。このため各企業は，他社との差別化のための技術開発や新製品開発に余念がありません。こうした競争による刺激が，各企業の創造性や市場ニーズへの適応能力を高め，それが産業集積

図表4.2 柔軟な専門化（イメージ）

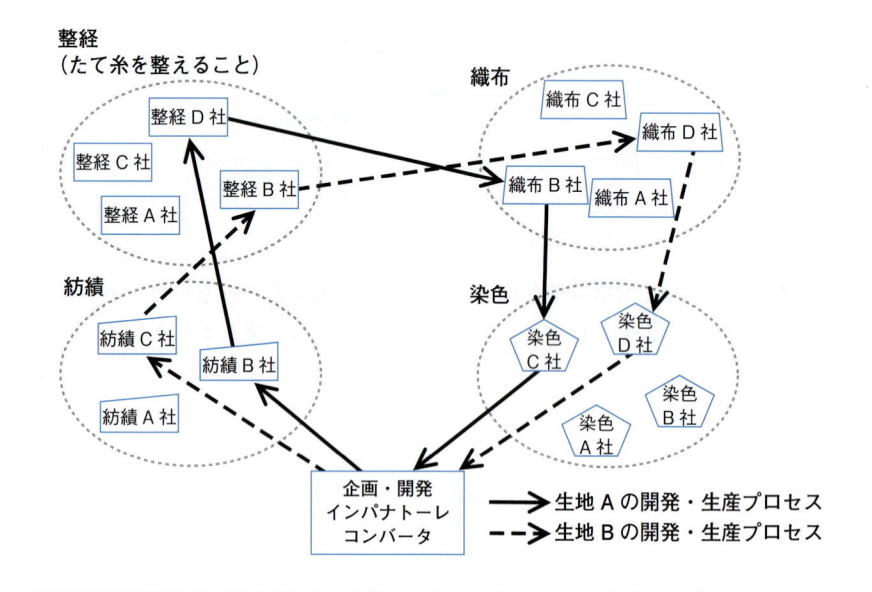

全体の活性化につながっているのです。

　イタリアの産業集積では，こうした競争と同時に協調も行われています。産業集積のメンバーのほとんどは中小企業で生産能力にも限りがあるため，短期間で仕上げが求められる場合や，自らの生産能力を超えて受注した場合は，産業集積内の同業他社と協力して生産を行います。

　また数多くの企業による分業をうまく機能させるためには，調整役も必要となります。イタリアで地域内のネットワークを束ね，企画・販売面で重要な役割を果たすのは，一般的にコーディネーター，オーガナイザーと呼ばれる企業です。プラートではインパナトーレ（impannatore），コモ（Como；ロンバルディア州北西部の都市）ではコンバータ（converter）と呼ばれています。インパナトーレやコンバータの多くは自ら生産設備をもちませんが，最新の市場動向をつかみ，新製品の企画やデザイン，アパレル・メーカーからの受注を行う一方，地域内の企業・職人が保有している得意技術や生産設備も把握しており，企画・生産を一貫してコーディネートしています。インパナトーレやコンバータは，製品に応じて，たとえば生地タイプの違いによって，工程ごとに担当する企業を柔軟に組み替えることで，多品種生産を実現し，多様で日々変化する顧客ニーズや需要変動にも対応し続けることができたのです（図表4.2）。

4.3　クラスターにおける開放性と柔軟性

　産業集積における柔軟な連携関係は，単なる需要変動のみならず，事業環境の変化への対応にも有利に働き，新たなイノベーションを生み出す源泉ともなります。こうしたクラスターの特徴でもある環境変化への対応力やイノベーション創発力について，米国の2つのハイテク地域を比較することで，その優位性を明らかにしたのが，サクセニアン（AnnaLee Saxenian）でした。サクセニアンは単なる空間的な近さだけでは集積の利益は生じないとし，とくに地域の文化や社会的制度が産業集積に与える影響に注目しています。彼女は「企業の内部構造」「企業間関係」「地域の社会構造や文化」といった3つの要素の相

互作用によって特徴づけられる地域の産業集積のことを**地域産業システム**（region's industrial system）と呼んでいます。

○ 大企業の集積地としてのルート128

4 クラスター

サクセニアンが注目したのは，異なる地域産業システムをもつ米国西海岸カリフォルニア州の**シリコン・バレー**と米国東海岸マサチューセッツ州の**ルート128**（ボストンを一周する環状ハイウェイ）地域でした。

1970年代，シリコン・バレーとルート128地域は，エレクトロニクス技術の発展をリードする先進的な地域として世界から注目されていました。この2つの地域は，ともに第2次世界大戦後の米国連邦政府による軍事技術への支出と，その政府契約を大量に受注した大学（たとえば，ルート128ではマサチューセッツ工科大学，シリコン・バレーではスタンフォード大学）の研究成果を契機に発展しましたが，それぞれの地域産業システムは大きく異なっていました。

サクセニアン（Saxenian, 1994）によると，1970年代初頭，ルート128地域は，レーダー送信管，電気通信，ミサイル制御誘導システムなど軍事エレクトロニクス技術を中心に，米国屈指のハイテク産業の集積地として確固たる地位を築いていました。その後も1970年後半には，ディジタル・イクイップメント・コーポレーション（Digital Equipment Corporation；通称 DEC），ワング・ラボラトリーズ（Wang Laboratories），プライム（Prime），データ・ゼネラル（Data General）等，当時コンピュータ業界をリードしていたミニ・コンピュータ・メーカーが数多く集積していました。こうした企業の多くは，製品の開発・製造のみならず，川上の事業分野である部品の開発・製造や川下の事業分野である販売，アフター・サービスなど幅広く事業を手がける**垂直統合**型の大企業でした。

ルート128の地域産業システムは，古くから軍事需要に長く依存していたこともあり，この地域での個人と企業，企業と企業との関係は，機密主義的で縄張り意識が強く，企業の内部構造では昔ながらの階層構造が重視されていました。形式重視の保守的な意思決定プロセスと社内手続き，長期雇用関係を前提

とした会社への忠誠心等の伝統的なビジネス・スタイルが，同地域の企業の共通した特徴だったのです。それゆえ地域産業システムといっても，それは単なる独立した企業の集合体にすぎず，立地的にも個々の企業はルート128沿いに広く分散していたため，企業間でのインフォーマルな人的交流はもちろんのこと，ビジネス上の取引すらも活発には行われていませんでした。

　垂直統合型大企業を中心としたルート128地域は，市場が安定し，技術変化のスピードが緩慢だった時代では，経済的繁栄を謳歌していましたが，1980年代以降，急速な技術変化が起きると，個々の企業はその変化に適応できず，その多くは消滅，あるいは他企業に吸収されてしまいます。

○ クラスターとしてのシリコン・バレー

　他方，シリコン・バレーでの地域産業システムは，ルート128地域とは対照的に，企業のみならず，個々の技術者，大学，ベンチャー・キャピタルなどを巻き込んだオープンで流動性の高い地域ネットワークを特徴としたクラスターでした。

　シリコン・バレーは米国カリフォルニア州北部に位置し，スタンフォード大学を核にハイテク企業が集積した地域です。シリコン・バレーは，1960年代の半導体産業，1970年代のコンピュータ産業の勃興によって発展し，1990年以降にはソフトウェア産業，通信産業，バイオ・テクノロジー産業にかかわる企業も加わり，今も発展し続けています。この地域は正式にはサンタクララ・バレーというのですが，コンピュータの心臓部になる半導体チップがシリコンから作られることから，シリコン・バレーと呼ばれるようになりました。この地域からは，これまで多くのスタートアップ（start-up；創業して間もない企業や開発を始めたばかりの小規模チーム。日本ではベンチャー企業という和製英語が使われていますが，近年では，IT業界を中心にスタートアップという言葉が定着しつつあります）が生まれ，その中からはヒューレット・パッカード（Hewlett-Packard），インテル（Intel），アップル（Apple），オラクル（Oracle），グーグル（Google），ヤフー（Yahoo！）等，世界的な企業も数多く育っています。

図表 4.3　コンピュータ業界：統合から分化へ

垂直統合型コンピュータ・メーカー	→ 分化 →	各機能に専門特化した企業と取引関係を構築
CPU, HDD などの部品製造		
OS の開発		
コンピュータの組立製造		コンピュータ・メーカー
アプリケーション・ソフトの開発		
販売, アフター・サービス		

（出所）宮崎（2001, p.213）。原典は Grove（1996, p.44）。

　シリコン・バレーでハイテク・スタートアップが数多く生まれ育った背景の一つとして，コンピュータ製品の**モジュール化，オープン化**があげられます。製品のモジュール化，オープン化の進展によって，この業界では機能分化と垂直分化が急速に進みました（図表 4.3）。シリコン・バレーでは，経営基盤の脆弱なスタートアップでも特定の分野に集中特化し，技術を深堀することで業界内での存立基盤を確立することができたのです。また事業の専門化と細分化の進展によって，たとえ一部の企業の事業継続が困難になっても，地域全体としては影響を受けないような，柔軟で耐久性のある産業システムが形成されるようになります。

　こうした専門化と細分化とともに，この地域の発展を支えてきたのが，同地域の企業や関係組織を緩やかに結びつける技術的ネットワークや社会的コミュニティでした。シリコン・バレーの企業は，情報，技術，資源，人材が絶えず流動するこのネットワークを基盤に，他組織との公式，非公式の濃密な交流を通じて相互に競い合い，学習しながら，その組織能力を高めると同時に，地域全体として市場や技術の変化に柔軟に適応していったのです。

4.4　立地の競争優位の源泉

　イノベーションの視点から，クラスターの発展メカニズムのフレームワークを提示したのが，先述したポーターでした。当初ポーターは，国レベルでの立地の競争優位に注目していましたが，後に地域レベルで展開されているクラスターこそがイノベーション創出の基盤であると認識するようになります。ポーターはクラスターの立地的優位に注目し，その源泉として4つの要素（要素条件，企業戦略および競争環境，需要条件，関連・支援産業）をあげ，この4つの要素が相互に連動しシステムとして競争優位を生み出していると主張しました。ポーターはこの4つの要素からなるシステムをダイヤモンドと呼んでいます（Porter, 1998；図表 4.4）。

図表 4.4　立地の競争優位の源泉

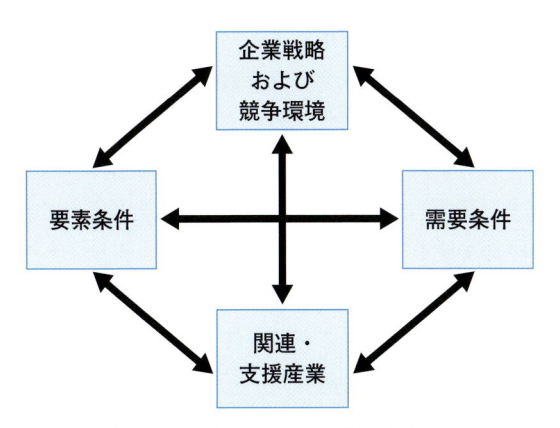

```
            企業戦略
            および
            競争環境
           ↗  ↕  ↘
          ↙       ↘
      要素条件 ←→ 需要条件
          ↖       ↗
           ↘  ↕  ↙
            関連・
            支援産業
```

（出所）　Porter（1990, p.72, 邦訳（上）p.106）

〈1〉要素条件

　第1に要素条件とは，労働力，土地，原材料といった物的資源や，専門的な情報や知識，法的制度，流通網や通信網などのインフラストラクチャー，大学等の研究機関などの利用可能性を指します。クラスターには数多くのビジネス機会があるため，専門的な知識と豊富な経験をもった人材が集まります。企業はこれを活用することで，人の採用活動にかかわる調査や交渉のコストを削減することができるのです。また大学等の研究機関も，先端技術や有為な人材の供給源として重要です。たとえば，シリコン・バレーのスタンフォード大学は，戦後直後から地元企業との産学協同に積極的に取り組み，イノベーション創出に大きな役割を果しています。またヒューレット・パッカードを創業したヒューレット（William R. Hewlett）とパッカード（David Packard），グーグルを創業したブリン（Sergey M.Brin）とラリー・ペイジ（Lawrence E. "Larry" Page）等，多くの起業家も輩出しています。さらに起業家の創業を資金面や経営面で支援するベンチャー・キャピタル，法律事務所，会計事務所等のビジネス・インフラが充実していることもシリコン・バレーの強みです。

〈2〉企業戦略および競争環境

　第2に企業戦略および競争環境といったクラスター内の企業間競争の程度があげられます。クラスター内での競争プレッシャーは，各企業に生産性向上を促すインセンティブとして強く作用します。ライバル企業との競争で生き残るためには，生産の効率化によるコスト競争力の強化だけでなく，新製品開発や新しい事業の開拓等の差別化戦略も必要です。クラスター内で次々とイノベーションが生まれ，それを競合他社が模倣，改良し，全体に普及するという，企業間の差別化競争と同質的競争が繰返し発生することによってクラスター自身も活性化し続けるのです。

〈3〉需要条件

　第3にその地域の顧客特性である需要条件があげられます。製品・サービスに対して要求水準の高い，洗練されたニーズをもつ顧客が数多く存在していれば，企業は常に製品・サービスの改善を促されることになります。また質の高い顧客情報に容易にアクセスすることも可能となり，顧客の顕在化しているニーズのみならず，潜在的なニーズや将来のニーズをも知ることができます。こ

うした顧客の潜在的ニーズや将来のニーズの発見は，画期的な新製品の開発につながります。

〈4〉関連・支援産業

第4にクラスター内のサプライヤーや関連・支援産業の競争力があげられます。クラスター内に能力の高いサプライヤーや関連・支援産業が存在していれば，高品質の部品やサービスの提供を受けることができます。たとえば国際的な競争優位性をもつイタリアの繊維・アパレル産業や製靴産業，革製品産業は，同じく国際競争力の高いデザイン産業によって支えられているのです。

4.5 スピンオフとシリアル・アントレプレナー

クラスターの活性化とその成長を促進する要因として，これまで多くの研究が指摘してきたのが，地理的近接性（互いが近くにいるということ）でした。クラスターの各メンバーは，経済的な取引ネットワークのみならず，日常生活の中で形成される社会的な規範とネットワークの中に埋め込まれています。クラスターのメンバーは通常のフォーマルな取引関係を通じて，技術，品質，価格，納期等に関して信頼関係を形成していますが，生活圏もほぼ同じで日頃から頻繁に接触することも多く，そうしたコミュニティ内での交流が同一コミュニティ・メンバーとしての親近感や独自のアイデンティティを生み，メンバー間の信頼関係をより強固にしているのです。こうしたコミュニティ内で発生する信頼，規範，ネットワークのことを総称して政治学者のパットナム（Robert David Putnam）はソーシャル・キャピタル（social capital）と呼んでいます（Putnam, 1993）。

メンバー同士の信頼が高まれば，クラスター内部ではさらに情報の流れが活発になります。直接的なフェイス・トゥ・フェイスのコミュニケーションによって，各メンバーから生み出される新しい技術やノウハウ，先進的な顧客からもたらされる将来のニーズなど，リーンなメディア（電話，メールなど）では

伝わりにくい暗黙知的な情報もメンバー間で共有され，組織間学習が促進されます。こうした技術や情報のスピル・オーバーによって，クラスター内でのイノベーションが活性化されるのです。

しかしながら，互いの物理的な距離が近いということだけで，頻繁なコミュニケーションや相互交流が生まれ，クラスターでの経済活動が活性化するというわけではありません。実は，クラスターという経済的，社会的ネットワークの形成，発展を考えるうえでもう一つの大事な要素が起業家たちの経歴です。クラスターを構成する企業の来歴をたどると，もともとはある特定の企業を母体に次々と新たな企業がスピンオフ（spinoff）していったというケースが数多くみられます。

スピンオフとは，「既存の企業や組織から離脱した個人やグループによって形成された新しい企業で，親企業との関連産業において事業を開始する新しい企業」（Garvin, 1983）で，スピンオフ企業の増殖によって，産業やクラスターが急成長するというケースは過去にも現代にもよくみられた現象でした。たとえば，19世紀後半から20世紀前半の米国自動車産業において，初期の自動車メーカーの多くは，オールズ・モーター・ワークス（Olds Motor Works），キャデラック（Cadillac），フォード（Ford），ビュイック（Buick）などからのスピンオフで，その多くがミシガン州デトロイト周辺で起業しています（Klepper, 2002）。これらのスピンオフ企業は，まったくの新規参入企業や他分野から多角化した企業よりも生存期間が長く，初期の自動車産業における技術革新も，こうしたスピンオフ企業から数多く生み出されています。

シリコン・バレーにおいても，その発展の基礎を築いたのは，フェアチャイルド・セミコンダクタ（Fairchild Semiconductor International）の出身の起業家たちでした。1947年，ショックレー（William B. Shockley, Jr.）は，バーディーン（John Bardeen），ブラッテン（Walter H. Brattain）とともに世界初のトランジスタを発明しました。この功績によって3人は1956年にノーベル物理学賞を受賞します。同年，ショックレーはトランジスタの商業化を目指し，多くの優秀な研究者を集めショックレー半導体研究所を設立します。しかし彼の専制的な経営スタイルに嫌気がさしたノイス（Robert N. Noyce），ムーア（Gordon E. Moor）らメンバー8人（「8人の裏切り者」）は，翌1957年にショ

ックレー研究所を飛び出し，フェアチャイルド・セミコンダクタを設立するのです。同社は，世界初の商用シリコン集積回路を開発するなど，1960年代の半導体業界を牽引するリーディング・カンパニーでした。同社で学んだ先進的な技術や経営ノウハウ，あるいは仕事のネットワークを活用し，ここからインテルをはじめとする100以上の企業がスピンオフしています。同社から転職や独立をしたエンジニアや起業家たちは，同じフェアチルドレン（フェアチャイルド出身者）としてのアイデンティティを強く共有していました。地理的近接性のみならず，こうした心理的近似性も，地域内での技術や経営ノウハウの伝播と普及を促し，シリコン・バレー発展の礎となったのです。

　他地域においても，たとえば，米国カリフォルニア州南部のサンディエゴにはバイオ産業を中心としたクラスターが形成されていますが，その発展の起点となったのは，1978年に同地域で設立されたハイブリテック（Hybritech）でした（Casper, 2007）。ハイブリテックは1986年にイーライ・リリー（Eli Lilly and Company）に買収されますが，イーライ・リリーの古い経営体質に疑問をもった経営幹部たちは，同社から次々とスピンオフし，サンディエゴで起業します。さらにこうしたスピンオフ企業からも新たな企業が生まれ，ハイブリテックを起源としたスピンオフ企業は40社を超えています（図表4.5）。こうしたスピンオフの連鎖によって同地域のバイオ・クラスターの基礎が形成されたのです。

　あるいは，米国テキサス州オースティンのソフトウェア産業のクラスターも，1990年代後半以降，チボリ・システムズ（Tiboli Systems；以下，チボリ）を起点としたスピンオフの連鎖によって急成長を遂げたクラスターです。

　チボリの創業メンバーであるファビオ（Robert Fabbio），スミス（Todd Smith），マルシー（Steve Marcie），バルデス（Peter Valdes）は，もともとIBMのAIXと呼ばれるIBM独自仕様のUNIXの開発に携わっていました。ファビオはAIXプロジェクトの上級管理者でしたが，彼自身は，インターネットの発達によって，将来的には異なるワーク・ステーションやサーバー，さらにはパソコンをつなぐためのソフトが必要になるとの考えをもっていました。しかし独自仕様のソフト開発にこだわるIBMでは，彼のアイディアは受け入れられなかったため，ファビオは他の3人とともにIBMを退社し，1989年に

図表4.5　ハイブリテックからのスピンオフ

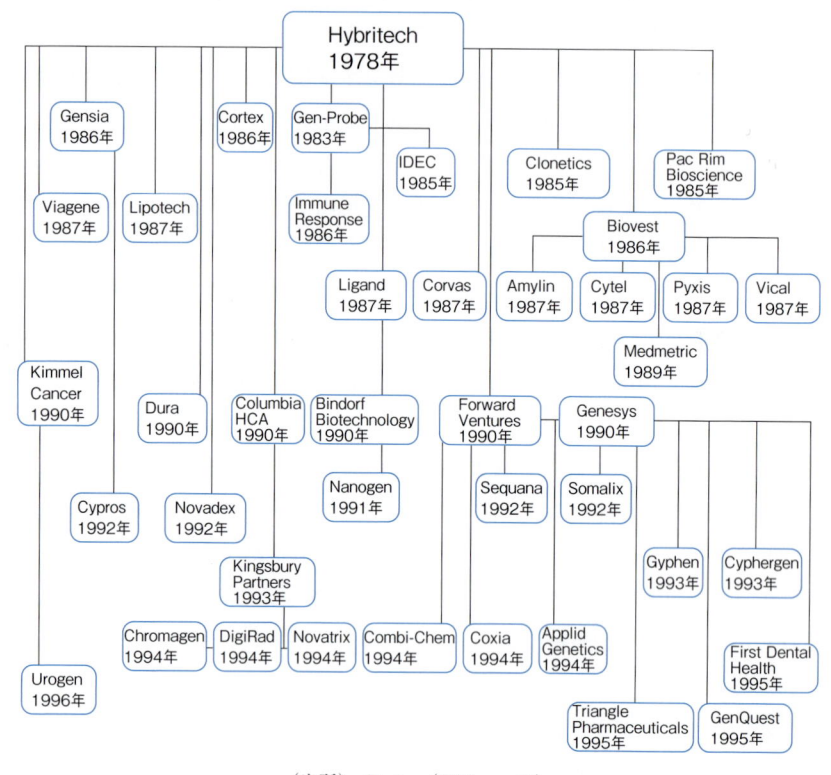

```
                              Hybritech
                              1978年

Gensia     Cortex    Gen-Probe                Clonetics    Pac Rim
1986年     1986年     1983年                    1985年       Bioscience
                              IDEC                         1985年
                              1985年
Viagene  Lipotech   Immune                    Biovest
1987年   1987年     Response                   1986年
                   1986年
                   Ligand  Corvas  Amylin  Cytel  Pyxis  Vical
                   1987年  1987年  1987年  1987年 1987年 1987年
                                           Medmetric
                                           1989年
Kimmel          Columbia  Bindorf    Forward   Genesys
Cancer   Dura   HCA       Biotechnology Ventures 1990年
1990年   1990年 1990年    1990年       1990年
                         Nanogen     Sequana  Somalix
                         1991年      1992年   1992年
Cypros   Novadex                                     Gyphen  Cyphergen
1992年   1992年                                      1993年  1993年
         Kingsbury
         Partners
         1993年
    Chromagen  DigiRad  Novatrix  Combi-Chem  Coxia  Applid     First Dental
    1994年    1994年   1994年   1994年      1994年 Genetics   Health
                                                  1994年     1995年
Urogen                                    Triangle        GenQuest
1996年                                    Pharmaceuticals  1995年
                                          1995年
```

（出所）　Porter（2001, p. 68）

チボリを設立したのです（福嶋，2013）。

　チボリの分散システム管理ソフト事業は成功しますが，1996年，同社の可能性に気づいたIBMによって買収されてしまいます。IBMの資本参加によって，チボリの企業規模は一気に拡大し，世界的なソフトウェア企業へと急成長しますが，IBMの官僚主義的な社風になじめなかったチボリの社員たちは，次々とスピンオフし，新しい企業を立ち上げたのです。

　当初チボリからのスピンオフ企業は，チボリの元メンバー同士での起業が中

図表 4.6 スピンオフの連鎖とシリアル・アントレプレナー

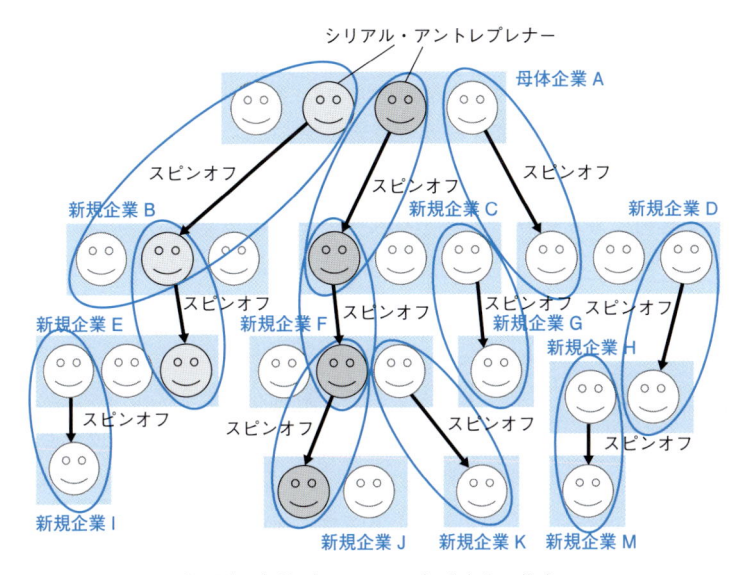

（出所）　福嶋（2013, p.238）をもとに作成。

心でしたが，スピンオフの連鎖が進むにつれて，チボリの元メンバーに地域内外の新たな人材が加わることで新しい企業が次々と生まれていきました。

　オースティンのクラスターでは，特定企業の元メンバーを核としながらも，オープンな形でスピンオフ企業のネットワークが発展していったのです。さらにチボリの元メンバーの中にはスピンオフに成功した後，ベンチャー・キャピタルや**エンジェル**（スタートアップに対して，個人として出資をする人たち。資金提供だけでなく，経営に関するアドバイスも行う）に転向し，投資家として起業を支援した人もいました（福嶋，2013；図表 4.6）。

　また同地域では，シリコン・バレー等のハイテク産業のクラスターでよくみられる**シリアル・アントレプレナー**（serial entrepreneur）も多数存在していました。シリアルとは「連続的な」という意味で，シリアル・アントレプレナーとは「複数の起業を経験した人々であり，同時に複数の企業の経営に携わっ

ている人々」(MacMillan, 1986) のことを指します。

　たとえば，ウェブ・ブラウザ・ソフトの先駆的企業ネットスケープ・コミュニケーションズ (Netscape Communications Corporation) を設立し，AOL に買収された後も新規企業や新規プロジェクトの立ち上げに精力的に取り組んだアンドリーセン (Marc Lowell Andreessen)，電子決済企業ペイパル (PayPal) の成功後，電気自動車メーカーのテスラ・モーターズ (Tesla Motors)，宇宙船の開発製造を行うスペース X (SpaceX)，太陽光発電事業のソーラ・シティ (SolaCity) 等を次々と立ち上げたマスク (Elon Musk) など，ハイテク産業では数多くのシリアル・アントレプレナーが活躍しています。実は米国でのスピンオフの約半数は，こうしたシリアル・アントレプレナーによるものなのです (OECD, 2010)。

　成功したシリアル・アントレプレナーは，新規の起業家に比べて，豊富な経験と知識，経営者としての評判，そして取引や人的なネットワークをもっているので，スタートアップ特有の**新しさによる不利**（liability of newness；第Ⅱ部第 12 章 12.3 参照）を克服することもでき，起業の成功確率も高くなります。

　スピンオフの連鎖やシリアル・アントレプレナーを介して，チボリなどの母体企業の経験や知識が他の起業家たちにも伝播し，その相互学習が促進されることで，起業に関する知識やスキルがクラスター全体で蓄積・共有されるようになりました。同時にこうした相互学習を通じて同じ企業家コミュニティのメンバーとしての**集合的アイデンティティ**が形成されるようになります。そうした企業の境界を越えた集合的アイデンティティも，企業間の非公式のコミュニケーション・ネットワークや協力慣行の醸成を促進したのです。

　地理的近接性と心理的近似性によって互いに緩やかに結びつきながらも，常に多様な人や組織を巻き込みながらオープンなネットワークとして発展してきたシリコン・バレーなどのクラスターは，今なおその活力を失わず成長し続けているのです。

演習問題

4.1 世界各地に存在するクラスターの実例をもとに，クラスターの形成，発展，衰退に影響を与える諸要因やそのメカニズムについて考えてみよう。

4.2 地域振興策としての国や政府のクラスター育成施策の可能性と限界について，欧米や日本での実例を調べて，考えてみよう。

4.3 スピンオフやインフォーマルな人間関係を通じての知識や情報の伝播・共有はクラスター全体としてのメリットではあるが，個々の企業間関係において背任や機密漏洩などで問題になることはないのだろうか。議論してみよう。

第5章

多国籍企業

　本章では，本国親会社と海外子会社で構成される多国籍企業における企業間関係に注目します。

　さまざまな国で，それぞれに異なる経営環境に直面している多国籍企業では，組織の分化と統合を適切に行い，本国親会社と海外子会社が1つの組織としていかに連携するかが事業活動の成否を分ける鍵となります。本章では，多国籍企業が直面する問題やその対応策，またネットワーク組織としての多国籍企業の発展プロセスについて考えます。

○ KEY WORDS ○
隔たり，マルチナショナル組織，
インターナショナル組織，グローバル組織，
セミ・グローバリゼーション，
経営遺産，戦略的イニシアティブ

5.1　P&Gの海外戦略

○ P&Gの日本進出

　1837年，プロクター・アンド・ギャンブル（The Procter & Gamble Company；以下，P&G）は，石鹸製造業者のギャンブル（James A. Gamble）と，ローソク製造業者のプロクター（William Procter）によって米国オハイオ州シンシナティで設立されました。同社の社名は創業者の名前に由来しています。石鹸とローソクを販売する小さな家族経営の会社から事業を始めたP&Gでしたが，2012年現在，世界180カ国，46億人に商品を販売し，売上高6兆8,618億円を誇る世界的な消費財メーカーへと成長しています。

　P&Gが日本市場に参入したのは1972年です。1960年代前半，先進国クラブであるOECD（Organisation for Economic Co-operation and Development；経済協力開発機構）への加盟を目指した日本は，その前提条件であったIMF規定8条を満たすべく（いわゆるIMF8条国への移行），段階的に資本の自由化（対外送金の自由化，海外からの直接投資の自由化等）を行います。こうした日本における外国資本への規制緩和を受け，1972年，P&Gは日本サンホーム（第一工業製薬，旭電化工業，ミツワ石鹸の3社が1969年に合併して設立された会社）と合弁会社P&Gサンホーム（1978年にP&Gが100%子会社化）を設立し，日本での事業をスタートさせました。

　P&Gが対外直接投資による海外進出を本格化に始めたのは，戦後1950年代からでした（戦前はカナダと英国のみ）。P&Gの本社があるシンシナティは，石炭積出の河港として栄えましたが，国際貿易はさほど活発ではありませんでした。またそもそも米国の国内市場は大きく豊かだったため，P&Gは国内市場に集中し，海外進出にはあまり積極的ではなかったのです。

　第2次世界大戦後，P&Gはフランス，オランダ，ベルギーなど西欧州諸国へと進出し，合成洗剤などの先進的な技術を武器に欧州で高い市場地位を築いていきます。日本進出についても，これまでどおり米国やその他の地域で実績

のある製品や技術，マーケティングや経営手法を用いて参入すれば，成功するに違いないと確信していました。P&Gは，洗濯用粉末洗剤「チアー」，洗濯用液体洗剤「ボーナス」，化粧石鹸「キャメイ」という米国で成功した有力ブランドでまず日本市場での橋頭堡を築き，その後他の主要ブランドを展開し，一気に市場シェアを拡大することを目論んでいました。

　米国でチアーは，冷水，ぬるま湯，お湯，どの温度帯でも洗濯することができるという製品コンセプトで成功していた商品でした。P&Gは日本でもこの製品コンセプトによって競合商品との差別化が図れると考え，それまでも広告製作で取引のあった米国の広告代理店レオ・バーネットの東京支社と協力して，「全温度チアー」として大々的に売り出します。「全温度」というキャッチフレーズや米国流の広告手法は，それまでの日本にはなかった「斬新な」ものだったので，当時の日本の消費者に強烈な印象を与えました（筆者もその一人です）。しかし日本では，風呂の残り湯で洗濯することもあるものの，普段は冷たい水道水で洗濯をするというのが一般的でした。そのため，冷たい水でも洗浄力が変わらないというセールスポイントは，日本では「当たり前」のことと受け止める人も多かったのです。

　またP&Gは早期に市場シェアを拡大するため，商品の露出効果の大きい大規模小売チェーンを中心に直接交渉し，「発売特別価格」という低価格プロモーションを積極的に展開しました。こうした手法も米国では一般的でしたが，当時の日本では，まだ小規模の小売店も多く，これら小売店に商品を納入していた1万7,000もの卸売業者が強い影響力をもっていました。そのため，P&Gの手法に対しては，多くの流通業者が，こうしたやり方は自分たちを排除し，大規模小売チェーンだけを優遇するものだと不満を募らせるようになるのです。

　洗剤に続き，1977年に日本市場に導入された乳幼児用紙おむつ「パンパース」も，大々的なテレビ広告や，産婦人科病院や赤ちゃんがいる家庭への製品の無料サンプル配布等の全国的なキャンペーンによって，発売当初の売上は好調でした。当時日本では布おむつが主流で，使い捨て紙おむつの利用率はわずか2％にすぎませんでしたが，1979年には10％へと拡大し，使い捨て紙おむつという新しい市場を開拓することに成功します。しかしパンパースも，デザインもサイズも米国仕様のままで販売され，品質の面でも要求水準の高い日

5.1 P&Gの海外戦略

本の消費者を必ずしも満足させるものではありませんでした。

　参入当初からの積極的なマーケティング戦略によって，洗剤や紙おむつなどのP&G製品の売上は順調に伸びていくように思われましたが，やがてさまざまな問題が顕在化していきます。

　洗剤部門では，競合相手の花王が1977年に新しい洗剤「ワンダフル」を発売，1979年にはライオンが洗浄力の強い酵素配合洗剤「トップ」を市場に投入し，チアーをシェアトップの座から引きずりおろします。P&Gはこうした日本のライバル企業からの攻勢に対して，さらなる低価格で対抗しようと試みますが，コストだけが膨らみ，逆に収益を悪化させてしまいます。

　また1979年，日本では水質汚濁の原因物質として，当時多くの洗剤に含まれていた「リン酸塩」が問題視されるようになります。花王とライオンはこうした消費者の声に敏感に反応し，すばやくワンダフルやトップの無リン化に踏み切ります。しかし日本のP&Gは，米国ではリン酸塩の問題が顕在化し，無リン洗剤市場が立ち上がるまで20年もかかったという経験から，喫緊の解決すべき課題とは考えず，チアーの無リン化にすぐに着手しませんでした。

　紙おむつ市場でも強力な競合商品が登場しました。1981年にはユニ・チャームが，「ムーニー」を発売し，発売後2年でパンパースからシェアトップの座を奪いとり，1983年にテストマーケットが始まった花王の「メリーズ」（1984年に正式販売開始）も消費者から支持されます。ムーニーもメリーズも日本の小さな赤ちゃんの身体にフィットするタイプのおむつでした。こうした相次ぐ競合商品の登場によって，発売当初90%だったパンパースの市場シェアは1984年にはわずか9%にまで落ち込んでしまいます。

　問題は，競合関係に留まりませんでした。毎月のように市場シェアを奪われていくP&Gの商品に対して，小売業者も卸売業者もP&Gの商品力やマーケティング戦略に対して不信感をもつようになります。またP&G商品専門の卸売業者は存在せず，そもそも各卸売業者が扱う商品の中で，P&G商品の割合は全体のわずか2%にも満たなかったため，たとえ販売が落ち込んだとしても（卸売業者側の被害は軽微だったので），P&G商品のテコ入れを積極的に行おうとする業者はほとんどいなかったのです。

◯ 日本市場での再出発

　こうした初期の失敗を反省し，その苦境から多くを学んだP&Gは，1983年から経営陣と組織体制を刷新し巻き返しに転じます。「一大飛躍」と銘打った新しい戦略を策定し，日本の消費者の繊細かつ厳しいニーズの把握，消費者ニーズを満たす製品の開発，日本文化を考慮した広告など，製品開発体制やマーケティング，流通チャネルでの諸改革を次々に断行していったのです。

　新しく改良された薄型で吸収力の高い「パンパース」や，日本女性に合うようサイズ変更された生理用品「ウィスパー」は，日本の多くの消費者から支持されます。日本で改良されたパンパースはその後，米国や欧州で開発された「ウルトラ・パンパース」の改良に活かされ，競合他社に奪われていた市場シェアを取り戻すことにも成功します。流通チャネルに関しても，中核卸売業者の数を500社から40社に絞り，地域や取引チャネルごとに独占販売権を与えることで，卸売業者のP&Gブランドに対するロイヤルティは高まり，積極的に販売してくれるようになりました（Dyer et al., 2003）。

　こうした大改革によって，1987年，P&Gははじめて日本市場での単年度黒字を実現します。短期間での日本市場攻略を確信していたP&Gでしたが，事業開始から15年目にしてようやく成功への手ごたえをつかむことができたのです。1991年には，神戸の六甲アイランドに巨大なR&Dセンターを設置し，日本の消費者のニーズを学習し，その知識を活用しながら新商品開発を行う本格的な体制を構築しました。

　長きにわたって日本市場で苦闘したP&Gでしたが，その後日本市場は世界第2位の巨大市場に成長しました。P&Gが日本で学習した最先端の技術や知識は，日本のみならずP&G全体の知識として世界中に伝播し，共有されています。近年，P&GのCEOを務めたヤーガー（Durk Jager），ラフリー（A. G. Lafley），マクドナルド（Robert A. MacDonald）はいずれもP&Gジャパン（旧P&Gファー・イースト）の社長経験者です。P&Gにとって日本は，巨大なマーケットとしてのみならず，イノベーションを生み出し，有為な人材を育てる重要な戦略的拠点となっているのです。

5.2 多国籍企業が直面する「隔たり」

　本章で取り上げる多国籍企業（multinational corporation）とは，2カ国以上に所在する事業活動ないし営利を生み出す資産を運営する企業のことを指します。多国籍企業は，典型的には本国親会社と複数の海外子会社によって構成され，各海外子会社は地理的，制度的，経済的，文化的に異なる多様な環境で事業活動を行っています。世界では少なくとも6万社の多国籍企業が80万社以上の海外関連子会社とともに事業活動を行っています。字義どおりに解釈すれば，こうした多国籍企業のほとんどは従業員数250人以下の中小企業ですが（Jones, 2005），本章で取り上げるのは，この中でも海外市場に多数の拠点をもち，世界規模で事業展開を行っている巨大多国籍企業です。

　多国籍企業では，各国市場での経営環境に適応できるよう，海外子会社の戦略や組織を分化（differentiation）させることが必要になります。同時に，企業として一貫性を保つため，本国親会社，海外子会社の間で活動を調整し，その総合力を高めるような統合（integration）も必要になります。コンティンジェンシー理論（contingency theory）の研究者であるローレンス（Paul R. Lawrence）とローシュ（Jay W. Lorsch）によると（Lawrence & Lorsch, 1967），多様で複雑に変化する環境に対応するためには，組織をサブユニット（subunit；下位組織。たとえば，研究開発，製造，販売などの部門）に分割し，それぞれに異なる環境に対応させ，なおかつ各サブユニットの諸活動を調整し，組織として一貫性をもたせることが業績向上の鍵になります（コンティンジェンシー理論については，第Ⅱ部第8章で取り上げます）。

　多国籍企業の場合，変化の仕方やスピードが異なる複数の環境に同時対応しなければならないため，国内市場だけで活動しているドメスティックな企業と比べると，こうした組織の分化と統合の問題はさらに難しく，かつ重要な経営課題となるのです。

　本国親会社や各国の海外子会社が直面する事業環境はそれぞれ異なり，その多様性や複雑性の程度によって，組織形態も大きく影響を受けます。こうした

図表5.1 4つの隔たり

文化的な隔たり	制度的な隔たり	地理的な隔たり	経済的な隔たり
●言語の違い ●民族の違い ●宗教の違い ●価値観，行動規範の違い	●植民地関係がない ●共通の地域貿易ブロックがない ●共通の通貨がない ●政治的な対立 ●法的制度の違い ●国際社会への関与度（国際機関への加盟度など）の違い	●物理的な距離 ●国境を接していない ●時差の違い ●気候や衛生状態の違い	●国民1人あたりの所得の違い ●天然資源，人的資源，資金，情報，社会的インフラ等のアクセシビリティ（利用容易性）の違い

（出所） Ghemawat（2007, pp.40-45）をもとに作成。

　各国の「隔たり（distance）」について，ゲマワット（Pankaj Ghemawat）は，「文化的隔たり」「制度的隔たり」「地理的隔たり」「経済的隔たり」という4つの要素をあげています（Ghemawat, 2001；図表5.1）。

　文化的隔たりとは，言語，民族性，宗教の違いや倫理観，社会的規範等の違いです。制度的隔たりとは，海外貿易や海外資本取引に対する制度的障壁（関税や為替管理政策等）や通貨の違い，植民地時代での交流の有無，政治的対立等です。地理的隔たりとは，物理的距離はもちろんのこと，気候，時差，安全，衛生状況の違いで，経済的な隔たりとは，国の経済規模，国民1人あたりの所得水準の違い，生産要素となる土地，人的資源，天然資源，資本，情報，インフラ，流通チャネルの利用可能性などが含まれます。

5.3 グローバリゼーションの変遷と組織形態

　各国の隔たりは時代とともに変化し，多国籍企業もその変化に応じて組織構造や戦略を適応させます。歴史的に，国境を越えて資本，貿易，人々の移動が進展する**グローバリゼーション**（globalization）の流れは，およそ①1880〜1929年の第1次グローバル経済の時代，②1929〜50年の分断の時代，③1950年〜現在の新グローバル経済の時代，の3つの時期に分けることができます（Jones, 2005；図表5.2）。

◯ 第1次グローバル経済の時代

　19世紀後半から1929年の世界恐慌前までの間は，グローバリゼーションが進展した時期でした。この**第1次グローバル経済**の時代は，さまざまな技術革

図表5.2　グローバリゼーションの波

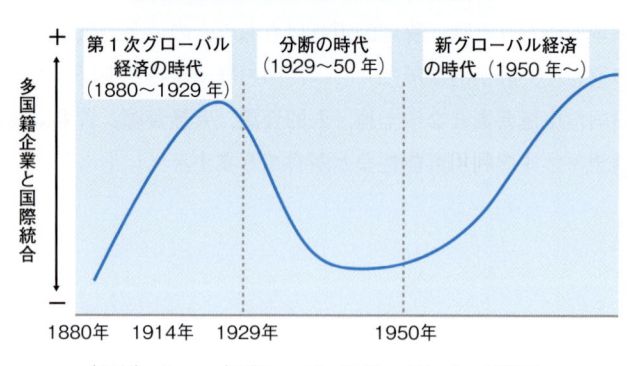

（出所）　Jones（2005, p.20，邦訳 p.27）を一部修正。

新によってもたらされました。蒸気船の登場によって，大陸間航路の輸送コストは劇的に低下し，1911年にはわずか5日半で大西洋横断ができるようになりました。また電信技術の発達や海底ケーブルの敷設によって，欧州から米国，インド，さらにはオーストラリアと大陸間での情報交換も可能になったのです。電信，蒸気船，鉄道といったコミュニケーションと輸送手段のイノベーションによって，各国の市場を分断していた地理的隔たりは大きく縮小しました。

英国を筆頭に各国は自由主義経済政策を推し進め，国際貿易の障壁となっていた関税も引き下げられました。19世紀後半には米国やドイツ，フランス等の国々は保護主義経済政策へと転換するようになりますが，それでも国際貿易は世界の総生産高の成長率よりも早く拡大していたのです。19世紀末からは国境を越えた資本取引も活発となり，1900年には，多くの国が自国の通貨価値を金価格に固定させる金本位制を採用したことで為替リスクが減少し，国際資本取引はさらに増加しました。また当時，海外旅行にはパスポートは不要で，労働ビザも存在していなかったため，人の移動も活発でした。この時期約6,000万人の欧州の人々が米国に移住したのです（Jones, 2005）。この時代，各国間の制度的，地理的「隔たり」は相対的に大きく縮まりました。

第1次グローバル経済の時代，国境を越えて活動する企業の数やその取引規模は急速に拡大しました。従来，海外市場で長期継続的に事業を行っていた企業といえば，各国政府から独占権を与えられた国策の貿易会社だけでしたが，この時期から政府からの支援なしで国境を越え，事業活動を行う企業が急増したのです。事業内容も天然資源や農産物の開発・輸入のみならず，1914年までには，電機，機械，自動車，化学等，さまざまな製造分野の企業も海外生産をはじめ，国境を越えた経営資源，技術，知識の移転が行われるようになります。この時期は外的な制約も少なく，多くの企業が海外に進出していました。

○ 分 断 の 時 代

1929年の世界恐慌から1945年の第2次世界大戦の終結直後までの期間は，グローバリゼーションの流れが大きく後退した分断の時代でした。1914年に勃発した第1次世界大戦によって停滞していた国際貿易は，1920年代後半ま

でには戦前レベルまで回復しますが，1929年の世界恐慌によって，再び壊滅的なダメージを受けます。自国産業保護のため，1930年に成立した米国のスムート・ホーリー関税法（Smoot-Hawley Tariff Act）をはじめとする高関税や輸入規制を定めた法律が各国で相次いで制定され，国境を越えた商品取引は大きく制限されました。また同時に各国の為替管理政策によって，海外子会社から本国親会社への配当や利益の送金が制限され，国外へ持ち出せなくなった資金は，現地事業に強制的に再投資せざるをえなくなります（Wilkins, 1974）。

関税障壁と為替管理という制度的な制約によって，本国親会社と海外子会社間の取引は困難になります。さらにドイツ，イタリア，日本などでは政治的なナショナリズムが台頭したため，海外子会社は同地での事業を継続するために，現地化を強化するようになるのです。

こうしたさまざまな制度的制約に対応する形で，ユニリーバ（Unilever N. V. /Unilever PLC；二元上場会社のため本拠地はオランダと英国）やフィリップス（Koninklijke Philips N. V.；本拠地オランダ），ネスレ（Nestlé S. A.；本拠地スイス）など欧州の多国籍企業を中心に，各海外子会社が現地で自律経営を行う**マルチナショナル**（multinational）**組織**と呼ばれる組織形態が普及，定着していきます。バートレット（Christopher A. Bartlett）とゴシャール（Sumantra Ghoshal）によるとマルチナショナル組織という組織形態は，このグローバリゼーションの後退期において多く採用されました（Bartlett & Ghoshal, 1989）。本国親会社のコントロールは弱く，各国の海外子会社は大幅に権限を委譲され，自律的に経営を行っていました。欧州企業で採用されていたマルチナショナル組織の歴史は古く，**マザー・ドーター組織**（mother daughter form）とも呼ばれています。海外子会社は現地経営について大きな権限が与えられ，本国親会社からのコントロールは個人的な信頼関係によってインフォーマルに行われることが多く，海外子会社の責任者は，本国親会社の責任者に直接報告を行っていました（図表5.3の(1)を参照）。

実際，フォードやGMといった米国企業の欧州子会社でさえも，米国市場向けの製品とは異なる，欧州市場向けの新製品を開発し，現地市場での適合化を図るようになるのです。

○ 新グローバル経済の時代

　第2次世界大戦が終結し世界に平和が訪れると，世界中でモノやカネや情報の流れが活発になり，グローバリゼーションの動きも再び進展し始めます。

　戦後，世界経済の復興と成長を牽引したのは米国でした。多大な戦禍を被った欧州やアジアとは違い，米国本土は戦場にはならず，戦争によるダメージをほとんど受けませんでした。米国企業はその技術優位性で世界市場での主導的な地位を確立し，国際金融においても米ドルが世界の基軸通貨となりました。1945年から60年代の中頃まで，新規対外直接投資の85％が米国1国によるものでした（Jones, 2005）。

　当時世界でもっとも広大で豊かな米国市場での成功によって，米国企業は自分たちの製品や経営手法に自信をもっていました。この時期，海外市場へ本格的に進出した多くの米国企業は，自分たちの先進的な知識を移転しさえすれば，現地でも成功するに違いないと考えていたのです。こうした本国親会社主導で海外拠点に技術や知識を移転し，事業の国際化を進めた組織をバートレットとゴシャール（Bartlett & Ghoshal, 1989）はインターナショナル（international）組織と呼びました。

　インターナショナル組織とは，GE（General Electric），P&Gなど，米国の多国籍企業にみられた組織形態です。海外子会社にもある程度の権限，能力が分散しているものの，製品開発や経営方法の決定や，そうした知識や情報の移転については本国親会社が集中的に管理し，海外子会社に一方的に伝達します（図表5.3の(2)を参照）。

　日本企業の本格的な海外進出は1970年代頃に始まりました。1967年に締結された「関税及び貿易に関する一般協定（General Agreement on Tariffs and Trade；GATT）」のケネディ・ラウンドによって，工業製品の関税が一律35％引き下げられるなど貿易障壁が一気に低下した時代です。松下電器産業（現パナソニック）やトヨタなどの電機メーカーや自動車メーカーは，研究開発機能や製造機能を本国日本に集中して，グローバルな規模での効率性を活かし，海外市場へ進出していったのです。こうした組織形態をバートレットとゴシャール（Bartlett & Ghoshal, 1989）はグローバル（global）組織と呼びまし

図表5.3　多国籍企業の組織形態

(1) マルチナショナル組織

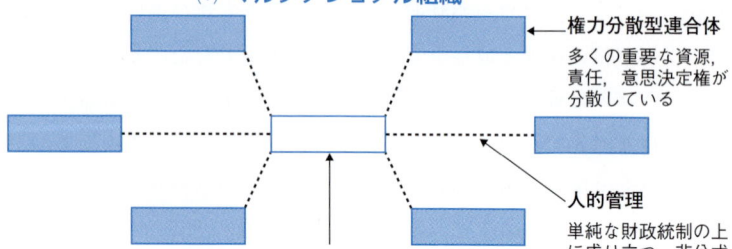

権力分散型連合体
多くの重要な資源，責任，意思決定権が分散している

人的管理
単純な財政統制の上に成り立つ。非公式な親会社と子会社との関係

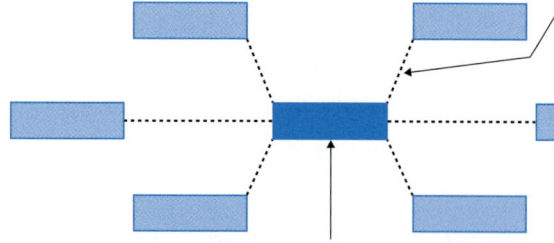

マルチナショナル経営精神…経営者側は海外での事業を独立した事業体の集合とみなしている

(2) インターナショナル組織

管理的統制
公式な経営計画と管理体制によって親会社と子会社は密接に結びついている

調整型連合体
多くの能力や権限，意思決定権は分散しているが親会社の管理を受けている

インターナショナル経営精神…経営者側は海外での事業を親会社の付属であるとみなしている

(3) グローバル組織

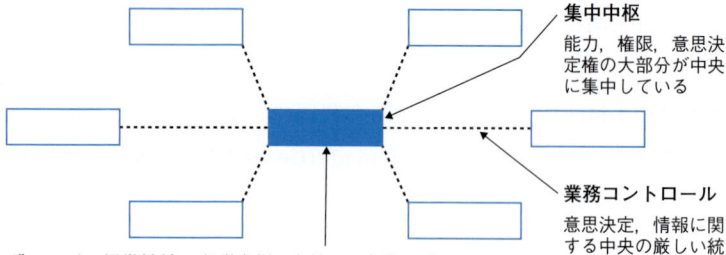

集中中枢
能力，権限，意思決定権の大部分が中央に集中している

業務コントロール
意思決定，情報に関する中央の厳しい統制

グローバル経営精神…経営者側は海外での事業をグローバル市場への配送パイプラインとみなしている

□の中の色が濃ければ，濃いほどパワーが強いことを表す。

（出所）Bartlett & Ghoshal（1989, pp.50-52, 邦訳 pp.68-70）

た。グローバル組織とは、**松下電器産業**（現パナソニック）や **NEC** など，典型的には1970年代から80年代にかけて日本企業が海外進出をする際に用いた組織形態です。本国親会社に意思決定の権限や情報が集中し，海外子会社の自律性は低く，本国親会社からの命令の実行者として現地市場で活動します（図表5.3の(3)を参照）。

　以上のように，マルチナショナル組織，インターナショナル組織，グローバル組織といった3つの組織形態は，日米欧の多国籍企業が，海外進出を本格化させた時期の経営環境の影響を強く受けていたのです。

　過去200年にわたって多国籍企業は，各時代での各国の地理的，制度的，経済的，文化的な隔たりの度合いやその変化に応じて，組織形態や経営スタイルを変えてきました。しかしこうした環境変化に対して，的確に適応し続けることは容易なことではありません。とくに規模が大きく，歴史も古い多国籍企業では，「**経営遺産**（administrative heritage）」も組織形態の選択に大きな影響を与えます。

　多国籍企業は創立者の影響や過去の成功体験，国の文化の影響，海外進出の時期など，それぞれ独自の組織の記憶を蓄積し，今日に至っています。長い時間をかけて積み重ねてきた経営遺産は，簡単に消去することはできません。そのため同じ環境変化に直面している企業であっても，経営遺産の違いによって，対応の仕方やそのスピードに差異が生じます。未来の組織形態の選択は，過去の歴史にも影響を受ける経路依存的な意思決定でもあり，こうした経営遺産は，その企業にとって偉大な無形資産であると同時に変革への抵抗となる負債にもなるのです（Bartlett & Ghoshal, 1989）。冒頭で紹介したP&Gも，こうした経営遺産の影響に引きずられ，国と国との隔たりの大きさを十分に理解しないまま，本国で成功した製品，経営手法をそのまま日本市場に持ち込みました。その結果，歴史的な大失敗を犯してしまったのです。

　21世紀の今日，新しいグローバリゼーションの動きがいっそう進展していますが，依然として各国間の隔たりは存在しています。ゲマワット（Ghemawat, 2001）が主張するように，世界はグローバリゼーションとローカライゼーション（localization；現地化，地域化）の状況が混在する**セミ・グローバリゼーション**の状態にあります。こうしたセミ・グローバリゼーションの時代

5.3 グローバリゼーションの変遷と組織形態

においては，各国での市場状況や競争状況，個々の事業，職能の性質の違いによって，規模の効率性を重視したグローバルな対応とともに，現地適応を重視したローカルな対応も依然として必要となるため，より柔軟な組織運営が求められるようになっているのです。

たとえば，P&G はもともと本国親会社への集権化志向が強い企業でしたが，歴史的には徐々に海外子会社に対する権限委譲を進めています。ヤーガー CEO（1999-2000 年在任）のもと導入されたマトリックス組織（製品部門別組織 GBU（Global Business Unit）と地域別組織 MDO（Market Development Organization）によって構成されていた）による急激な集権化によって，社内が一時大混乱に陥る時期もありましたが，後任のラフリーは，ただちに GBU を簡素化し，地域別組織である MDO の権限をより強化した組織改革を行うなど，軌道修正を行っています。

逆に欧州のユニリーバは伝統的に海外子会社の自律性が高く，各国ごとに多くのブランドや製品が乱立しているような時期もありましたが，1992 年，世界中に 10 カ所のパーソナルケアのイノベーション・センターを開設し，製品開発の集約化を図るなど，地域への適応を図りながらも，全体的な一貫性や効率性も追求できるような組織へと組織改革を進めています。

両社それぞれに進化の経路こそ違いますが，権限が与えられた海外子会社や地域本部がそれぞれの現地市場でイノベーションを生み出し，さらにその成果を本国親会社や他国の海外子会社と共有し活用しています。こうしたグループ内での緊密な連携によって，現地市場への適合と世界規模での統合を実現しようと模索し続けているのです。

5.4 多国籍企業における知識の創造・移転

多国籍企業の組織運営においては，世界規模での知識の創造と移転が重要な課題となります。第 1 次グローバリゼーションの時代から，多国籍企業は世界規模の知識創造と移転の推進者でした。

伝統的な国際経営論では，多国籍企業では，本国親会社がイノベーションを創出し，各国の海外子会社に成果を移転し，世界にイノベーションが普及していくと考えられていました。たとえば，ハイマー（Stephen H. Hymer）は，米国などの先進国市場で成功している企業は，その優位性の源泉である経営資源を活用することで，発展途上国などの他の市場においても優位性を築くことができると主張しています（Hymer, 1976）。米国企業の海外進出プロセスを理論化したバーノン（Raymond Vernon）の**プロダクト・ライフ・サイクル仮説**（product life cycle hypothesis）も，基本的には米国親会社の技術や組織能力の優位性を基礎としています（Vernon, 1966）。

プロダクト・ライフ・サイクル仮説は，米国企業の多国籍化を次のように説明しています。まず米国企業が国内市場で求められるような新製品を開発し，国内市場に投入します。やがて国内市場が成熟して，欧州や日本などの他の先進国で当該製品の新しい需要が生まれると，新たな成長機会を求めて積極的に輸出を行うようになります。しかし，輸出先の先進国市場が成長してくると，現地の競合企業と競争が激しくなったり，現地国政府が輸入規制など保護主義的な経済政策をとることがあります。この頃になると製品や生産プロセスの標準化も進んでいるので，米国企業は輸出ではなく，進出国での生産を始めます。また米国での生産コストよりも進出国での生産コストが低ければ，進出国から米国市場への輸出も行われるようになります。

さらに，他の発展途上国の需要が発生すると，最初は米国や他先進国からの輸出で対応しますが，そのうちこれら発展途上国においても競合企業が出現したり，現地国政府が自国産業を保護するために輸入を規制したりすることもあります。こうした状況に対応するため，米国企業はこれら発展途上国でも現地生産を始め，やがて低い労働コストを背景に，本国米国や他先進国よりも低コスト生産が可能になれば，当該発展途上国が生産拠点となり，米国や他先進国への輸出が行われるようになるのです。

プロダクト・ライフ・サイクル仮説では，所得や生活水準が高い米国市場で先進的な顧客ニーズが最初に生まれ，その新しいニーズにまっ先に触れ，それを実現できる最先端の技術やノウハウをもっている米国企業が新製品を開発し，世界の市場へイノベーションを普及させると説明しています。バーノンの研究

は，米国企業が積極的に海外直接投資を開始した（1950年代後半）直後の，1960年代の後半から70年代の前半にかけて実施されたため，多国籍企業のイノベーションの発生，普及プロセスも米国中心に描かれていました。

ただ後年，バーノン自身も米国の優位性は絶対的なものではないと認めているように，すべての面で本国拠点が海外拠点に対して比較優位をもつわけではありません。バーノンの研究の中でも指摘されていたように，たとえば生産活動のように，製品の標準化が進めば，本国拠点よりも発展途上国などの海外拠点のほうが労働コスト等の面で優位となり，ここに生産拠点を集中させることでコスト競争力を高めることもできます。

海外拠点の立地優位性は生産に限らず，研究開発，マーケティング，購買等といったあらゆる活動においても，要素コストや技術水準，顧客情報等での比較優位によって発生します。また立地優位性のみならず，現地市場での事業活動を通じて海外子会社自身の組織能力も強化されることもあります。そうした組織能力の進化に応じて，海外子会社の役割や本国親会社，他の海外子会社との関係性も時間とともに変化するのです。

逆に本国親会社の優位性も絶対的で永続的なものでもなく，時間ともに劣化することもあります。過去の成功体験にもとづく技術や製品に対するロックイン，慢心や組織文化の硬直による大企業病により，有効な技術や知識を生み出せなくなることもあり，そうしたイノベーション活動の停滞が，組織の衰退へとつながるのです。

たとえば，日本のセブン-イレブン・ジャパンの本国親会社にあたるサウスランド（現7-Eleven, Inc.；米国セブン-イレブン）は1991年に経営破綻しています。破綻の原因は，一つには不動産投資や石油精製事業（米国ではガソリンスタンド併設型のコンビニエンス・ストアが多かったため）での失敗で財務状況が悪化したことがあげられますが，根本的な原因はコンビニエンス・ストア事業の不振でした。汚く薄暗い店内，無愛想な店員，値引き販売の常態化，ビールやタバコなど嗜好品が売上の半分以上を占め，食品や雑貨などの本来コンビニエンス・ストアの主力であるべき商品の比率がきわめて低いなど，コンビニエンス・ストアの体をなしていない状態だったのです（川辺，2003；田中，2012）。こうしたサウスランドの経営危機を救ったのが，日本のセブン-イ

図表5.4 多国籍企業の企業内ネットワークと企業外ネットワーク

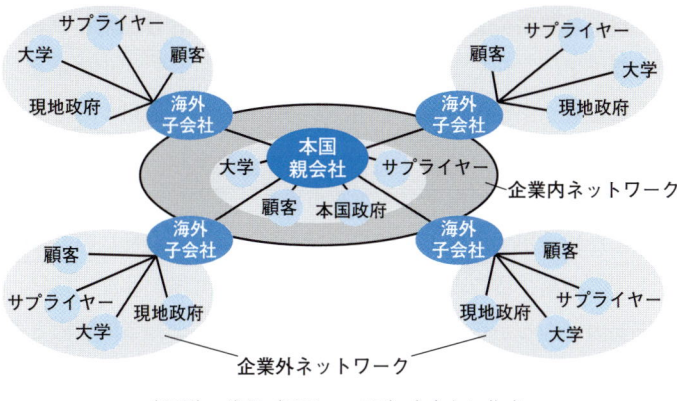

（出所） 浅川（2003, p.105）をもとに作成。

レブン・ジャパンでした。1991年にイトーヨーカ堂と共同で同社に出資し，その株式を取得した後（69.99%を共同で保有），日本での市場開拓において培った単品管理などの独自の経営手法をもとに同社の経営改革を行い，破綻後わずか3年で同社の再建に成功しています。ちなみに2005年，サウスランドはセブン-イレブン・ジャパンの完全子会社となり，資本関係の面でも親子関係が逆転しています(現在は，セブン＆アイ・ホールディングスの完全子会社)。

このように，継続的な知識の創造や更新，組織の活性化といった点では，異質な現地環境で活動する海外子会社の存在は，多国籍企業にとって大きな強みとなります。多国籍企業における知識の創造や移転は，本国親会社と海外子会社から形成される企業内ネットワークの中だけではなく，各海外子会社が現地の消費者，流通業者，サプライヤー，競合企業，大学，政府機関等の現地コミュニティと形成する個々の企業外ネットワークの中でも行われます（浅川，2003）。各海外子会社が埋め込まれている企業外ネットワークを通じた知識の創造，移転によって，多国籍企業は異質で多様な知識にアクセスし，活用することができるのです（図表5.4）。

しかし，各国に存在する有用な市場情報や技術情報は，現地に深く埋め込まれた暗黙知的な知識であることも多く（Forsgren et al., 2000），容易に獲得できるとは限りません。こうしたコード化できない粘着性のある知識を獲得するためには，現地の関係企業，関係機関との人的交流を含む緊密なコミュニケーションが必要です。これを実現するためには現地の社会，文化に精通し，現地で幅広い人脈をもつような現地人マネジャーを積極的に活用することも一つの有効な方法といえるでしょう。

また各海外子会社が現地市場で有用な市場ニーズや技術情報を獲得したとしても，そうした知識がすぐさま本国親会社や他の海外子会社に移転できるとは限りません。多国籍企業の企業内ネットワークでの知識の移転，伝播にもさまざまな阻害要因があるからです。阻害要因は大別すると知識的要因と組織的要因があります。

知識的要因とは，知識の暗黙性やコンテキスト依存性といった知識特性から発生するものです。たとえば，現地の海外子会社が現地のサプライヤーや流通業者との人的交流を含む緊密なコミュニケーションによって獲得された技術やノウハウは，暗黙知的かつ関係特殊的な知識である可能性が高く，同じ企業グループといえども，本国本社や他の海外子会社が容易にその本質を理解できるとは限らないのです。

組織的要因とは，受け手の吸収能力（Cohen & Levinthal, 1990）や，受け手側のモチベーション（いわゆるNIH（Not Invented Here）症候群；よそで開発された技術や知識は受け入れたくない），双方の関係性などがあげられます。こうした多国籍企業内部での知識移転の困難性については，実は本国本社から海外子会社への知識移転でも同じようなことが起こりえます。たとえば，伝統的にユニリーバの海外子会社は，現地経営に関して高い自律性をもっていました。しかし，そうした強い独立意識が災いし，米国の現地子会社は，1960年代から70年代にかけて業績が低迷したときも，本国親会社からの指示や支援を頑なに拒絶したため，ユニリーバは，マーガリン，シャンプー，洗剤の製造技術やマーケティング・ノウハウ等，米国事業の立て直しのために必要な知識の移転を迅速に実行できなかったのです（Jones, 2005）。

こうした企業内ネットワークでの知識の移転，共有を活性化させるためには，

日頃からの緊密なコミュニケーションに加えて，国境を越えた人材交流等を活発に行うなど，同じ企業のメンバーとしての**アイデンティティ**（identity）を高める活動も必要となるのです（第Ⅱ部第15章参照）。

5.5 海外子会社の役割変化

1990年代以降，多国籍企業による知識創造の場が世界中に分散されるようになりました。多国籍企業は，本国親会社と海外子会社とで構成するネットワークを活かし，世界中のさまざまな場所でイノベーションを生み出しています。本国親会社とは異なる経営環境で蓄積された海外子会社の知識は，多国籍企業全体の知識の多様性を高め，イノベーションを活性化させるには大事な要素となります。世界各地のさまざまな環境で生み出された技術や知識を結集し活用することで，そのイノベーション能力を維持，強化できるのです。

また海外子会社の研究開発力や生産能力も静態的なものではなく，時間とと

図表5.5　海外子会社進化のフレームワーク

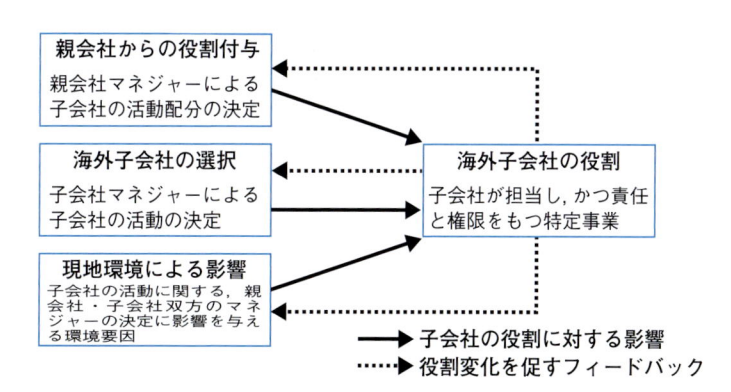

親会社からの役割付与	→	海外子会社の役割
親会社マネジャーによる子会社の活動配分の決定		子会社が担当し，かつ責任と権限をもつ特定事業
海外子会社の選択	→	
子会社マネジャーによる子会社の活動の決定		
現地環境による影響	→	
子会社の活動に関する，親会社・子会社双方のマネジャーの決定に影響を与える環境要因		

　→　子会社の役割に対する影響
　┈▶　役割変化を促すフィードバック

（出所）　Birkinshaw & Hood（1998, p.775）

もに進化し，その役割も変化することがあります。この点についてバーキンショーとフッド（Birkinshaw & Hood, 1998）は，海外子会社の役割に影響を与える要因として「親会社からの役割付与」「海外子会社の選択」「現地環境による影響」という3つの要因をあげています（図表5.5）。

前述したプロダクト・ライフ・サイクル仮説のように，伝統的な多国籍企業論では，海外子会社の役割は本国親会社から与えられると想定されていました。しかしながら，海外子会社の役割は，それぞれの現地市場での制度的，文化的，経済的，地理的状況からも影響を受け（Ghemawat, 2001），さらには自らの戦略的イニシアティブによって，技術力や組織能力を蓄積し，その役割を主体的に修正していくのです。

またこうした海外子会社の役割は固定的なものではなく，経時的に変化します。海外子会社は役割を遂行していく過程で，その遂行に必要な組織能力を蓄積・強化します。こうした能力の蓄積・強化ができる海外子会社はその役割と権限を確立し，さらに新たな役割と権限を獲得できるかもしれません。逆に役割遂行のための組織能力を蓄積・強化できない海外子会社は，新たな役割や権限を獲得するどころか，現状の役割や権限を失うこともあるのです。海外子会社における組織能力の蓄積・強化は，役割・権限の確立・拡張につながり，組織能力の不足・喪失は，役割・権限の縮小・喪失につながります（大木, 2008）。

海外子会社の組織能力の蓄積や役割変化は，多国籍企業グループ内での知識の創造・移転のプロセスを変える可能性があります。たとえば，バートレットとゴシャール（Bartlett & Ghoshal, 1989）によると，多国籍企業におけるイノベーションでは，本国親会社が新しい技術や製品を生み出し，それを海外子会社が利用する「センター・フォー・グローバル型イノベーション」から，現地市場向けの製品開発は現地の海外子会社が行う「ローカル・フォー・ローカル型イノベーション」へ，さらに現地市場向けに開発された技術や知識を世界規模で活用しようとする「ローカル・フォー・グローバル型イノベーション」へと進化することもあります。海外子会社が，自らのイニシアティブで製品開発を行う「ローカル・フォー・ローカル型イノベーション」については，グローバリゼーションの後退期において，現地市場での自律化を余儀なくされた多

国籍企業の海外子会社でよくみられた現象でしたが，近年では，「ローカル・フォー・グローバル型イノベーション」の事例も数多くみられるようになっています。現地市場での適応過程において蓄積した技術や組織能力を，現地で活用するだけでなく，本国親会社や他の海外子会社でも活用する戦略です。

先述したように，本国親会社の競争優位性は永続的なものではありません。日々変化する市場や競争環境において，必要な知識や組織能力の更新・強化を怠れば，瞬く間に競争劣位に追い込まれることもあります。こうした低迷期において，本国親会社とは異質な市場環境で活動し，異なる価値基準で独自の組織能力を蓄積・強化している海外子会社が，本国親会社を救う重要な役割を担うことがあります。海外子会社が蓄積してきた組織能力の移転によって，低迷している本国親会社を再生させることもあるのです。

こうした海外子会社の役割変化や，多国籍企業グループにおける知識の創造・移転プロセスの進化について，最後に富士ゼロックス株式会社（以下，富士ゼロックス）のケースを考えてみましょう（吉原，1992；富士ゼロックス，1994）。

5.6　富士ゼロックスによる知識の逆移転

◯ 米国ゼロックスの日本市場への参入

富士ゼロックスは，英国ランク・ゼロックス（ゼロックス・コーポレーション（Xerox Corporation）と英国ランク・オーガニゼーションズ（Rank Organizations）との合弁会社。現ゼロックス・リミテッド）と富士写真フイルム（現富士フイルム）の合弁で1962年に創立されました。当初ゼロックス・コーポレーション（以下，米国ゼロックス）が，日本の富士ゼロックスに期待していた役割は，当時の主力製品であった複写機ゼロックス914（図表5.6）を日本で生産，販売することでした。もっとも設立当時の富士ゼロックスに製造部門はなく，複写機本体の製造は富士写真フイルムの子会社である岩槻光機が担当

図表5.6　ゼロックス914

（写真提供）　富士ゼロックス

し，感光体のドラムとトナーなどの消耗品は，富士写真フイルムの小田原工場で生産していました。米国ゼロックスにとって富士ゼロックスは，単なる海外の販売子会社の一つにすぎなかったのです。

　しかしながら，もともと欧米市場向けに開発された914は，日本の市場ニーズに合致した商品とは必ずしもいえませんでした。たとえば914では，当時日本の官庁や企業で使われていたB4サイズの紙はコピーできず，また欧米ではアルファベットと数字だけのタイプ打ちした文書さえコピーできればよかったのですが，日本では漢字，仮名，カタカナ，数字，アルファベットが混ざった手書きの文書で，かつ文字色も万年筆の青色が多かったため，複写での再現性が難しかったのです。またゼロックス914の大きさや重量も問題でした。ゼロックス914は高さ106cm，幅116cm，奥行き115cm，重さ290kgの大型機械で，日本の狭いオフィスには不向きでした。

　さらに日本では，キヤノン，小西六（現コニカ・ミノルタ），リコー，ミノルタカメラ（現コニカ・ミノルタ），東芝，シャープ，三田工業等，多くの企業が普通紙複写機市場に次々と参入し，競争が激化しました。日本のライバル

企業は，印刷速度や品質では劣るものの小型で低価格の複写機を武器に，富士ゼロックスから顧客を奪っていったのです。

○ 本国親会社からの自立

　こうした状況の中，富士ゼロックスは，日本市場で生き残るためには高品質，低価格，小型の複写機の開発が不可欠だと考え，米国ゼロックスにその開発を要請します。当時の米国ゼロックスの主要顧客は大企業が中心でした。米国ゼロックスは，得意客である大企業のニーズに合った高速印刷可能な大型複写機の開発に専念していたため，低価格の小型複写機の収益性や将来性には疑問をもち，開発には消極的でした。そこで富士ゼロックスは米国ゼロックス製品をベースに卓上用事務用複写機ゼロックス2200を開発し，1978年には富士ゼロックス主導で開発したゼロックス3500を市場に投入します。このゼロックス3500の開発に際しては，米国ゼロックスから開発中止を指示されますが，富士ゼロックスはこれを拒否し，これ以後，独自で製品開発を行い，親会社米国ゼロックスからの自立を果たすのです。

○ 米国ゼロックスの失敗

　1970年代初頭に日本で始まった普通紙複写機の競争は，すぐに世界市場へと波及します。米国市場へもキヤノンの参入に続き，リコー，コニカ，東芝，シャープ，ミノルタが相次いで参入してきました。印刷速度では劣るものの，価格が安い日本の複写機に対して，大企業向けの高速の複写機開発にこだわり続けた米国ゼロックスは，有効な対抗策を打ちませんでした。日本企業のターゲットは，低速，少量コピー，低価格機市場で，ゼロックスのメイン市場である高速，大量コピー，高価格機市場での競争には影響を及ぼさないと考えていたからです。米国ゼロックスの経営幹部たちの関心は，日本企業よりも，自分たちと同じ市場への参入を狙っていたIBMやイーストマン・コダックの動向に向けられ，あいかわらず高速の複写機やカラー複写機の開発ばかりに気をとられていました。

1978年，富士ゼロックスは，キヤノンやリコーなどの日本製品に対抗する切り札として，同社が開発した複写機2202の採用を米国ゼロックスと英国ランク・ゼロックスに提案します。英国ランク・ゼロックスはすぐさまこの提案に応じましたが，米国ゼロックスは受け入れを拒否します。英国ランク・ゼロックスは，これ以後も富士ゼロックスの製品を輸入し，欧州での市場シェア低下を食い止めます。米国ゼロックスも英国ランク・ゼロックスの成功をみて，1979年に富士ゼロックスの複写機2300のノック・ダウン（knock down）生産（部品を輸入し，現地で組立生産する方式）と販売を始めますが，依然として低価格の複写機市場の開拓に本気で取り組もうとはしませんでした。

　当時，ゼロックスの社長だったマックロー（Peter McColough）は，こう述べています。

「技術者たちは，自分たちがゼログラフィー技術を作り上げたのだという自負を持っていた。富士ゼロックスの製品は洗練されていないと感じた。」
「実質的に複写機からとるコピー量が問題なのだし，中型機，大型機分野と比べると，小型機は魅力ある分野とは思えなかった。」
「小型機分野では，未だに大きな収益は得られていない。キヤノンは世界各地で活躍しているが，稼いではいないのだ。毎分18枚から20枚程度の速度の遅い複写機でどれほどの利益を得られるのか疑問に思う。」
「リコーは世界一の企業だと喧伝している。複写機の台数から言えばそうかもしれないが，コピー数量から言えば世界一ではないし，収益面から言ってもリコーは問題ではない。」（Jacobson & Hillkirk, 1986）

　こうした米国ゼロックスの考え方は，いわゆる大企業病による慢心が原因だったとはいいきれません。当時，米国ゼロックスの主要顧客は大企業であり，こうした得意顧客が求めていたのは，高速で印刷効率の高い複写機でした。小型で低価格というメリットはあるものの，米国ゼロックスがもっとも大事だと考えていた「印刷速度」の面で著しく劣る日本の複写機では，既存顧客の満足を満たすことができないと考えていたのです。米国ゼロックスは，既存顧客を大事にする優良企業であるが故のジレンマにも陥っていたのです（詳しくは第Ⅱ部第9章9.6を参照）。

○ ローカル・フォー・グローバル型イノベーションと富士ゼロックスの飛躍

　結局，日本企業などの競合他社からの攻勢にうまく対応できなかった米国ゼロックスでは，1970年に95％近くあった国内シェアが，1982年には13％にまで落ち込んでしまいます。

　この米国ゼロックスの危機を救ったのは，日本の富士ゼロックスでした。当初米国ゼロックスは，富士ゼロックスからの製品提供の提案を拒否していましたが，最終的には普及型複写機，大型図面用複写機，ファクシミリ等の製品を富士ゼロックスに供給してもらうことになります。また製品だけなく，オーバーラップ型製品開発体制（コンカレント・エンジニアリング），TQC活動，マーケティング手法等の生産工程や経営手法についても，富士ゼロックスからの助言を仰ぎながら組織改革を進めます。その結果，米国ゼロックスの製品品質，サービス品質ともに飛躍的に向上し，1989年には，**マルコム・ボルドリッジ国家品質賞**（顧客満足の改善や実施に優れた経営システムを有する企業に授与され，米国大統領自らが表彰する権威ある賞）を受賞しています。

　米国ゼロックスの海外販売子会社として事業をスタートさせた富士ゼロックスでしたが，その後，自国市場での市場状況や競争状況に適応する形で組織能力を進化させ，ゼロックス・グループ内でも，米国ゼロックスの重要なパートナーとしての地位を確立しました。

　2001年，再び業績が低迷した米国ゼロックスは，保有していた富士ゼロックス株の半数を富士写真フイルム株式会社（現富士フイルム・ホールディングス株式会社）に売却し，現在，富士ゼロックスは富士フイルム・ホールディングスの一員となっています。富士フイルムグループの3つの事業分野，イメージング・ソリューション，インフォメーション・ソリューション，ドキュメント・ソリューションのうち，富士ゼロックスは複写機やデジタル印刷関係のドキュメント・ソリューション分野を担当しています。2012年度の富士フイルムグループの連結売上高は2兆2,147億円でしたが，そのうち富士ゼロックスの売上高は1兆242億円で，その半分近くを占めています。富士ゼロックスは同グループ内でも，中核企業として確固たる地位を築いているのです。

演習問題

5.1 環境変化に対する組織形態の進化プロセスについて，日欧米の異なった経営遺産をもつ多国籍企業を例に考えてみましょう。また企業がもつ経営遺産が環境適応にどのような影響を及ぼすのか，具体的な事例をもとに考えてみましょう。

5.2 多国籍企業での知識の創造と移転に関して，その阻害要因と促進要因を整理し，どうすれば持続的なイノベーションを実現できるのか考えてみましょう。

第 6 章

標 準 化

　組織では個人や各部門が分業してアウトプットを生み出しますが，そうした分業を有効に機能させるうえで基本となるのが，本章で取り上げる標準化です。たとえば，ものづくりの分野においては，部品の標準化，生産設備や治具の標準化，作業手順の標準化ができてはじめて，各工程，各部門，さらには境界外の部品メーカーや販売業者等までも含んだサプライ・チェーン全体での生産の同期化を実現できます。また標準化は，新たな改善を行うための基準としても重要です。標準化は組織能力の蓄積・進化にも貢献するのです。

○ KEY WORDS ○
規模の経済，流れ管理，互換性部品，
インターフェイスの標準化，作業手順の標準化

6.1 標準化とは

◯ 規模の経済とビッグ・ビジネス

　現代の巨大企業が生まれた背景の一つに**規模の経済**（economies of scale）の追求があります。一般的に規模の経済は，企業や工場で生産量を増加させたとき，生産量1単位あたりの平均コストが低下する現象として知られています。規模の経済が存在する場合，企業は大量生産を行うことで利益を増やすことができるといわれています。この規模の経済の実現のため，本格的な大量生産体制を構築したのが，19世紀後半以降，米国で生まれた**ビッグ・ビジネス**でした。ビッグ・ビジネスとは，米国内における市場の量的・質的成長を背景に，スタンダード・オイル，デュポン，フォード，U. S. スティールなど，内部成長や合併などによって誕生した巨大企業の総称です。

　たとえば，それまで緩やかな連合体にすぎなかった米国のスタンダード・オイル同盟（Standard Oil Alliance）は，1882年にスタンダード・オイル・トラスト（Standard Oil Trust）を結成することで事業運営の一元化を図り，大規模な事業の合理化を行いました。同トラストは，傘下の製油所を統廃合すると同時に新しい製油所を建設することで生産工程を再編成し，さらに灯油の生産工程のみならず，油田から製油所，そして消費者に至るまでのサプライ・チェーンを管理することで，原材料や商品の流れを調整することができるようになります。この合理化によって，同トラストは世界の灯油生産の4分の1近くを3つの製油所に集中することができたのです。各製油所は，平均日産6,500バレルの生産能力をもつ巨大製油所であり，その単位あたりの平均コストは，他の競争企業のそれよりもはるかに低く，同トラストの利益拡大に大きく貢献しました（Chandler, 1977）。

　ただ大規模な生産設備は固定費が高いため，単位あたりの平均コストを下げるためには，製油所の操業規模を高いレベルに保ち続けなければなりませんでした。規模の経済の実現には，単なる生産能力の拡大だけではなく，生産・流

通の過程を通過する原材料と製品の流れ（flow）の管理こそが，必要不可欠な条件だったのです。

◯ 流れ管理と標準化

　企業の境界内部あるいは境界外部を含めて，組織はただ大きくなりさえすれば，自然に規模の経済を発揮できるようになるわけではありません。工場の規模を拡大して大量生産を行うにしても，あるいは，異業種を含めてさまざまな企業を買収・吸収合併して（つまり外注ではなく，内製を選択しても）企業規模を大きくするにしても，関係する個人，各部門，各企業がそれぞればらばらに生産量を増やすだけでは規模の経済は実現できないのです。その実現のためには関係する個人，各部門，各企業の諸活動を調整し，全体的な活動の流れを適切に管理することが必要となります（藤本, 2004）。

　組織は，さまざまな要素の相互作用によって成立するシステムとしてとらえることができます（高橋, 1995；2003；2006）。序章0.1で述べたようにシステムとは，一般的に「相互に関係する要素の複合体」と定義されます（von Bertalanffy, 1968）。組織とは結びつきや関係性を表す概念であり，そのもっとも大きな特徴は，個々の要素間の関係特性です。組織全体の特性は，個々の要素特性の足し算では理解できません。同じような要素が集まった組織であっても，要素間の相互作用のあり方が違えば，全体的なパフォーマンスにも差異が生じます。

　ものづくりの分野においても，生産量の拡大にせよ，生産性の向上にせよ，その目的を達成するためには，生産システムを構成する各要素の部分最適化よりも，システムとしての全体最適化がより重要になります。その全体最適化を追求するうえで基本となるのが，要素間の関係づくり，すなわち各工程，各部門，あるいは境界外の部品メーカーや販売業者等までも含んだサプライ・チェーンにおける流れづくりなのです。

　組織では，個人や各部門が役割分担をし，協働することでさまざまな製品やサービスをアウトプットとして生み出しています。個人や各部門が分業し，個々の仕事を適切に調整し，統合することで組織全体の生産性は高まり，一人

の力ではできないような大きな仕事も成し遂げることができます。そうした組織における分業を有効に機能させるうえで基本となるのが，本章で取り上げる標準化（standardization）です（Yamada, 2014）。

　たとえば，全国に店舗を展開しているアパレル企業の場合，従業員の業務マニュアルを統一し，それを徹底させることで，全国のどの店舗でも同じサービスを提供することができるようになり，従業員が入れ替わっても，接客サービスの質を維持することが可能になります。あるいは自動車メーカーや電機メーカーが，遠く離れた国内外の複数の組立工場で同じ品質の製品を大量生産できるのは，部品互換性の徹底化や，作業工程の細分化・標準化を行っているからです。このような標準の時間的，空間的な共通化を標準化と呼びます（沼上，2004）。標準とは，モノ，ヒト，企業など，さまざまな要素間のつながりを円滑化するためのルールなのです。

6.2　フォード・システムにおける標準化

◯ 生産工程における流れづくり

　たとえば，組立加工産業において，徹底した標準化に取り組むことで成功した先駆的な例が，フォード自動車会社（Ford Motor Company；以下，フォード）がT型フォード（Model T Ford；図表6.1）を大量生産するために構築したフォード・システム（Ford system）でした。

　T型フォードは単一鋳造ブロックの4気筒20馬力マグネト（magneto；磁石発電機）点火式エンジン，フット・ペダルで操作する前進2速，後進1速の遊星歯車式変速機等の革新的な技術を採用し，シャシー（chassis；車の駆動部分）にはバナジウム鋼をふんだんに使うことで，強度と耐久性，軽量さを実現するなど，革新性，使いやすさとメンテナンスの容易さ，そして低価格性を兼ね備えた20世紀を代表する名車でした。

　1908年10月1日に生産が開始されたT型フォードは，最盛期の1923年に

図表 6.1　T型フォード（1909年型）

（写真提供）　トヨタ博物館

は年間で20万台，1927年に生産を終了するまでの20年間で累計1,500万台も生産されました。こうした大量生産による規模の経済によって，生産コストは大幅に下がり，1908年の発売当初850ドルだったT型フォードの価格は，1924年には290ドルにまで低下します。丈夫で低価格のT型フォードの登場によって，それまで富裕層のおもちゃにすぎなかった自動車は，一気に一般大衆の実用車として普及していくのです。

フォード・システムは，T型フォードだけを20年間にわたり1,500万台あまりも生産し続けたという「不変のT型」伝説（高橋，2013b）とともに，単一製品を大量生産することで大幅なコストダウンと低価格化に成功した典型例として一般には知られています。

しかしながらフォード・システムの成功は，ただ単に同じ製品を大量に作り続けることで，もたらされたわけではありませんでした。そもそも同じ製品を大量に作ること自体，簡単なことではありません。フォード・システムは，生産工程の流れを円滑化することで，高い生産性と大量生産とを同時達成した画期的な生産システムだったのです。

自動車の生産システムは，原材料の購買，部品の生産，部品の組立，完成車

の販売等の諸活動によって構成され，さらに個々の部品生産は，鋳造，熱処理，鍛造，機械加工などの各工程，また部品の組立は，ユニット部品への組立とユニット部品の組み付けによる完成車の組立工程によって構成されています。良い流れづくりとは，こうした各工程間での仕掛品や製品の流れの円滑化を指します。

　フォード・システムにおける流れづくりというと，コンベアー・システムを用いた移動式組立（moving assembling）方式を思い浮かべる方も多いでしょう。労働者は移動せず，加工対象物をコンベアーで移動させながら組立作業を行うこの生産方式は，シカゴとシンシナティの精肉業者の解体ライン（disassembly lines）をヒントに，フォードによって生み出されました。こうした搬送方法の改善は，生産設備のレイアウトの改善とともに，生産工程全体の流れを円滑化し，各工程の作業の同期化に大きく貢献した画期的な工程イノベーションでした（Abernathy, 1978）。移動式組立方式は，フォード・システムの中核的な仕組みととらえられることも多く，事実，多くの経営学の教科書でも，コンベアー・システムによってT型フォードの組立時間が劇的に減少したと述べられています（和田, 2009）。

　しかし，移動式組立方式を導入するだけでは，モノの流れをスムーズにすることはできません。移動式組立方式のメリットを活かすためには，その前提条件として標準化の実現が不可欠となるのです。

◯ 部品の互換性

　そもそも移動式組立方式を機能させ，生産工程全体の同期化を図るためには，各作業工程にかかる作業時間を同一にしなければなりません。これを実現するためには，作業工程をできるだけ細分化し，作業の標準化を図る必要があります。また作業時間を同一にするためには，部品の手直しなどにかかる不確定かつ無駄な時間を排除しなければなりません。手直しなどの無駄な作業を排除するためには，不良部品をなくすこと，すなわち部品の品質の均一性と互換性の確立が必要になります。また精度の高い互換性部品を製作するためには，工作機械，治具（jigs；部品や工具の作業位置を指示・誘導するための器具），ゲー

ジ（gauge；測定器具）の標準化も必要となります。こうした一連の標準化ができてはじめて，移動式組立方式による生産工程の同期化が実現できるのです。

とくに部品の標準化による**互換性**（interchangeability）の確保は，自動車など，部品点数の多い複雑な製品を大量生産するうえでは，もっとも基礎的かつ重要な条件となります。互換性部品の生産が確立されるまでは，部品の組立の際には，個々の部品を「やすり掛け」しながら擦り合わせ，調整するフィッター（fitters）と呼ばれる熟練工の仕上げが不可欠でした（藤本，2001）。そのため，組立には時間と手間がかかり，その作業時間もまちまちで，複雑な機械製品を効率的かつ計画的に大量生産することは，事実上不可能だったのです。

部品の互換性の実現は大量生産方式の源流でもある，19世紀の**アメリカ式製造システム**（American system of manufactures）の時代からの長年のテーマでした。アメリカ式製造システムとは，専門工作機械（特定部品を作るために設計・製作された工作機械）を用いて互換性部品を製造する生産方式のことを指します（大河内，1991；2001）。

1853年，ニューヨーク水晶宮博覧会（New York Crystal Palace Exhibition）と米国の製造工場を訪れた英国の視察団は，専門工作機械を用いて互換性部品を生産している米国の製造現場の様子に驚き，この生産方式をアメリカ式製造方式と呼びました。

部品に互換性をもたせるという発想は，18世紀フランスのグリボーバル（Jean-Baptiste Vaquette de Gribeauval）将軍によって生み出されたとされています（橋本，2002）。グリボーバル将軍は，1765年以降，フランス軍の軍備合理化のため，互換性部品による大砲製造を指示しました。部品に互換性があれば，戦場で兵器が破損しても，壊れた部品を取り外し，新しい部品と交換することで迅速に再生することができると考えたからです。

その後，互換性部品のアイディアは，18世紀末にはジェファーソン（Thomas Jefferson）によって米国でも紹介され，19世紀の前半から連邦政府の兵器工場だったスプリングフィールド兵工廠（Springfield Armory）でのマスケット銃等の小火器生産で，互換性部品生産が実現されています。前述の英国視察団の訪問先には，このスプリングフィールド兵工廠も含まれていました。

しかし，スプリングフィールド兵工廠においても，互換性部品の生産量は限

定的で，それを大量生産し低コスト化を実現することはありませんでした。兵器産業から始まったアメリカ式製造システムは，その後，技術者の移動や工作機械産業を媒介としてミシン，タイプライター，自転車などの民需産業へと伝播しますが，結局，どの産業，どの企業においても，互換性部品の大量生産と生産コストの大幅削減は実現できなかったのです。

◯ フォードにおける標準化活動

当時，すでに5,000点以上の部品によって構成されていた自動車の生産においても，互換性部品の大量生産とその組立は困難な課題でした。フォードは，その実現に世界ではじめて成功した企業として知られていますが，これを可能にした大きな要因が，製品の標準化でした。

1908年に生産が始まったT型フォードは，それ以前から開発され，販売されていたA型（1903年），B型（1905年），C型（1904年），F型（1905年），K型（1905年），N型（1906年），R型（1907年），S型（1908年），8つのモデルの開発成果をふまえたうえで，生み出された究極の標準車でした（Sorensen, 1956）。創業者ヘンリー・フォード（Henry Ford）自身も，長年の試行錯誤たどり着いた同モデルを「真の製品」，「ユニバーサル・カー」（Ford, 1922）と評しています。製品デザインの固定化によって，同社における部品，治具，ゲージ，工作機械等の標準化が進展することになります。

生産工程の標準化については，製品の標準化と同時進行する形で，機械職工として豊富な経験をもつフランダース（Walter E. Flanders）やワラリング（Max F. Wollering）の指導のもと，1906年頃からすでに取り組まれていました。工作機械の配置については種類別（たとえば，ボール盤を1カ所にまとめて配置するような）ではなく，部品の加工順に配置するようになります。また加工精度と加工速度の向上のため，専用ないし単能工作機械の開発，製造，調達，すなわち工作機械の標準化も着々と進められていたのです。

T型フォード生産開始後は，より体系だった標準化活動が行われるようになります。その指針となったのが，マーティン（P. E. Martin）やソレンセン（Charles Sorensen）の指導のもと，フォードの生産担当者によって作成され

た工程明細書（operation sheets）でした。この工程明細書には，さまざまな部品の機械加工工程や必要な資材投入量，必要な工作機械，治具，ゲージの詳細が記載されていました。同工程表は不変的・絶対的な設計図というよりも，生産工程を構築，改善を進める際の指針となったのです（Hounshell, 1984）。

1909 年，ヘンリー・フォードが今後は T 型フォードのみを生産すると宣言してからは，生産工程と部品の標準化はさらに進展するようになります。生産工程の細分化と専用・単能型工作機械の開発が進み，T 型フォードの重要部品は，標準化された治具を使って加工され，加工後もゲージを使って点検されるようになります。またこの時期の冶金技術の発展によって金属材料の硬度も増し，部品の加工精度の向上に大きく貢献しました。その結果 1913 年頃には，部品の互換性は大きく向上し，同時にそれは部品の品質向上にもつながったのです（Hounshell, 1984）。

また「不変」といわれていた T 型フォードも，実は頻繁にモデル・チェンジが行われていました。こうした設計変更は製品機能の向上のために行われたものも多かったのですが，部品の製造工程や組立工程の流れをより円滑にするような製造性（manufacturability；作りやすさ）を考慮した設計変更も数多く行われていたのです（Ford, 1926）。

さらに，このような生産諸要素の標準化とともに，労働者の作業の標準化も行われていました。作業工程の分析と工程の細分化・専門化，各作業内容を確定するための時間研究（time study）によってはじめて，生産技術の標準化に対応する最適な工程作業ができるようになります。ヘンリー・フォードは，「1913 年頃になってはじめて，工場内の数千の作業すべてについて時間研究がなされた」と述べています（Ford, 1922）。製品の標準化を頂点とする生産システム全体の標準化は，大幅なコスト削減をもたらし，大量生産システムを支える基盤となったのです。

フォードにおいては，工作機械と生産工程の標準化は，技術者と現場の熟練労働者が一体となって，絶えず検討され改善され続けました。こうした現場参加型の標準化活動は，後の移動式組立ライン導入時においても行われています（Hounshell, 1984）。

◯ 移動式組立ラインの導入

こうした一連の標準化活動により，フォードでは移動式組立方式を導入する前からすでに高い生産性と増産を実現していました。移動式組立ラインの導入以前，Ｔ型フォードの最終組立は静止式組立（stationary assembling）方式によって行われていました。静止式組立方式とは，シャシーを組立台の上に固定し（静止させて），特定の加工や部品の組み付けを行う複数の作業グループが次々と組立台を移動しながら，シャシーを組み立てるという方法です。

フォードでは，1913年の4月から6月にかけて3カ月連続で，月産2万台という驚異的な生産台数を，この静止式組立方式ですでに達成していました。ちなみに，日本の自動車メーカーであるトヨタが年産2万台を突破したのが1954年です。トヨタが1年間かけて生産していた台数を，フォードはその約40年も前に，たった1カ月で生産していたのです（和田，2009）。

しかし，この静止式組立方式による組立は生産能力の面ですでに限界に達しており，同方式によるこれ以上の増産は困難な状況でした。1913年春の時点において，シャシーの組立作業を行っている場所では各作業グループがひしめき合いながら組立作業をしている状況で，人が移動しながら作業を行う静止式組立方式では，さらなる作業者の投入は生産性を上げるどころか，逆にその低下を招きかねない状態だったのです（和田，2009）。こうした状況の中，静止式組立方式の限界を克服し，生産台数のさらなる増加のために導入されたのが移動式組立方式でした。移動式組立方式は，1913年の4月あるいはそれ以前から部品製造で導入され，1913年8月に最終組立工程にも導入されています（Hounshell，1984）。

移動式組立方式は，生産工程の流れを飛躍的に改善した画期的な工程イノベーションであることには間違いありませんが，この移動式組立方式も生産工程の流れの円滑化を支えた一つの要素にすぎません。Ｔ型フォードの増産も，生産コストの大幅削減も，製品の標準化，部品の標準化，工作機械・工具の標準化，等の一連の標準化活動をベースとした生産工程全体の流れづくりの成果だったのです。

◯ 工場群としてのフォード・システム

またT型フォードは，ハイランド・パーク工場（Highland Park Factory）やリヴァー・ルージュ工場（River Rouge Factory）といった主力工場で，一貫して集中生産されていたわけでもありません。実は部品工場のみならず，製鉄所，製材所，ガラス工場，果ては発電所までもが設置され，巨大な垂直統合型工場の象徴だったリヴァー・ルージュ工場では，T型フォードは1台も組み立てられていないのです。

T型フォードの組立は，ハイランド・パーク工場だけでなく，国内外の多くの組立分工場（主力工場から分かれて設置された組立工場）でも行われていました。こうした組立分工場は，1914年の時点で28カ所，1923年の時点で37カ所あったとされています（和田，2009）。

フォードが組立分工場を早い段階から展開していたのは，輸送コストの削減が大きな理由でした。たとえばフォードも「ほんの2，3年前には，7台の大型乗用車（ツーリングカー）用ボディで，標準型36フィート貨車はいっぱいになった。今ではこのボディをばらばらのまま出荷し，各分工場で組み立て，仕上げをするようにしており，この同じ大きさの貨車で130台分の大型乗用車用ボディを出荷する——すなわち，以前なら18台の貨車を使っていたところを，1台の貨車ですましている」（Ford，1926）と述べているように，T型フォードをノック・ダウン方式で生産することで，輸送費を大幅に削減していたのです。

T型フォードは，国内外の組立分工場によって形成された生産分業ネットワークによって，大量生産された車でした。実際，1923年にはT型フォードの年間生産台数は200万台とピークに達しましたが，そのうちハイランド・パーク工場で組み立てられたT型フォードは12万台，全体のわずか6％にすぎなかったのです（Hounshell，1984；和田，2009）。残りの9割以上の組立は他の組立分工場で行われましたが，これら組立分工場の半数近くは年間の組立台数が2万5,000万台にも満たない小規模工場でした。

フォードが多数の組立分工場を使った生産分業体制を構築できたのも，この時点で部品の互換性を完全に達成していたからです。部品の標準化が実現され，

同じ品質の部品を各組立分工場に供給できてはじめて，同一品質のＴ型フォードを，どの組立分工場でも組み立てることが可能になったのです。

　Ｔ型フォードの大量生産やその生産性の向上は，単なる生産設備の拡大や増産によって達成されたわけではありませんでした。またいわゆる経験効果によって累積生産量が増えれば，自動的に生産効率が良くなるわけでもありません（Abernathy & Wayne, 1974；高橋, 2013b）。生産性の向上も生産量の増加もともに，生産工程全体の適切なコントロール，すなわち標準化による流れ管理によって達成されたのです。標準化によって，工程内，工場内のみならず，地理的に離れた組立分工場との分業関係においても効率的で淀みのない生産の流れを構築することができ，フォードはＴ型フォードの増産と国内外での大量販売に成功したのです。

6.3　組織における標準化

　20世紀は，大企業による大量生産・大量販売の時代でした。こうした大量生産・大量販売は，技術革新のみで実現できるものではありません。大量の製品を製造し，大量に販売して利益を確保するためには，原材料をタイミングよく調達，投入し，生産機械を効率よく安定的に稼働させ，完成した製品をタイミングよく市場に投入しなければなりません。大量生産・大量販売，またそれに伴う規模の経済の実現は，綿密な組織的管理によってはじめて可能となるのです。

　社会学者のトンプソン（James D. Thompson）は，組織を不確定的で，かつ不確実な環境に直面しながらも，同時に可能な限り合理的に目標の達成を目指す存在ととらえました（Thompson, 1967）。組織とは環境からの影響にさらされながらも，ランダムではない，計画的で筋の通った合理的な事業活動を行おうとするシステムなのです（高橋, 2013a）。

　組織では，図表6.2のように，何らかの投入物を受け入れ（input；インプット），それに技術的な変換を加え（throughput；スループット），製品やサー

図表6.2 インプット，アウトプット，スループット

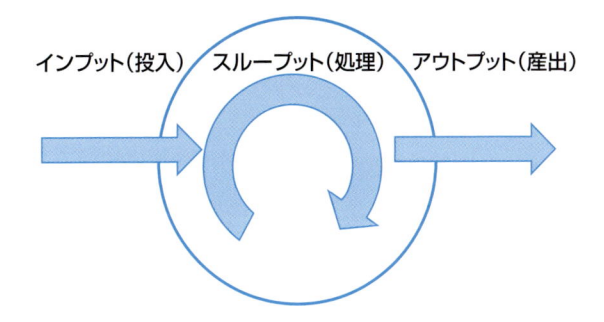

インプット(投入)　スループット(処理)　アウトプット(産出)

ビスとして産出する（output；アウトプット），という一連の再生産活動が行われています（Daft, 2001）。

　こうした活動を効率よく遂行するためには，環境によってもたらされる不確実性をできる限り制御ないしは低減しながら，活動プロセスを安定化させ，その流れを円滑にしなければなりません。この流れの円滑化の前提となるのが標準化なのです。

　標準化には，さまざまな分類方法がありますが，本章では①インプット，アウトプットにおける標準化，②スループットにおける標準化，という2つに分類して解説します。

6.4　インプット，アウトプットにおける標準化

◯ インプットの標準化

インプットの標準化としては，原材料や労働力の標準化があげられます。

20世紀の大量生産・大量消費の時代，同じ品質，同じ規格の製品の大量生産が可能になったのは，均質的な金属原料や化学原料が利用できるようになったからです（三宅，2012）。たとえば鉄鋼の場合，原料である鉄鉱石には多くの不純物が混ざっていますが，それをコークスとともに高炉で銑鉄にし，さらに転炉で精製し，成分を調整することで均質な鉄鋼を作り出すことができます。原材料の均質性の実現によってはじめて，スループットの安定化やアウトプットである製品の同一化が実現できたのです。

組織活動を安定化させるためには，労働力の標準化も必要になります。労働力の標準化を実現するために，まず採用段階で，ある一定レベルの知識や能力，組織にとって望ましい人格を備えた人材を選抜採用します。さらに採用後は，社内研修やOJT（On the Job Training：仕事を通じての社員教育），非公式な交流（たとえば，飲み会や食事会など）を通じて，職務遂行のために必要な組織特殊的な習慣（挨拶の仕方から，仕事の取り組み方などのより深いレベルのものまで）を体得させるのです。

こうした組織のメンバーが，組織の規範・価値・行動様式を受け入れ，職務遂行に必要な技能を習得し，組織に適応することを**社会化**（socialization）と呼びます。社会化のプロセスを通じて，各メンバーが，当該組織においてはどのような行動が望ましいのか等についての考えを共有できれば，メンバー間での仕事の調整やその統合も効率的に行うことができるのです。

◯ アウトプットにおける標準化

アウトプットにおける標準化としては，**スペック**（spec；specification）の標準化があげられます（沼上，2004）。スペックとは，製品，部品などの仕様（大きさ，形，重さ，材質，機能など）のことを指します。スペックを事前に決めておけば，各工程間の作業をスムーズにつなげることができます。たとえば，前工程から後工程へ中間製品を送る場合，その仕上がり状態にばらつきがあると，後工程の作業者が自分の作業を行う前に，まずはその手直しをしなければならないため手間がかかり，あっという間に仕掛品の山ができてしまうことにもなりかねません。スペックの標準を決め，それを順守することで，その

無駄な調整作業をなくすことができるのです。

　こうしたスペックの中でも，製品や部品の接続ルールのみを標準化するという方法もあります。これを**インターフェイスの標準化**といいます。第2章でも触れましたがインターフェイスとは接合部という意味で，部品と部品とが物理的に接合する部分や部品間でエネルギーや信号のやりとりが行われる部分のことを指します。先述した部品の互換性の実現は，インターフェイスの標準化の典型例です。

　このインターフェイスの標準化で，近年注目されているのが，製品の**モジュール化**です。モジュール化とは，製品を構成する部品の組合せ方のルールを事前に決めておき，開発の際にはそのルールを順守することによって，モジュール間の独立性を高めることを指します。

　このモジュール化のメリットは，事前に設定したデザイン・ルール（部品間のつなぎ方のルール）を順守しさえすれば，後は他モジュールの設計との調整を気にすることなく，それぞれ独立して自由に技術開発を進めることができるということです。

　各モジュール開発において，それぞれが自由に実験的な試みを繰返しながら開発を進めれば，イノベーションが発生する可能性も高くなります。またそうして生まれた各モジュールのイノベーションの成果は，デザイン・ルールを守っている限り，製品全体の機能向上に確実に貢献することになります。そうした個々のモジュールで行われるイノベーションの総和によって，製品全体の機能は短期間で飛躍的に向上するのです。

◯ インターフェイスの標準化とイノベーション

　情報革命によって，さまざまな製品やシステムが急速にデジタル化しました。その結果，現代のエレクトロニクス製品の多くが，単にモジュール化しただけでなく，インターフェイスを他社にもオープンにした**オープン・アーキテクチャ**になっています（藤本，2001）。

　こうした製品のモジュール化，オープン化の進展は，製造業の分業構造を大きく変えました。その典型がコンピュータ産業における構造変化です。1980

年代半ばまでは，汎用コンピュータやミニ・コンピュータの分野では，IBMやDECといった垂直統合型の大企業が，CPUやOSからアプリケーション・ソフト，周辺機器，アフター・サービスに至るまですべてを内製し，提供していました。しかし同時期に登場したパソコンでは，オープン・アーキテクチャを採用したIBM-PCに象徴されるように，モジュラー化のみならず，インターフェイスのオープン化が急速に進みました。

製品を構成している各モジュールが機能的に独立し，モジュール間のインターフェイスも標準化されているオープン・モジュラー型の製品では，インターフェイスのデザイン・ルールさえ守れば，各モジュールの開発，生産は，製品全体や他モジュールの開発とは独立して進めることができます。その結果，特定の部品や技術に専門特化した数多くの企業が台頭し，産業内での垂直分化や機能分化が進展したのです。

また同時に標準化したインターフェイスは，多様な主体が結びつくための「連結器」の役割を果たします。インターフェイス標準が確保されることで，企業の境界を越え，外部のさまざまな企業や研究機関などとの連結も可能となります。こうした多様な主体同士のつながりは，新たな価値を生み出す契機になります（國領，2013）。標準化は組織の生産性向上のみならず，組織の創造性をも促進させるのです。

6.5 スループットにおける標準化

○ 作業手順の標準化

製造作業にせよ，接客サービスの提供にせよ，効率的な手順を開発し，それを組織のメンバーが順守し実行することで，時間や空間を超えて同じような製品・サービスを生み出すようにするプロセスのことをスループットの標準化と呼びます（沼上，2004）。

仕事を分割し，個々人の作業範囲を狭く限定する，専門化（specialization）

を行えば，自ずと作業効率が向上するというわけではありません。大事なことは「専門化する」ということではなく，「生産性が向上するようなある特定の専門化の仕方が存在する」ということです（高橋，1995；2003；2006）。

組織の中で遂行される仕事を，日常反復的に遂行できるレベルまで細分化し，その最適な作業手順をあらかじめ決めておけば，誰でも一定の能力さえあれば，その作業を効率的に行えるようになります。

作業者は，毎日の始業時に「どのように作業を進めればいいのか」などと悩んだりせずに，事前に決められた手順に従って円滑に仕事を始めることができるのです。こうした手順，ルールのことをプログラムと呼びます。プログラムを公式に文書化し，メンバーの作業手順を明示したものが標準作業手続き，いわゆるマニュアルです。

こうした作業の標準化によって，仕事の生産性向上を図ろうと試みたのが，科学的管理法（scientific management）を提唱したテイラー（Frederick W. Taylor）でした。

19世紀後半，国内市場の急拡大と慢性的な労働者不足に直面していた米国の工場経営者たちは，労働者の管理方法について頭を悩ませていました。とくに問題視していたのは，労働者1人あたりの生産性の低さでした。こうした問題については，割増給によって労働意欲を刺激する，いわゆる刺激的賃金制も提案されていましたが，その作業の方法やペースについては労働者任せでした。割増賃金という刺激を労働者に与えて，後は労働者がどう反応するか，成り行き次第という考え方（成り行き管理）で，作業管理の体をなしていなかったのです。

この問題に対してテイラー（Taylor, 1911）は，次のような解決策を提案します（高橋，2004；藤田，2009）。

①標準の設定：「科学的に」目標となる課業を設定する。優秀な作業員の作業を観察し，作業を各要素に分解，それぞれの要素時間を測定し集計することで，その作業の標準時間を求める。こうした時間研究（time study）によって，最良の方法へと置き換えていく。

②差別出来高給制度（differential rate piece work）の採用：「科学的に」設

定された課業を指図どおりの時間内に達成できた場合は，通常の賃金より30〜100%の割増賃金を支給する。

こうした繰返し作業の標準化によって生産の効率化を図り，差別出来高給制度という金銭的刺激によって生産性を高めようとしたのです。

しかしながら，②の差別出来高給制度については，うまく機能しませんでした。標準をいかに「科学的に」設定したところで，作業者にとってみれば，与えられた標準をクリアしさえすればよく，熟練して標準よりも仕事をうまくできるようになっても，その能力を最大限発揮しようとはしなかったのです。

固定的な「標準」を基準とした金銭的な刺激だけでは，労働者の創造性を刺激し，その潜在的な能力を十分に引き出すことはできません。またこのような労働者個人の生産性に連動した給与制度は，組織の長期的な生産性向上に悪影響を及ぼすことすらあります。なぜなら，給与が生産性に連動していれば，一時的であれ，生産性が低下するような新しい作業方法の導入には現場の労働者が抵抗する可能性が高いからです（高橋，2004）。

むしろ時間給のような給与制度のほうが，仮に作業方法の変更によって一時的に生産性が落ちたとしても減給される不安はないので，労働者は新しい製造工程や製造方法を比較的抵抗なく受け入れるようになり（Woodward, 1965），結果，組織としては思い切った生産システムの実験や改革が進めやすくなります。

たとえば，先述したフォードが生産システムの改革を円滑に進めるために導入したのが日給5ドル制（the five-dollar day）という時間給制度でした。

コンベアーによる移動式組立ラインを導入した当時，労働者たちはこの新しい機械システムを嫌悪し，次々とフォードから離れ，1913年の工場の離職率は380%に達したといわれています。この問題を解決するためフォードは1913年10月1日には平均13%の賃上げを発表し，全従業員の最低日給を2ドル34セントに引き上げましたが，効果はありませんでした。そのため翌1914年1月5日には日給5ドル制を宣言し，同月12日からこれを実施，同時に1日の労働時間も9時間から8時間に短縮しています。この制度の適用はデトロイトに6カ月以上在住し，かつ入社して6カ月の見習い期間を完了した者

に限定されました。その結果，同制度の導入から6カ月後には69%，1年後には87%，2年後には90%の労働者が日給5ドル制の適用を受け，1913年10月から始まった事業年度の離職率は23%にまで低下したとされています（塩見，1978；高橋，2013b）。こうした高賃金の時間給制導入により労働者をつなぎとめ，移動式組立方式の定着に成功したフォードは，持続的な生産性向上を実現できたのです。

改善のための標準化

科学的管理法の差別出来高給制度はうまく機能しませんでしたが，テイラーが時間研究と名付けた作業の標準化の手法は，ギルブレス夫妻（Frank B. & Lillian M. Gilbreth）が動作研究（motion study）と呼んでいた手法とともに，現在のインダストリアル・エンジニアリング（Industrial Engineering；IE）に継承され，今も活用されています。

有名な「トヨタ生産方式」も，全社的IEと呼べるようなもので（藤本，2001），トヨタの強さの源泉は，まさに「標準化」や「文書化」にあるといわれています。その意味ではトヨタ生産方式の底流には，テイラー主義的要素が含まれているのです。しかしながら，トヨタにおけるテイラー主義とは，現場の考えを尊重するテイラー主義です（藤本，2001）。

本家本元のテイラー主義では，テイラー自身，強調していたように，作業標準の設定は現場の人間ではなく，管理者やIE専門家が行うものだと考えられていました。こうした現場軽視のテイラー主義的発想は，その後，米国の産業界に蔓延し，20世紀後半，製造業低迷の一因になったといわれています。

米国では，本来，現場の作業者のほうがずっと詳しいはずの作業方法・作業手順の決定やその改善方法，作業集団の編成や配置に関して，当の本人たちは口を出すことができませんでした。現場の作業者は決められたとおりに作業をすればよく，こうした頭を使う仕事は，管理者やIE専門家がすることだと強く信じられていたのです（高橋，2004）。結局，こうした現場の声を軽視した姿勢によって，作業標準は「策定後は改訂されることのない硬直化した規則」と化してしまいます。

決められた標準を順守することはもちろん重要です。トヨタの従業員も，決められた「作業標準」や「業務規程」に沿って日々の生産活動を行っています。しかし，実際に使ってみて問題点や改善点が見つかれば，現場の人間が中心となって新しい標準や規定に改訂しています。「標準なくして改善なし」との格言のように，標準とはゴールではなく，あくまでも改善を行うための基準なのです。

作業標準のような組織のプログラムは，組織の知恵や経験を保存し，それを更新していくための基盤となります（藤本，2004）。こうした基盤があってはじめて，新たな改善が可能になり，組織能力を進化させることができるのです。

では，標準化は組織能力の進化にどのように貢献するのでしょうか。最後に，株式会社良品計画（以下，良品計画）での店舗業務改革の例（松井，2013；島貫，2013）をもとに，標準化の意義について考えてみましょう。

6.6　良品計画の店舗業務改革

◯ 勘と経験による店舗運営

良品計画の中核事業である無印良品は，1980年に株式会社西友（現合同会社西友）のプライベート・ブランド（private brand；小売店や卸売業者自らが企画し，独自のブランドとして販売する商品）として誕生しました。ナショナル・ブランド（national brand；メーカーが企画・開発するブランド）の無駄な装飾をなくし，良質な商品を低価格で提供するという無印良品のコンセプト「わけあって，安い」は，多くの消費者に支持されました。1989年，西友から独立した良品計画は，創業以来順調に成長してきましたが，1999年をピークに業績が悪化し，2001年の中間決算でははじめて赤字に転落してしまいます。

この危機的状況の中，同社の社長に就任した松井忠三氏（以下，松井）は，業績悪化の理由を探るべく，全国の店舗を巡りました。そこで松井が目にしたのは大量の不良在庫でした。店舗には，季節ものの最新商品とともに，昨年，

一昨年と売れ残った商品も大幅に値引きされて併売されていたのです。こうした不良在庫の発生は，商品担当者が欠品を恐れ，商品を過剰購買していたことが原因でしたが，そのそもそも原因は，上司が商品担当者の購買行動を「見えていなかった」（チェックできていない）ことにあると松井は気づきます。

　当時，各商品担当者は，商品の管理情報を独自に作成した帳簿で商品を管理していました。それぞれのフォーマットが異なっていたため，当人以外には見づらく，外からは問題点が把握しづらかったのです。そこで松井は，ばらばらだった帳簿類の様式を社内全体で統一し，さらに衣服の発注業務を自動発注システムに切り替えます。それまで商品担当者の経験や勘によって行われていた仕入業務の形式を整えることで，問題を早期に顕在化させ，解決する「仕組み」を作ったのです。

　この改善経験を通じて松井は，業績低迷の真の根本的な原因は，良品計画の中に深く染み込んでいたセゾン・グループの企業文化にあると考えました。セゾン・グループの企業文化とは一言でいうと文化や感性，センスを重んじる風土でした。以前の良品計画では，たとえば店づくりにしても，什器のレイアウト，商品の陳列方法等に明確な規定はなく，各店舗の店長それぞれが「無印らしい」店づくりを行っていました。しかし，その「無印らしさ」も個々の店長の「属人的な感性」と「個人的な経験」にもとづくものでした。そのため，たとえば，新店舗の開店準備の際，新店長の指示のもと従業員全員で売り場づくりをした後で，応援に来た別店舗のベテラン店長が，「これは無印らしくない」と言って，売り場をまったく違った方針で作り替えてしまい，結局，開店前日になっても売り場づくりが終わらないということもしばしばあったのです。こうした各店舗における業務方針のばらつきは，売り場づくりに限らず，接客方法やレジ対応などといった他の業務においてもみられました。

　店舗業務のばらつきは，店舗運営の効率性を低下させ，さらに顧客に対しても負の影響を与えていました。同じ無印良品の店舗でも，店舗によって雰囲気や接客態度が異なるといった印象を与えて，ブランドイメージの希薄化や低下を招いていたのです。

◯ MUJIGRAMの作成

　店舗業務改革においても，松井は感性や経験よりも，合理的に標準化された「仕組みづくり」を重視し，全社的な店舗業務の標準化を実行します。良品計画ではしまむらのマニュアルづくりを参考に，店舗業務に関する基準を設け，「MUJIGRAM（ムジグラム）」という店舗業務マニュアルを作成しました。2013年現在，MUJIGRAMは全13冊，1,780ページのマニュアルとして体系化されています。MUJIGRAMには，売り場づくりからレジ業務，商品陳列，従業員の身だしなみ，立ち姿勢に至るまで，ありとあらゆる店舗業務の作業標準が盛り込まれています。

　店長や従業員は，このMUJIGRAMの基準どおりに業務を行うことが求められますが，MUJIGRAMはスタッフの仕事を縛りつけるための規則ではありません。スタッフはあくまでも仕事を遂行する際の見本としてMUJIGRAMを活用しています。そもそもMUJIGRAMは，一部の経営幹部や専門家だけで作成されたものではなく，過去の店舗業務における知恵やノウハウを結集して作られたものです。MUJIGRAMは，利用する側の立場に立って，図・写真をふんだんに使い，わかりやすい言葉の表現で，誰が見ても理解できるように工夫されています。

　MUJIGRAMは，例年4月に全面的に更新されますが，それ以外の月でも更新され続けています。その改善提案のほとんどは現場のスタッフからのものです。良品計画には，「顧客視点シート」という，各店舗から本部に対して要望を出せる制度があります。顧客にとって望ましいと思える改善案であれば，何でも提案できる制度です。本部は各店舗から上がってくる顧客視点シートを集計し，業務の見直しを検討し，改善を行います。その結果，現在でもMUJIGRAMは月平均で15～20件程度更新され続けているのです。

　MUJIGRAMは，単なる業務マニュアルではなく，現場で培われてきた英知の塊です。無印良品のスタッフは，このMUJIGRAMを見本に仕事をすることで，効率的に作業を遂行できるだけでなく，「無印良品」らしい仕事のあり方を自分自身で考えるようになります。そうした意味で，MUJIGRAMは自発的に考え，行動する人材を育てる「組織のプログラム」にもなっているのです。

演習問題

6.1 標準化は組織の生産性や創造性にどのような影響を与えるのか，具体的な例を探し，考えてみましょう。

6.2 マニュアルのメリットとデメリットについて考えてみましょう。

第7章

組織不祥事

　組織は，私たちの生活においてあまりにも当たり前に存在しているので，普段はその影響力を意識することは少ないかもしれません。しかし，ひとたび問題を引き起こすと組織の存在の大きさが浮き彫りになり，批判の対象となってしまいます。本章では，組織が社会に悪影響を及ぼすケースと，その後の対応について考えていくことにしましょう。

○ KEY WORDS ○
組織不祥事，問題への対応

7.1 組織が社会に悪影響を与える出来事

　私たちの生活を支えている組織は，その力が大きいだけに，時に非常に深刻な悪影響を引き起こすことがあります。

　組織が社会に対して悪い影響を与えるというタイプのもの[1]としては，たとえば，飲食店や食品会社による食中毒事件，鉄道会社や航空会社が引き起こす事故などがあります。これらは人命にかかわる非常に深刻な出来事です。

　また，組織自身にとっても，社会的に悪影響を及ぼす出来事を引き起こすと組織の存続まで危うくする可能性があります。実際，そのような出来事を引き金として組織の解散や倒産に至ったケースも少なくありません。

　にもかかわらず，残念なことに組織によって引き起こされた社会に悪影響を及ぼす出来事についての私たちが耳にする機会は非常に多くあります。近年日本で起こったものだけでもかなりの数にのぼります。図表7.1には日本における近年の組織が引き起こしたものの一部を取り上げています。実際にはこれ以外にも毎年数多く起きていると考えられます。

　さらに時期をさかのぼってみると，注目される出来事のタイプは少しずつ変化[2]していますが，やはり継続して組織の引き起こす悪影響が社会的に注目されています（図表7.2）。

　これらの例をみてみると，組織が引き起こす出来事にもさまざまなタイプがあることがわかります。報道で用いられる呼び方をみても，事故，事件，問題などの呼び方があります。ここでは組織が引き起こした出来事を分類するための視点をいくつかみていきましょう。

---

[1] 組織は，働く従業員に対して悪影響を及ぼすこともあります。働きすぎによる過労死や，仕事のストレスから燃え尽きてしまうことがこれにあてはまります。もちろんこれらも組織にとって非常に重要であり，対処しなければいけない事柄です。

[2] 注目される出来事のタイプが変化している背景として，社会的な問題意識の変化が考えられます。「環境問題」が社会的にあまり注目されていなかった時代と，環境への意識の強い現在とでは，組織が同じことをしていてもそれに対する社会的な評価は異なります。

図表 7.1　近年の日本における組織が社会に悪影響を与えた主な出来事

1997年	ミドリ十字薬害エイズ事件
1998年	(株) JCO 臨界事件
1999年	横浜市立大学付属病院患者取り違い事故
2000年	三菱自動車リコール隠し事件, 雪印乳業集団食中毒事件
2001年	東京女子医科大学病院医療事故・隠蔽事件
2002年	東京電力・東北電力・中部電力原発点検の虚偽記載・隠蔽事件, 雪印食品・日本ハム牛肉偽装事件, ダスキン (ミスタードーナツ) 無認可添加物入り肉まん事件, 三菱ふそうトラック車輪脱落事故, 慈恵医大青戸病院医療事故
2003年	水道メーター談合事件, 日本テレビ視聴率買収事件
2004年	六本木ヒルズ回転ドア死亡事故, カネボウ粉飾決算事件
2005年	JR 福知山線脱線事故, 耐震強度偽装事件, 保険金不払い問題
2006年	ライブドア事件, シンドラー社製エレベーター故障死亡事故, パロマ湯沸器死亡事故, 日興コーディアル粉飾決算事件
2007年	不二家期限切れ原材料使用問題, ミートホープ食肉偽装事件
2008年	製紙会社古紙配合率偽装問題, 事故米不正転売事件
2009年	田辺三菱製薬試験データ改ざん問題, トヨタ自動車リコール問題
2010年	ジョンソン・エンド・ジョンソン日本法人独禁法違反事件
2011年	オリンパス損失隠し事件, 大王製紙不正融資事件
2012年	三菱電機過大請求事件
2013年	ボーイング 787 バッテリートラブル問題

(出所)　間嶋 (2007), 小山 (2011) などから作成。

図表 7.2　注目される出来事の変化

年　代	主 な 内 容
1960 年代後半から 1970 年代半ば	産業公害, 環境破壊, 欠陥・有害商品, 誇大広告, 不当表示など
2000 年台初頭	集団食中毒, 食肉偽装, 自動車の苦情・リコール隠し, 原子炉の損傷隠し・点検記録の改ざん, 防衛装備品の代金水増し請求, 有価証券報告書虚偽記載, 粉飾決算, 消費期限切れ原料使用など

(出所)　平田 (2008) より作成。

〈1〉個人的なものか，組織的なものか

　組織の引き起こす出来事には，従業員個人が自分の利益のために引き起こすものもあれば，組織の利益を守るために組織的に引き起こされるものもあります。

　たとえば，横領などは個人が自己の利益のために引き起こすものです。これに対して，粉飾決算やリコール隠しなどは組織の利益のために複数の人がかかわり組織的に引き起こされる出来事といえるでしょう。

　もちろん，組織の利益のために引き起こされたものであっても，引き起こした当事者たちにとって自身の保身のためでもある場合には個人の利益にもつながっています。ただし，単純に個人が自身の利益だけのために引き起こす場合と比べると，「組織のため」という言い訳がしやすい状況になります。そのため，行為を正当化しやすく，多くの人を巻き込んで影響が大規模化しやすいといえます。

　このような組織的に引き起こされた出来事が社会に対して悪影響を及ぼした場合，つまり「組織ぐるみ」と判断された場合，個人が引き起こした場合以上に組織の評判へのダメージは大きいと考えられます。

〈2〉問題のある行為が行われていたのかどうか

　組織自身が認識していなくても，結果として社会に悪影響を及ぼすような出来事が生じてしまうこともあります。一方で，不正行為だとわかっていながら行われている場合もあります。

　製品不良を出してしまったという場合を考えてみましょう。通常どの企業でも，不良品を出荷しないように，加工するときにもそれを検査する際にもマニュアルがあり，手順に従って生産が行われるでしょう。しかし，いかにマニュアルに従って生産をしていたとしても不良品が出てしまうことを100％防ぐことは困難です。仮に出荷後に不良がみつかり，事故につながるようなことがあれば，批判の対象として取り上げられることになるでしょう。

　この場合には，組織内で何か不正行為が行われていたわけではありませんが，結果として社会に悪影響を及ぼすような出来事が生じてしまったケースということになります。

　一方で，必要な検査の手順がコストを下げるために一部省略されるというこ

図表 7.3　問題行為の存在と認識による分類

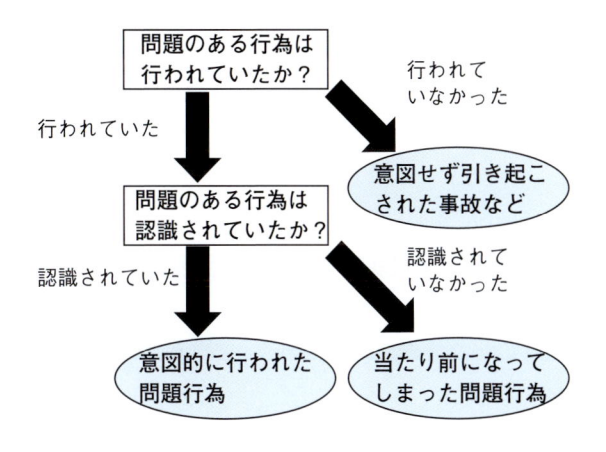

```
        問題のある行為は
        行われていたか？
       ↙            ↘ 行われて
  行われていた          いなかった
      ↓                  ↘
  問題のある行為は      ( 意図せず引き起こ )
  認識されていたか？    ( された事故など    )
    ↙       ↘
認識されていた  認識されて
              いなかった
    ↓           ↓
(意図的に行われた) (当たり前になって)
(問題行為      ) (しまった問題行為)
```

とが日常的に行われていたということもあるかもしれません。この場合には，組織内ですでに不正な行為が行われ，結果として社会に悪影響を及ぼしてしまったというケースになります。

　問題のある行為が行われていたのかどうか，そしてそれを当事者が知っていたのかどうかによって，3つのパターンが考えられます（図表7.3）。

　1つめは，組織内で問題のある行為は行われていなかったけれども，結果として社会に悪影響を及ぼすような出来事が生じてしまった場合です。意図していなかった製品不良や事故などがあてはまります。2つめは，問題のある行為が行われていたけれども，当事者はそれを悪いことだと認識していなかった場合です。これには，検査の手抜きが行われていたが，それがいつの間にか当たり前の手順となっており，誰も悪いことだと思わなくなっていたといったケースがあてはまります。最後は，問題のある行為が行われており，当事者もそのことを認識していた場合です。粉飾決算や談合など違法性のあるものがこれにあてはまるでしょう。

　個人が原因の場合も組織ぐるみの場合も，あるいは問題のある行為が行われていた場合もそうでない場合も，いずれにせよ結果として問題を引き起こして

しまった場合には組織にとってダメージがあります。

　しかし，やはり組織ぐるみの場合のほうが，そして認識されていてもそうでなくても問題のある行為が行われている場合のほうが，社会的に大きく批判されることになるでしょう。つまり組織のとってのダメージがより大きいと考えられます。そこで本章では，主に組織的に行われたもので，問題のある行為が行われていたものを組織不祥事と考え，主にそれについてみていくことにします。

7.2　不祥事が起こる原因

　組織が引き起こす不祥事の影響は非常に大きいため，「なぜ不祥事を引き起こしてしまうのか」「不祥事を引き起こす組織にはどのような特徴があるのか」についてさまざまな点から注目されてきました。

　これに対するアプローチの一つが，倫理的な側面からのもので，組織倫理について考えるものです。組織が不祥事を起こした場合には，その組織には倫理的な問題があったと考えるわけです。

　しかし，組織が不祥事を引き起こしてしまうのは，倫理観の欠如からだけとは限りません。倫理意識の向上やコンプライアンス意識の向上に向けたさまざまな取り組みが行われているように，不祥事を防ごうと多くの組織が考えている中でも問題が起こってしまうことがあります。組織ぐるみの違法行為のように，明らかに倫理的にも問題があるケースもありますが，当事者たちは認識しないまま結果として不祥事が起きてしまうこともあります。

　このような場合には，ただ倫理面での問題を指摘するだけでなく，組織の構造やプロセスに何か問題があり，それが不祥事を引き起こしやすくしていると考えることも必要になります[3]。

　不祥事が生じる潜在的な要因には，組織の置かれている状況に応じてさまざ

---

[3] この点に関して，小山（2012）でも同様の指摘がされています。また，樋口（2012）でも同様の問題意識から，多様な事例について組織的な要因からの分析が行われています。

まなものがあります。しかし、これらが常に不祥事につながるわけではありません。組織には通常、問題発生を防ぐためのチェックやコントロールのシステムがあるため、問題は未然に防がれることになります。しかし、いくつかの条件が重なった結果、そのシステムを潜り抜け、大きな問題が発生してしまうことがあります[4]。

組織が不祥事を引き起こしてしまう原因として、〈1〉十分な情報を収集しない、〈2〉集めた情報を統合、分析しない、〈3〉担当者が問題を未然に防ぐインセンティブを持っていない、〈4〉過去の経験から学ばないといったことがあげられます。これらの要因がある場合には、問題が発生する可能性が高くなります。次にこの4つの要因について順番にみていきましょう[5]。

〈1〉十分な情報の収集

人は、自分の価値観や思い込みによって、「見たいものを見る」傾向があります。実は問題を未然に発見できるだけの情報があったとしても、それを見ようとしないということが起こるかもしれません。そのため、ただ多くの情報を集めるだけでなく、偏った観点からの情報にならないようにする工夫も必要です。

また、情報に対して過剰反応が続くと、「オオカミが来た！」と叫ぶ少年の言葉のように皆がそれに反応しなくなってしまうこともあります。結果、本当に必要な情報が見過ごされてしまうかもしれません。その他にも、扱う情報の量に比べて担当者の数が少ないなど、情報を集める役割の人たちの負担が大きすぎることも、必要な情報を見過ごす危険性を高めてしまいます。

〈2〉情報の統合

情報を多く集めたとしても、それが組織の中でさまざまな部署にばらばらに

---

[4] リーズン（Reason, 1997）は、潜在的な危険が事故につながらないようにしている防護には「スイスチーズ」のように穴が開いており、それが重なってしまうと防護の階層を突き抜けて事故が起きてしまうとし、「スイスチーズモデル」と呼んでいます。
[5] ここでの4つの要因は、ベイザーマンとワトキンス（Bazerman & Watkins, 2004）での危機を避けるための組織的要因の項目を参考にしています。そこでは危機が発生する状況として、①環境スキャンの失敗、②統合の失敗、③インセンティブの失敗、④学習の失敗の4つをあげています。

散らばっていては問題防止のために役立てることは難しいでしょう。組織全体では十分な情報をもっていたとしても，各部門だけをみるとどの部門も十分な情報をもっていないといったこともあるでしょう。さらに，誰がどの情報をもっているかということすら誰もわかっていないということもあるでしょう。とくに部門間の壁が高い組織ではこの問題が大きくなります。そのため，**情報を共有できるような仕組み**をもつことが重要になります。

　また，組織内では情報を秘密にしたいという意識が働くこともあります。自分たちの立場を危うくする不利な情報なので共有したくないと考えたり，貴重な情報なのでそれをあえて自分たちだけのものとすることで立場を強くしたいと考えたりすることもありえます。この場合にも情報の統合は進まなくなってしまいます。

〈3〉 **インセンティブ**

　十分な情報が集められ，それが担当者に伝わったとしても，担当者自身が問題発生を防ぐために動こうとする**インセンティブ**（動機づけるもの）がなければ，情報が生かされることはありません。

　担当者が動こうとしないケースには，自分自身の利害と組織の利害が一致していない場合があげられます。問題が発生してしまうと組織は大きなダメージを受けることになりますので，組織にとっては問題が未然に防がれることが重要です。

　しかし，問題防止のための活動が，組織内で高い評価を得られるとは限りません。利益重視の組織であれば，直接利益につながる活動のほうが優先されるでしょう。そのような場合には，従業員は自分が担当している期間は何もせず，次の担当者が対応すればいいというように考えるかもしれません。

　また，問題防止のために新たな取り組みをすること自体への抵抗感が，積極的な行動の妨げになることもあります。新しい取り組みへの抵抗は珍しいことではありません。担当者はあえて反対されるようなことをしなくても，誰かが何とかしてくれると考えるかもしれません。これらのような先延ばしの結果，問題がより深刻化してしまうことも考えられます。

〈4〉 **経験からの学習**

　組織内で過去に起きた問題や，問題にまでは至らなかった出来事から学ばな

ければ，同じようなことが起きたときに正しい対応ができないかもしれません。

組織が学習するためには，従業員の個人的な経験をそのまま個人の中にとどめておくのではなく，規則や手続きの形で定式化することも重要です。

定式化が難しい知識については，その知識をもっている人が組織を離れるのと同時に失われてしまう可能性があります。そのため，一緒に働く中で他のメンバーにその知識が共有され，一人がいなくなっても風化しないようにすることも重要です。

7.3　組織不祥事の事例

次に，組織不祥事の実際の例として「雪印乳業集団食中毒事件」と「雪印食品牛肉偽装事件」を取り上げながら考えてみましょう[6]（図表7.4）。

「雪印乳業集団食中毒事件」とは，2000年6月に関西地方で発生した大規模な食中毒事件です。これは，雪印乳業大阪工場で製造された低脂肪乳等によって引き起こされました。

当初は，大阪工場の製造ラインの汚染が原因だと考えられていました。しかしその後の調査の結果，北海道の大樹工場で製造された脱脂粉乳が長時間の停電のため汚染されており，それを原料として製造された大阪工場の低脂肪乳等も汚染されていたことが明らかになりました。これにより，大規模な食中毒が発生し，雪印の製品は社会的な信用を失うことになりました。結果，製品が小売店から撤去され売上が激減するなど大きなダメージを受けました。

「雪印食品牛肉偽装事件」とは，雪印食品がオーストラリア産輸入牛肉を国産牛肉と偽り，補助金を搾取しようとした事件で，2002年1月に発覚しました。

2001年に国内でBSE感染が確認されたことから，当時，国の補助金をもとにした国産牛肉の買い取りが行われていました。この価格が外国産の牛肉の販

---

[6] ここでの事例の記述およびその解釈については，小山（2011），小山・谷口（2010），谷口（2012），谷口・小山（2007）にもとづいています。

図表 7.4 雪印乳業および雪印食品の事件

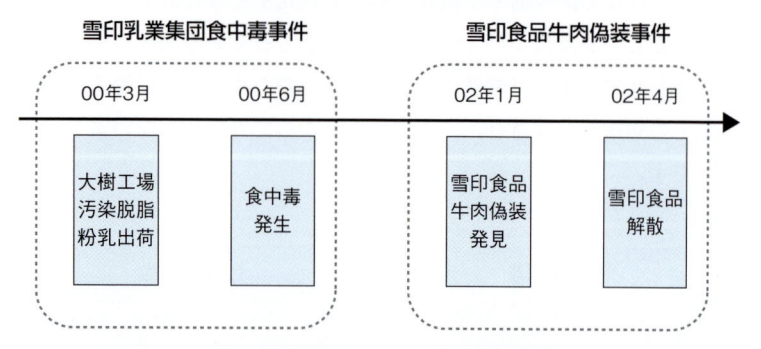

雪印乳業集団食中毒事件
- 00年3月：大樹工場汚染脱脂粉乳出荷
- 00年6月：食中毒発生

雪印食品牛肉偽装事件
- 02年1月：雪印食品牛肉偽装発見
- 02年4月：雪印食品解散

（出所）谷口（2012, 図表5-1）を一部修正。

売価格よりも高かったため，輸入牛肉を国産牛肉と偽り不当な利益を上げていました。これが発覚したことで，雪印食品は社会的に強い批判を受けることになり，2002年4月には会社自体が解散に追い込まれることになりました。

　これら2つの不祥事はなぜ起きてしまったのでしょうか。1つめの雪印乳業集団食中毒事件については，殺菌と検査をしていれば製品の安全性に問題は起こらないはずだという考えが社内にあったことが指摘されています。通常の状況であればこの手続きで問題は生じないはずだったのですが，この事件が起きたときには長時間の停電という通常とは異なる事態が起きていたため，結果としていつもの手続きでは安全性が確保できず，食中毒の原因となってしまいました。

　つまり，従業員たちが何か不正なことをしていたというよりも，当たり前だと考えていた手続きが通用しなかったことが不祥事を引き起こすことになったと考えられます。

　2つめの雪印食品牛肉偽装事件については，すぐ前にグループ企業が問題を起こしてしまっていたのになぜ再び不祥事を起こしてしまったのかということを考える必要があります。

　1度めの不祥事の後，雪印がとった対応は品質管理と危機管理に関するもの

図表 7.5　企業と社会の認識ギャップ

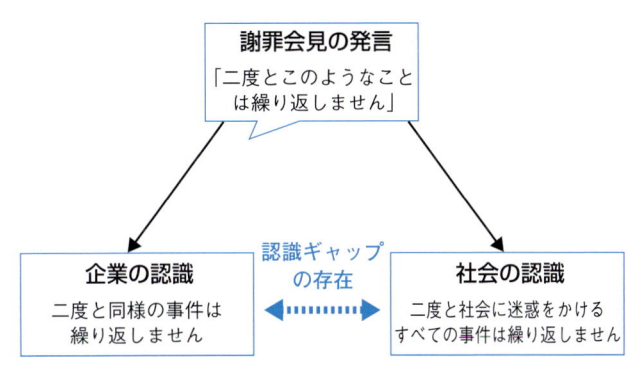

```
              謝罪会見の発言
         「二度とこのようなこと
          は繰り返しません」
         ↙                    ↘
   企業の認識      認識ギャップ      社会の認識
                    の存在
   二度と同様の事件は  ⇠┄┄┄┄⇢  二度と社会に迷惑をかける
   繰り返しません              すべての事件は繰り返しません
```

(出所)　小山（2011, 図表7-6）

が中心でした。これは，同じような製品の問題を二度と起こさないように対応していることから，問題を製品の事故としてとらえていると考えられます。この点に関してみると，雪印は積極的に対応をしていました。つまり，必ずしも倫理的に問題があったわけではありませんでした。

しかし，社会と雪印との間で，問題に対する認識のギャップが生まれていました（図表7.5）。

雪印は問題を製品の事故として限定してとらえてしまったため，異なるタイプの問題である牛肉偽装事件の防止にはつながらなかったのです。

この2つの事件では，組織として適切な認識が行われていなかったという点が重要になります。第1の事件に関しては，前提条件を考えることなく常にいつもの手続きが通用すると思い込んでしまい，問題が発生する可能性を正しく認識できなかったこと[7]が原因となっていました。第2の事件では，問題を限定的に認識し[8]，社会の認識との間にギャップが生じてしまったことが対応を

---
[7] このように，前提条件を考えることなくいつでもその手続きが通用すると思ってしまうことを谷口（2012）では「手続きの神話化」と呼んでいます。
[8] このように，組織が問題を限定的に認識してしまい，他の問題に注意を払わなくなってしまう状態のことを小山（2011）では，「イシューマイオピア」と呼んでいます。

誤らせた原因となっていました。

　これらの不祥事は，どちらも単純に倫理的な問題があったということだけでは説明することができません。そのため，事後の対応も倫理面での改善ということだけでは不十分であるということになります。

　これはその他の組織不祥事の多くについてもいえることです。倫理的な側面ばかりを取り上げるのではなく，それ以外の点も含めて事後の対応を考える必要があります。そこで次節以降では，不祥事後の対応に関して考えていきましょう。

7.4　不祥事後の対応

　組織不祥事が起こる原因を理解し，事前に問題が生じないようにすることはもちろんとても重要です。しかし，組織のリスクマネジメントを考える場合には，仮に問題が起こってしまったときにどのように対応するかということも同じように重要になります。対応を誤れば組織のイメージやブランドを大きく損ねることになります。また，対応が適切なものでなければ，問題が再発したり，新たな問題の原因になったりすることも考えられます。

　つまり，何か問題を起こしてしまった後の対応についても組織の視点から考えることが必要になります。

　皆さんも，何か企業が不祥事を起こしてしまった後にどのような対応をしているのか，TVなどで目にしたことがあるのではないでしょうか。そのような場面を思い出してみると，どの企業，どの組織の例であっても同じような光景が浮かんでくるのではないでしょうか。

　不祥事を起こしてしまった組織は，社会からの厳しい批判の目にさらされることになります。そのため，社会的にみて適切であると考えられるような対応をとらなければならなくなります[9]。

---

[9] このことは，「正当性」の視点から考えることができます。詳しくは第13章も参考にしてください。

たとえば、不祥事を起こしてしまった企業が、説明のための記者会見を行うことがあります。その際に、社長が自ら説明するのではなく、誰か代理の人が出席していたとします。そうすると、「トップが出てくるのが当然だろう」と考えられてしまい、ますます厳しい批判にさらされてしまうことが予想されます。

　また、「再発防止のためにどのような対策を考えているか」と聞かれた場合には、「社員の意識の再徹底」であるとか、「ガバナンスのメカニズムの強化」といった答えが出てくることが多いでしょう。そこにも、「期待されるような答えをしなければならない」という意識が働いています。

　もちろん、再発防止のための社員教育や仕組みづくりはとても重要です。しかし、問題はさまざまな要因が影響して起きていることが多いのにもかかわらず、組織の外の人からみてもわかりやすいような対策が優先されてしまうことも考えられます。

　ですが、組織の外の人は、実際に組織で起きていることに詳しいとは限りません。そういった組織の外からの意見に従うことは、場合によっては本当の問題の原因への対応を遅らせてしまうかもしれないのです。このことを実際の事例をもとに考えてみましょう。

7.5　不祥事後の対応の事例

　ここでは損害保険会社の保険金の支払いに関する問題を取り上げましょう[10]。この問題は、第三分野保険あるいは自動車保険等において保険金が本来支払われるべきなのにもかかわらず支払われていなかったというものです。

　具体的には、自動車保険において、代車を使用したときにかかる費用に対する保険金など、事故そのものにかかわる保険金以外の付随する保険金が保険加入者からの請求がなかったということから支払われなかったもの、あるいは、第三分野商品において契約者からの請求に対し、保険加入者の告知義務違反や

10　以下の損害保険業界の事例は、佐藤（2010）にもとづいています。

保険会社の免責などの判断を不適切に行い，保険金を支払わなかったものがあります。各社が社内調査を行った結果，2007年までの間に業界の最大手企業を含む多くの保険会社で発覚しました。

これらの損害保険会社のように，不祥事を起こしてしまい，その結果社会的に強い批判にさらされた組織は，速やかに対応策を講じる必要があります。

この時実際にとられた対応は，各社で類似したものでした。基本的に「管理の強化」を重視したものになっており，組織の改変，チェックの強化，説明不足の解消，社員教育の実施といった内容になっていました。

組織の改変としては，コンプライアンス，内部監査，支払審査，品質管理といった問題に関するあらたな部署や委員会が設立されています。

チェックの強化としては，システムを改善する，支払いの審査のための人員を増やす，支払いを担当する損害サービス部門で用いるマニュアルを改善する，チェックシートなどを用いてチェックの手続きを増やす，といったことが行われました。

説明不足の解消は，販売現場である代理店の改善を行おうとするもので，案内のための資料をわかりやすいものに改善する，代理店研修を行う，契約時の確認を徹底するといった活動があげられます。

社員研修では商品や業務の知識だけでなく，コンプライアンス意識の徹底のための研修が行われるようになりました。

このような状況に対し，代理店や損害サービスの現場では，チェック機能の強化によって新たな課題が生じているという声がでていました[11]。

保険商品の販売を行う代理店では，チェック機能の強化に伴う事務作業量の増加が負担となっていました。また，顧客にとっても手続きの作業が増えることは負担となっていました。その結果，チェック機能を強化し，不備がないようにすることが目的だったのにもかかわらず，作業負担の増加により以前よりも作業におけるエラーが増えてしまう危険や，チェックが形式化してしまう危険も感じられるようになってしまいました。

損害サービス部門でも，同様の事務処理の課題を感じていました。支払漏れを防ぐためのチェックシートが準備されていましたが，チェックすべき項目が

---

[11] 以下の記述は佐藤（2010）で調査したケースにもとづいています。

多すぎ，多くの案件を抱えるスタッフにとっては負担になっていました。さらに，チェック作業の増加により必要とされる時間が増え，本来の業務である顧客とのコミュニケーションとの時間配分のバランスをとることが以前に比べて難しくなっていました。

7.6　必要な対応が先送りされる理由

　この損害保険業界の事例では，実は，保険金の払い漏れが起きた背景には商品の過剰なバリエーションの問題がありました。各社が新商品を過剰に開発し，それだけ商品が複雑になっていたのです。商品が複雑すぎるために，チェックでカバーしようとしても項目数が多すぎ，すべてを顧客に説明することが難しくなっていました。

　商品が複雑化した理由としては，商品自由化後の急激な商品数増大があります。損害保険業界では，かつては各社がほぼ同じ商品を販売し，商品開発による競争が行われていませんでした。しかし，1997年の自由化以後，各社が一斉に商品開発による競争を意識し，とくに2000年前後に多数の商品が発売されることとなりました。

　しかし，規制下での経験から，どの企業も本格的な新商品開発競争を行ってこなかったため，どのように新商品開発を行えばいいかについて試行錯誤するしかありませんでした。その中で，損害保険商品は模倣が容易であることもあり，とりあえず「他社がもっていて自社がもっていない商品をなくす」ということに力がそそがれました。そうすれば結局は営業力の勝負になるため，とくに自由化以前から営業力の強かった大手にとってはそのほうが競争がしやすいと考えられたのでした。

　この結果，各企業が新商品を開発し，それを模倣したり自社商品に組み込んだりしたこと，さらに個々の商品の契約は一定期間継続することから，商品のバリエーションは急激に増加することになりました。そのため，あまりのバリエーションの多さに顧客，代理店，さらに損害保険会社自体も全体を理解でき

図表 7.6　問題の発生と対応策の結果

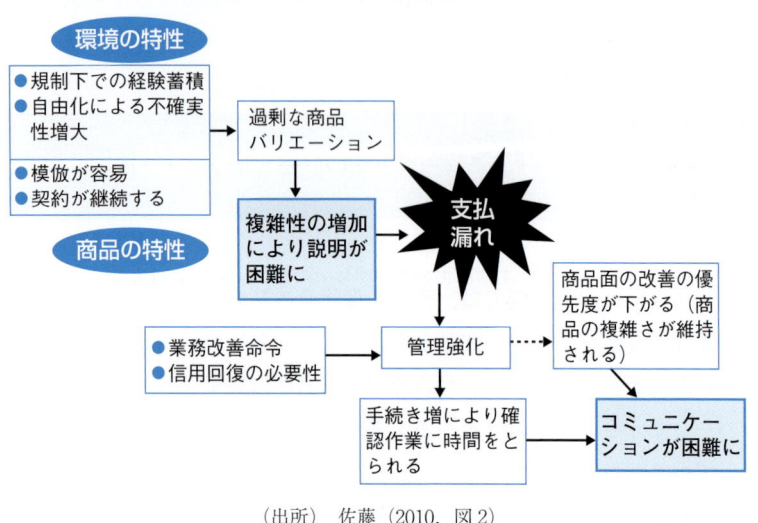

環境の特性
- 規制下での経験蓄積
- 自由化による不確実性増大
- 模倣が容易
- 契約が継続する

商品の特性

過剰な商品バリエーション → 複雑性の増加により説明が困難に → **支払漏れ**

- 業務改善命令
- 信用回復の必要性

→ 管理強化 → 商品面の改善の優先度が下がる（商品の複雑さが維持される）

管理強化 → 手続き増により確認作業に時間をとられる → コミュニケーションが困難に

（出所）　佐藤（2010, 図2）

ないほど商品が複雑なものになり，顧客のニーズのないものまで売っている状況になってしまいました。

　このような背景があったにもかかわらず，なぜ対応策は商品の複雑さを改善する方向に向かわなかったのでしょうか。このとき起きていたのは，複雑すぎるという問題を認識していたにもかかわらず，他の対応策を優先する必要があったということだと考えられます。

　このように，組織は不祥事を起こしてしまった場合には当然対応しなければなりませんが，その対応策がどのように決まるのかということについても社会的，組織的要因が作用するので注意が必要です。

　問題を引き起こしたことによって，損害保険会社各社の社会的な信用は大きく損なわれていました。そのことを彼ら自身も理解していたため，早急に信用回復を図らなければいけないと考えていました。そのため，社会に受け入れられやすいと判断された対応策が優先されることになったと考えられます。

もちろん,管理機能の強化という対応策が重要ではないということではありません。しかし,管理機能の強化のための施策により,重要な問題への対応が先送りされることとなってしまったのです(図表7.6)。

演習問題

7.1　最近の日本で起きた組織不祥事を1つ取り上げ,問題の原因について,「倫理的な要因」以外にどのような理由があるか考えてみましょう。

7.2　7.1で調べたケースについて,不祥事を起こした組織がその後にとった対応についても調べてみましょう。そのうえで,なぜそのような対応がとられたのかについても考えてみましょう。

第 Ⅱ 部

理論編

第 8 章　コンティンジェンシー理論
第 9 章　資源依存理論
第 10 章　コンフリクトとパワー
第 11 章　取引コスト理論
第 12 章　組織エコロジー論
第 13 章　新制度派組織論
第 14 章　組織のネットワーク理論
第 15 章　組織アイデンティティ

第 8 章

コンティンジェンシー理論

　第Ⅰ部第5章でふれましたが,組織をオープン・システムとしてとらえ,組織と環境との関係に注目したのがコンティンジェンシー理論です。コンティンジェンシー理論は,すべての組織に共通する唯一絶対の組織化の方法は存在せず,組織化の方法は,その組織が置かれた環境や状況に依存すると主張しました。では,どのような状況のときにどのような組織構造や組織プロセスが適しているのでしょうか。本章ではコンティンジェンシー理論の主要研究について解説します。

○ KEY WORDS ○
機械的管理システム,有機的管理システム,
環境の不確実性,分化と統合,
テクニカル・コア,境界単位

8.1 コンティンジェンシー理論とは

　コンティンジェンシー理論とは，企業の組織構造や管理システムなどの組織デザインのあり方は，技術，市場での競争状況，産業の発展段階，などそれぞれの産業や事業に固有の諸条件（contingencies）に依存すると考える理論です。そのため，環境適応理論，状況適合理論と呼ばれることもあります。

　第Ⅰ部第6章6.5でふれたテイラーが提唱した科学的管理法（scientific management）以来，経営学では組織内部の活動をどうすれば合理的かつ効率的に遂行できるのかを追求してきました。たとえば，組織活動の合理化，効率化のために最適な組織形態と考えられていた官僚制組織（bureaucratic organization）の研究においては，職務の専門化，権限・責任の明確化，命令系統の一本化と階層化，ラインとスタッフの役割の明確化，規則の文書化等を通じて，組織の目的を確実かつ効率的に達成することができると考えられていました。こうした伝統的な組織論においては，組織は目的達成のための合理的な手段としてとらえられ，その最善の形態や方法を求めて，多くの管理原則や管理手法が提案されていたのです。

　しかしながら，世の中には規模，形態，管理スタイルが異なるさまざまな組織が，それぞれ異なる環境のもと活動をしています。業績の良い組織だけをみても，すべての組織が同じような管理システムをもっているわけでもありません。あらゆる組織に適用できるベストな組織構造や管理方法など本当に存在するのでしょうか。

　こうした伝統的な組織論の考え方に対する疑問から，組織構造や管理手法などの組織化の方法を，各企業，各産業によって異なる環境や技術などとの適合関係において解明しようとしたのがコンティンジェンシー理論の研究者たちでした。コンティンジェンシー理論は，1960年代から70年代にかけて組織論の分野において，一大ムーブメントとなります。第Ⅰ部第5章5.2でふれたローレンスとローシュは，著書『組織と環境』（*Organization and Environment*, 1967）の中で，組織と環境との関係を扱った調査研究をレビューし，自分たち

の研究も含め，これらの研究が最適な組織形態は市場・技術環境によって条件づけられて（contingent upon）決まるという共通認識をもっていたことから，これらを総称してコンティンジェンシー理論と名付けたのです。

本章では，こうした研究のすべてを網羅的に紹介することはできませんので，コンティンジェンシー理論の中でも，次の4つの主要研究，①環境と管理システムとの適合関係に注目したバーンズとストーカー（Burns & Stalker, 1961），②技術と組織構造との適合関係に注目したウッドワード（Woodward, 1965），③環境と組織の分化・統合との適合関係に注目したローレンスとローシュ（Lawrence & Lorsch, 1967），④環境からの影響に対する組織の対処活動を体系的にまとめたトンプソン（Thompson, 1967）について解説します。

8.2 環境と管理システム

バーンズ（Tom Burns）とストーカー（G. M. Stalker）は英国の20社を調査し，技術や市場といった環境要因が企業内部の組織構造と関連性をもつことを発見しました。

彼らが当初調査対象としていたスコットランドの古い伝統をもつ電気機器会社の多くは，既存製品の市場縮小という環境変化に直面し，その打開策として当時成長著しかったエレクトロニクス産業に進出しようとしていました。しかしながら，これまでとはまったく異なる環境（技術，市場ともに変化が顕著）に対応できず，ほとんどの企業は参入に失敗してしまいます。

バーンズとストーカーはなぜこうした企業は新しい環境にうまく適応できないのか？ といった問題を考えているうちに，市場環境や技術環境の違いによって，有効な管理システムが異なることに気づいたのです。

◯ 機械的管理システムと有機的管理システム

彼らはこれまで基本とされてきた官僚制組織を「**機械的管理システム**

（mechanistic management systems）」と呼び，組織が直面する環境の状況によっては，これとは異なる管理システムが有効であると考えるようになります。機械的管理システムとは対極的な特徴をもつこうしたシステムを彼らは「有機的管理システム（organic management systems）」と呼びました。

　機械的管理システムとは，従業員の職務が細分化され，公式の規則や手続きが多く，階層構造にもとづく垂直的な命令系統によって組織が統制され，情報や権限が上位に集中している等の特徴をもった官僚制的な組織です。他方，有機的管理システムとは，従業員の職務内容は柔軟性をもち，明確な規則や手続きも少なく，水平的でインフォーマルなコミュニケーションが重視され，情報や意思決定の権限が組織内で分散しているような組織です。

　彼らの調査によれば，市場や技術の変化が激しく，環境の不確実性の高いエレクトロニクス産業においては，柔軟性をもった有機的管理システムが採用されることが多く，環境の変化に常に適応しようとしていました。

　逆に変化が少なく，安定的な環境で事業活動をしていた企業やエレクトロニクス産業でも比較的安定した環境下にある事業所では，機械的管理システムが採用されていました。

　環境が安定的な産業からエレクトロニクス産業のような環境変化が激しい産業に進出したスコットランドの電気機器会社でも，環境変化に合わせて，既存の機械的管理システムから有機的管理システムへ転換できた企業は参入に成功し，構造転換ができなかった企業は失敗していました。

　こうした調査結果をふまえ，バーンズとストーカーはあらゆる状況において普遍的に有効な管理構造などは存在せず，組織の有効性は環境と管理構造との適合性によって大きく左右されると主張したのです。

8.3　技術と組織構造

　技術と組織構造との関係性を発見したのは英国のウッドワードでした。第Ⅰ部第3章3.1でふれたように，ウッドワードらサウス・イースト・エセックス

工科大学（South East Essex College of Technology）の調査チームは，その当時，広く普及していた「普遍的な」管理原則や公式の組織構造を，現実の企業がどの程度活用し，それによってどの程度の成果をあげているのかを調べるため，英国の新興工業地域であったエセックス州南部（South Essex）の製造会社100社を対象に実態調査を行いました。

その結果，古典的な管理原則の採用と業績との間には，はっきりとした関係は認められませんでした。しかしその一方で技術の複雑性と組織構造や管理方法との間に密接な関係があることを発見したのです。

◯ 技術の複雑性と生産システム

ウッドワードは技術の複雑性を生産システムの機械化の程度と関連づけて考えました。技術が単純なものからより複雑なものへと進化するにしたがって，すなわち生産システムの機械化が進むにしたがって，生身の人間が行う不安定なプロセスが減り，その結果，生産システムはより制御しやすく，その成果の予測可能性も高まり，安定した操業が可能になると考えたのです。

ウッドワードは，生産システムを歴史的な発展順序と技術の複雑さに従って次の3つのタイプに分類しました（図表8.1）。

1つめは，歴史的にもっとも古く，かつもっとも単純な生産形態である単品・小規模なバッチ生産（unit and small batch production）です。注文服，楽器，プロトタイプ（試作品）などの生産などを行う単品・小規模なバッチ生産では，その工程の大部分を人間の手作業に依存していました。

2つめは，比較的少品種の製品を大量に生産する大規模なバッチ・大量生産（large batch and mass production）です。自動車生産などがこれにあたります。

3つめは，もっとも新しく技術的にも複雑な装置生産（process production）です。化学プラントや石油精製所など，自動化された機械によって絶え間なく流れるように生産を行うシステムです。

第Ⅰ部第3章3.1で述べた内容の確認となりますが，こうした生産技術と組織構造との間には，大きく分けて2つのパターンの関係性が認められました。

図表 8.1　技術の複雑性と生産システムのタイプ

単品・小規模なバッチ生産
- ①顧客の注文に応じる単品生産
- ②プロトタイプの生産
- ③段階ごとに分けての巨大設備の組立
- ④顧客の注文に応じた小規模なバッチ生産

大規模なバッチ・大量生産
- ⑤大規模なバッチ生産
- ⑥流れ作業による大規模なバッチ生産
- ⑦大量生産

装置生産
- ⑧多目的プラントによる化学製品の断続的生産
- ⑨液化装置による液体，気体，結晶体の連続生産

技術の複雑性：低い↕高い

（出所）　Woodward（1965, p.39）をもとに作成。

図表 8.2　技術の複雑性と組織構造との比例的関係

	単品・小規模なバッチ生産	大規模なバッチ・大量生産	装置生産
命令系統の長さ，権限階層（中位数）	3	4	6
最高経営責任者の統制範囲（中位数）	4（3〜7）人	7（4〜13）人	10（5〜19）人
労務関連コスト（平均）	35%	32%	15%
大卒管理者の割合	少数（非生産部門）	希少	多数（生産・非生産部門）
中間管理者の統制範囲	最高		最低
管理者の割合（平均）	1:23	1:16	1:8
事務管理スタッフ1人あたりの作業労働者数（平均）	8人	5.5人	2人
間接労働者・直接労働者の割合（平均）	9	4	1

（出所）　岸田・田中（2009, p.175）

一つは技術の複雑性が増すにつれて組織構造の特性も比例して変化する関係性，もう一つは3つの生産システムの両端である単品・小規模なバッチ生産と装置生産にみられた組織構造の類似性でした。

たとえば，生産技術が複雑になるにつれて，すなわち，単品・小規模なバッチ生産→大規模なバッチ・大量生産→装置生産の順に，組織の階層数が増え命令系統が長くなり，管理者・監督者の割合，大卒の監督者の割合，直接労働者に対する間接労働者の割合は高くなり，最高経営責任者の統制範囲も大きくなりました。逆に総売上に対する労務関連コスト，事務管理スタッフ1人あたりの作業労働者の数，中間管理者の統制範囲は技術が複雑になるにつれて小さくなっていたのです（図表8.2）。

○ 組織構造の異質性と類似性

また大規模なバッチ・大量生産と単品生産・小規模なバッチ生産および装置生産とでは，組織構造特性の違いが顕著でした。すなわち技術の複雑性において両極端に位置する単品・小規模なバッチ生産と装置生産は，管理システム特

図表8.3 技術尺度の両端における組織構造の類似性

	単品・小規模な バッチ生産	大規模な バッチ・大量生産	装置生産
第一線監督者の統制範囲（平均）	23	48	13
熟練労働者の割合	高い	低い	高い
組織体制	有機的	機械的	有機的
専門スタッフ	少数 （経験・コツ）	多数	少数 （科学的知識）
生産統制	少ない	精密	少ない
コミュニケーション	口頭	文章	口頭

（出所） 岸田・田中（2009, p.176）

性においては多くの類似性をもっていたのです（図表8.3）。

現場監督者の管理人数（統制範囲）は大規模なバッチ・大量生産で多く，単品・小規模なバッチ生産と装置生産ではともに少なく，また熟練労働者の割合も，大規模なバッチ・大量生産では低く，逆に単品・小規模なバッチ生産と装置生産ではともに高い傾向にありました。またコミュニケーションの方法も大規模なバッチ・大量生産では文書によるコミュニケーションが多く，単品・小規模なバッチ生産や装置生産では口頭によるコミュニケーションが多かったのです。さらに大規模なバッチ・大量生産では，指揮・命令権限をもつラインと助言を行うスタッフの区別が明確で，スタッフの数も多かったものの，単品生産と小規模なバッチ生産では，ラインとスタッフの役割区分は不明確でスタッフの数も少なかったのです。つまり，個々人の作業工程が細分化，ルーチン化されている大規模なバッチ・大量生産では機械的管理システムが採用され，逆に単品・小規模なバッチ生産と装置生産とでは有機的管理システムが採用されていたのです。

◯ 技術と組織構造の適合関係と業績への影響

さらにウッドワードは，こうした3つの生産システムそれぞれにおいて，組織構造特性を示す数値が各タイプの中位にある企業の業績は高く，数値が各タイプの中位数から乖離している企業の業績は低かったことも明らかにしました。単品・小規模なバッチ生産と装置生産で業績が良かった企業は有機的管理システムを採用し，大規模なバッチ・大量生産で業績が良かった企業では，伝統的な「管理原則」（命令一本化の原則，職務と権限・責任の明確化等）を順守する機械的管理システムを採用していたのです。

8.4　環境と組織構造・組織プロセス

オープン・システムである組織では，環境からの影響を考慮しなければなり

ませんが，とくに大事なのは組織の直接的な環境である**タスク環境**（task environment；Dill，1958）の複雑性と不確実性への対処です。タスク環境とは，組織の目標設定や目標達成に直接的もしくは潜在的に関連ある環境の部分で，より上位の概念である**一般環境**とは区別されます。また環境の複雑性とは組織活動にかかわる外部要素の数や異質性の程度です（Daft, 2001）。たとえば，組織にとって複雑な環境とは，目的や利害の異なる多種多様な利害関係者によって構成されているような環境です。他方，環境の不確実性とは環境要素の不安定性と将来の予想可能性の程度をいいます。たとえば，組織にとって不確実性が高い環境とは，変化が激しく，将来の予測が困難な環境です。

　第Ⅰ部第5章5.2でふれたように，こうした複雑に変化する環境に適応するために組織が行う「**分化**（differentiation）」と「**統合**（integration）」というプロセスに注目したのが，ハーバード・ビジネス・スクール（Harvard Business School）のローレンスとローシュでした。

○ 組織の分化と統合

　分化とは「異なる職能部門の管理者間の認識・感情の志向，および公式構造の違い」です。組織を取り巻くタスク環境が複雑で不確実性が高いとき，組織はこの複雑性と不確実性に対処するため，組織を分化し，分化した各部門はそれぞれが直面する下位環境の問題に対処するように独自の目標や価値観，組織構造をもつようになります。しかし分化をするだけでは組織全体の目標を達成することはできません。組織の目標を達成するためには各部門の諸活動をまとめあげ，その総合力を発揮するための統合への工夫も必要となります。

　ローレンスとローシュは，まず環境の変化が激しいプラスチック産業の企業6社を対象に，彼らが開発した手法を使って，環境の不確実性，組織の分化と統合の程度を指数化し，環境と組織との適合関係を調査しました。

　これら企業を取り巻くタスク環境は科学環境，技術―経済環境，市場環境という3つの**下位環境**（subenvironment）から構成されており，それぞれ研究開発部門，製造部門，販売部門という職能部門を作って対処していること，また環境の不確実性は科学環境がもっとも高く，市場環境は中程度，技術―経済環

図表 8.4　職能部門と下位環境

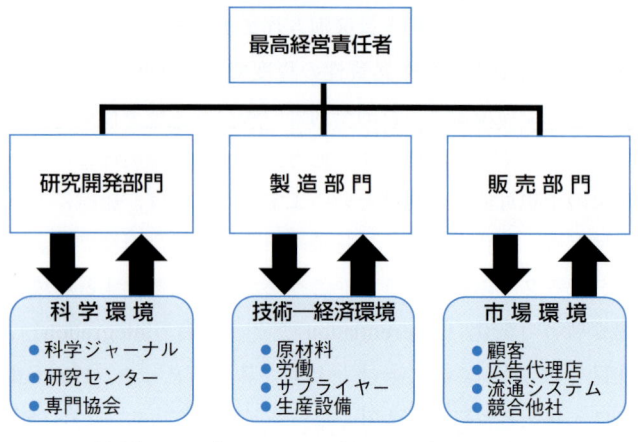

```
                    ┌──────────────┐
                    │ 最高経営責任者 │
                    └───────┬──────┘
          ┌─────────────────┼─────────────────┐
    ┌──────────┐      ┌──────────┐      ┌──────────┐
    │研究開発部門│      │ 製造部門 │      │ 販売部門 │
    └────┬─────┘      └────┬─────┘      └────┬─────┘
         ↕                 ↕                 ↕
    ┌──────────┐      ┌──────────┐      ┌──────────┐
    │ 科学環境 │      │技術─経済環境│     │ 市場環境 │
    │●科学ジャーナル│  │●原材料    │     │●顧客      │
    │●研究センター │  │●労働      │     │●広告代理店│
    │●専門協会    │  │●サプライヤー│    │●流通システム│
    │             │  │●生産設備  │     │●競合他社  │
    └──────────┘      └──────────┘      └──────────┘
```

（出所）　Daft（2001，p.62，邦訳 p.104）を一部修正。

境がもっとも低いことがわかりました（図表8.4）。

　こうした環境特性の違いによって，各部門の分化の程度にも差異が生まれます。ローレンスとローシュは分化の程度について，①目標志向（どのような目標を志向しているのか），②時間志向（短期志向か，長期志向か），③対人志向（対人関係を仕事中心に考えるのか，人間関係中心に考えるのか）といったメンバーの志向と，④構造の公式性（管理階層の数，監督者比率，業績評価の頻度）という尺度を使って測定しています。その結果，業績の良い企業では，それぞれの下位環境の特性に合わせて，部門の分化も進んでいました。たとえば研究開発部門では，新技術の開発やその応用を目標とし，メンバーは問題を長期志向でとらえ，仕事を基準に対人関係を処理していました。また組織構造の公式性は低く，有機的管理システムに近いものでした。他方，販売部門では顧客へのサービスや市場地位などの市場目標を志向し，メンバーは問題を短期志向でとらえ，人間関係を優先して対人関係を考え，公式性の高い組織構造とな

図表 8.5　3つの産業における分化と統合の度合

産　業	組　織	分化の平均得点	統合の平均得点
プラスチック産業	高業績組織	10.7	5.6
	低業績組織	9.0	5.1
食品産業	高業績組織	8.0	5.3
	低業績組織	6.5	5.0
容器産業	高業績組織	5.7	5.7
	低業績組織	5.7	4.8

（出所）　Lawrence & Lorsch（1967, p.103, 邦訳 p.122）

っていました。そして高い業績を上げている企業では，部門間のコミュニケーションは良好で強い協力関係も築かれており，高度な統合も実現されていたのです。

こうしたプラスチック産業の調査結果をふまえたうえで，ローレンスとローシュはより不確実性の低い食品産業，さらに不確実性の低い容器産業も調査しました。その結果，プラスチック産業，食品産業，容器産業の順で不確実性が高い産業ほど組織の分化が進んでおり，プラスチック産業と食品産業では低業績の企業よりも，高業績の企業のほうが分化の程度が高かったのです（図表8.5）。

○ 組織の統合メカニズム

また3つの産業の高業績企業と低業績企業を比較すると，統合はどの産業においても重要だということがわかりましたが，環境の不確実性が高く，高度な分化が求められるプラスチック産業では，不確実性の低い容器産業よりもさらに高度な統合メカニズムが用いられていました（図表8.6）。

分化が高度に進むと，部門間のコンフリクト（conflict；個人や集団の間で生じる対立的ないし，敵対的な関係）も頻発するようになるため，コンフリク

図表 8.6　3 つの産業の高業績企業における統合手段

	プラスチック産業	食品産業	容器産業
分化の程度	10.7	8.0	5.7
主要な統合手段	①統合担当部門 ②3つの管理層における常設の部門間チーム ③管理者の直接的折衝 ④管理階層 ⑤文書制度	①統合担当者 ②臨時的な部門間チーム ③管理者の直接的折衝 ④管理階層 ⑤文書制度	①管理者の直接的折衝 ②管理階層 ③文書制度

（出所）　Lawrence & Lorsch（1967, p.138, 邦訳 p.162）

トの解決メカニズムも必要となります。プラスチック産業では，統合を担当するための統合担当者が各部門に配置され，それぞれが協力して部門間の調整にあたるか，独立した統合担当部門が部門間の調整を行っていました。高業績企業での統合メカニズムとコンフリクト解決メカニズムでは，次のような特徴がみられました。

①統合担当者は各部門の事情を理解しバランスのとれた配慮を行っている。
②統合担当者は公式の権限に加えて，専門的な知識や能力にもとづいて影響力を行使している。
③統合担当者は関係部門を含む組織全体の業績に関心をもっている。
④部門間でコンフリクトが発生した場合，問題回避（smoothing；当事者それぞれが相手に対して自己主張することをやめ，コンフリクト発生を防止すること）や強制（forcing；一方の当事者が他方の当事者に対して一方的に自らの主張を受け入れさせること）ではなく，当事者同士が情報を公開し，自らの考えを自由に表明し合う徹底討議（confrontation）によって問題を解決する。

不確実性の高い環境で高業績を上げていた組織では，高度な分化と統合を同

時に実現していたのに対して，不確実性の低い環境では，高業績を上げていた企業でも，分化と統合のレベルは低かったのです。

こうした調査結果をふまえローレンスとローシュは，タスク環境の不確実性の程度に応じて組織は分化を行い，その分化の程度に合った統合メカニズムやコンフリクト解決メカニズムを構築した組織が高い成果を上げることができる，すなわち環境と組織との適合が高業績につながることを実証したのです。

コンフリクトについては，章を改めて第10章でも取り上げます。

8.5　行為の中の組織

ローレンスとローシュの『組織と環境』が刊行された同じ年の1967年，第Ⅰ部第6章6.3でふれたトンプソンの『行為する組織』(*Organizations in Action*, 1967) が刊行されました。コンティンジェンシー理論を理論的に展開した同書は，その後の資源依存理論の理論的源泉にもなるなど，マクロ組織論研究の発展に大きく貢献しました。トンプソンは組織を

①不確実性に直面するオープン・システムであると同時に，
②合理性の基準（criteria of rationality）に従い目標達成を目指す存在

としてとらえています。

組織は，目標達成のための合理的装置でありながら環境と相互作用をもつオープン・システムであるため，環境の不確実性に対応できる組織構造を発展させ，組織合理性（rationality of organizations）の拡大を目指すのです。

◯ 不確実性とテクニカル・コア

環境からの不確実性とは，組織の直接的な環境であるタスク環境から生じる不確実性です。組織とタスク環境との間の関係は基本的には交換的なものであり，組織は接触をもっている他組織に何らかの望ましいものを提供していると

判断されなければ，存続に必要なインプットを受けることができず，自身が提供するアウトプットの対価を受け取ることもできません。この意味で組織はタスク環境と依存関係にあります。

トンプソンは，組織についてインプットをアウトプットに変換する技術システムとしてとらえます。たとえば家電組立メーカーであれば，部品メーカーから購入した電子部品を組み立てるという技術的変換を行うことでテレビなどの電機製品を生産し，販売しています。また証券会社は，株式の売り手と買い手に対して，それぞれの売買ニーズを仲介するというサービスを提供していますが，こうしたサービス業務もやはり技術的変換なのです。トンプソンは，こうした技術的変換の中核部分を テクニカル・コア（technical core）と呼びました。このテクニカル・コアがもっともパフォーマンスを発揮できるのは，望ましい成果および関連する因果関係の情報が確定的で，あらゆる関連要素をコントロールできる状態，つまり完全なクローズド・システムにおいてです。

しかしながら，組織は前述したようにタスク環境と依存関係にあり，この関係において不確実性がもたらされます。たとえばメーカーの場合，期限どおりに部品が納入されなかったり，不良部品がまぎれていたりすると，そのたびに組立ラインを止めざるをえず，生産効率が悪くなります。こうした予想外の出来事が頻発するようになるとテクニカル・コアの負荷が大きくなり，機能麻痺を引き起こす原因にもなりかねません。

○ 組織活動の安定化と対環境戦略

では，組織は不確実な環境の中で，どのようにすれば合理的かつ効率的な活動を確保できるのでしょうか。そのためには環境との間に「境界」を設定し，テクニカル・コアを環境の不確実性から隔離することが考えられます。

さらに境界によって環境からの不確実性を十分に隔離できなければ，インプット活動，アウトプット活動に関する 境界単位（boundary-spanning units）を置き，環境の変動に対応して次のように活動させることで，そのような変動をテクニカル・コアにとって安定的なものに変換するのです（図表8.7）。

図表8.7 テクニカル・コアと境界単位

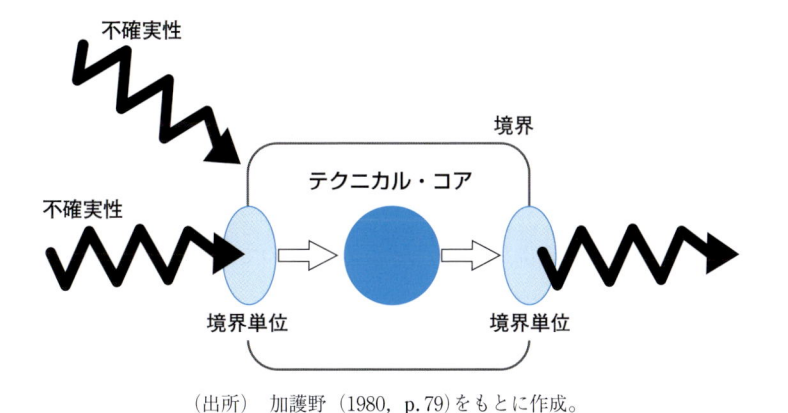

不確実性

境界

テクニカル・コア

不確実性

境界単位　　境界単位

（出所）　加護野（1980, p.79）をもとに作成。

①**緩衝化**（buffering）：インプット側で考えると，原材料や部品などを貯蔵しておき，そこから生産プロセスに安定的に供給する活動を緩衝化と呼びます。アウトプット側では製品の在庫をしておき，在庫の範囲内で出荷することで生産プロセスに影響を与えずに，需要の変動に対処する活動がこれにあたります。

②**平準化**（leveling）：インプットやアウトプットの変動の幅を抑えることです。たとえば，電力などの公益事業では，需要の少ない時期に深夜料金のように料金の割引をすることで，需要を喚起し，逆に需要のピーク時には高めの料金設定をしておいて，需要を抑えるようにしています。このように需要の変動幅を抑えようとすることなどがこれにあたります。

③**予測**（forecasting）：環境変動のパターンや規則性を発見することで，より確実な状況下でテクニカル・コアの運用を図ろうとすることです。製造会社が需要の変動を予測し，それに沿って安定した生産を実施しようとすることはこれにあたります。

④**割り当て**（rationing）：緩衝化，平準化，予測でも不確実性を防ぎきれない場合には，優先順位を決めておき，テクニカル・コアの活動がなるべく

ランダムにならないようにします。たとえば，病院が重傷の患者のためにベッドを空けておくように，需要者に対して優先順位を決めておき，優先順位の高い者には優先的に割り当てることで急激な需要変化に対応することなどがこれにあたります。

このように組織境界単位を設置することで，テクニカル・コアを環境からの影響から封鎖（seal off）しようとします。組織はタスク環境からの影響に対してさまざまな対処法を実行し不確実性を低減することで，内部活動の安定化と合理化を図り，その目標をより確実に実現しようとするのです。

演習問題

8.1　機械的管理システムと有機的管理システムとは具体的にどのようなものなのか考えてみましょう。

8.2　環境の複雑性や不確実性は，組織の分化や統合にどのように影響を与えるのか考えてみましょう。

第 9 章

資源依存理論

　資源交換という視点から組織間の関係性について考察するのが資源依存理論です。他組織との資源の依存関係は，組織間のパワー格差を生む要因となります。こうしたパワー格差を利用して取引相手がさまざま要求を突きつけてくれば，やがて自分たちの自律性が制約され，自由な活動ができなくなるかもしれません。ではどうすれば，資源依存によって発生する自律性の低下というジレンマを克服することができるのでしょうか。本章では依存関係のマネジメントについて考えます。

○ KEY WORDS ○
組織間関係，資源依存，組織の有効性，
パワー，技術的トラジェクトリ

9.1　組織間関係論とは

　企業は，自身を取り巻く他企業・他機関との相互作用なしには存続・成長することはできません。たとえば自動車メーカーであれば，サプライヤー（supplier；原材料や部品の供給業者）から原材料や部品の供給を受けなければ，自動車の組立はできませんし，自動車販売ディーラーに完成車を売ってもらわなければ，開発・生産コストの回収もできません。大規模な設備投資をする場合は，銀行からお金を借りたり，増資をして投資家から資金を調達しなければなりません。企業間関係の成否は企業のパフォーマンスに大きな影響を及ぼします。こうした企業間関係を分析するためのフレームワークとして，経営学や社会学の分野で議論されてきたのが組織間関係論です。

　組織間関係（interorganizational relations）とは，相互に依存しつつも，互いに自律的であろうとする組織間の関係を意味します。その意味で組織間の調整方法は，市場での調整方法とも，企業内部の調整方法とも異なります。

　たとえば市場取引では，インターネット上でのオークションのように，売り手と買い手が直接的には交渉せず，「価格」という指標で売買が調整されます。また企業内部の個人間，部門間の協働作業では，あらかじめ決められた規則・計画や，より上位の人間がもつ「公式権限（formal authority）」によって，その調整が行われます。それに対して，自動車メーカーとサプライヤーとの取引，食品メーカーとコンビニエンス・ストアとの取引，企業と銀行との取引などでは，企業同士の直接的な交渉を通じて，互いのパワー関係や過去の交渉過程の中で醸成された規範や信頼にもとづいて調整が行われます。こうした企業間取引は，従来の経済学的な発想では，「市場」取引として扱われるべきものです。ところがこうした企業間関係では，市場での調整方法とは明らかに異なる方法がとられることが多々あります。

　たとえば，自動車メーカーは，ある特定の部品の発注に際して，多くの場合複数のサプライヤーに同時に発注を行っています。これは経済性や効率性という観点からすると矛盾する行動にみえます。たとえそれらの契約内容が，部品

の価格・品質・納入条件などがまったく同じであったとしても，自動車メーカーは，ある特定部品の供給元を，1社のサプライヤーに集中させるべきです。なぜなら，1社に集中させることで，規模の経済によってサプライヤー側の製造コストが低減して，部品の納入価格も下がるはずだからです。では，なぜ自動車メーカーはそうしないのでしょうか。これは市場原理とは異なる，企業間のパワーや依存性を意識した行動だと考えられます。

組織間関係論の中でも有力なフレームワークの一つである資源依存理論（resource dependence theory）にもとづけば，ヒト・モノ・カネ・情報などの経営資源の依存関係と企業間のパワー関係は，表裏一体の関係にあります。つまり企業間取引においては，取引相手への資源依存度が大きくなればなるほど（たとえば，全売上高に対してその取引相手の売上高シェアが高いほど），企業はその取引相手から影響力（たとえば，価格引き下げ要求など）を行使される可能性が高まります。逆に，自身に対する取引相手の資源依存度が相対的に高くなれば，企業はその取引相手の経営活動に影響力を及ぼすことも可能になるのです。

先ほどの例でも，もし自動車メーカーが，ある特定部品の発注を1社の部品メーカーだけに集中してしまうと，その部品の納入に関してはその部品メーカーに全面的に依存してしまうことになります。そうすると，部品メーカー側にパワー優位性が生じることになって，部品取引において自動車メーカーが不利になる可能性も出てきます。その結果，たとえ部品メーカー側で規模の経済によってその部品の製造コストが低下したとしても，部品メーカーに納入価格を下げさせることができなくなるばかりか，場合によっては逆に納入価格の引き上げを迫られるかもしれません。そのため部品の供給元を数社の部品メーカーに分散させているのです。

9.2 資源依存

◯ 組織の環境とは

　組織間関係論の中でも，資源依存をめぐる組織間関係を統合的に分析する理論的フレームワークとして提示されたのがオールドリッチとフェファー（Aldrich & Pfeffer, 1976），フェファーとサランシック（Pfeffer & Salancik, 1978），オールドリッチ（Aldrich, 1979）らによって展開された資源依存理論でした。なかでも，同理論をもっとも体系的にまとめ，その基礎となったのがフェファー（Jeffrey Pfeffer）とサランシック（Gerald R. Salancik）によって著された『組織の外的コントロール』（*The External Control of Organizations*, 1978）です（山田，1996）。

　資源依存理論が本格的に議論されるようになったのは1970年代で，前章で述べたコンティンジェンシー理論の一大ムーブメントと深く関係しています。

　コンティンジェンシー理論は，それまでの伝統的な経営管理論が追い求めていたような唯一最善の組織構造や管理プロセスなどは存在せず，技術やタスク環境といった状況要因（contingency）と組織構造や管理プロセスとの適合によってはじめて，高業績がもたらされると主張しました。

　組織と環境との関係に注目したコンティンジェンシー理論は，マクロ組織論の発展に大きな影響を与えましたが，他方でさまざまな批判も噴出しました。たとえばコンティンジェンシー理論では，環境は「複雑性─単純性」，「不安定性─安定性」といった抽象的な次元でとらえられていました。しかし組織が直接的に接している環境は，顧客，サプライヤー，金融機関，投資家，競合他社，地域住民，政府機関といった具体的かつ個別的な存在です。こうした利害関係者の目的や関心，あるいは組織に対する要求や影響力の大きさはそれぞれに違います。それゆえ個々に異なった対応が必要になります。

　また組織は環境からの影響に対して，ただ受動的に反応するだけでなく，その目的実現のために，環境である他組織に対して影響力を行使したり，他組織

と協調行動をとるといった能動的な存在でもあります。資源依存理論では，こうした環境からの影響力をより具体的かつ個別的にとらえ，組織の環境への対処活動について検討しています。

◯ 資源依存と組織の存続

　資源依存理論では，組織の存続にとって重要な鍵は2つあると考えます。一つは，組織が依存している必要資源の提供者の要求にどれだけ応えられるのかといった組織の有効性（effectiveness）です。組織が必要とする資源にはヒト，カネ，物的資源，情報あるいは社会的正当性（social legitimacy）などが含まれます。たとえば顧客が求める製品やサービスを提供し，そのニーズを満たすことができれば，存続に必要な収入を得ることができ，逆に顧客のニーズに合致した製品やサービスを提供できなければ，必要な収入を得られず，その結果，事業の継続が難しくなるかもしれません。

　もう一つは資源の供給元である利害関係者との依存関係のマネジメントです。組織はヒト，カネ，物的資源，情報，社会的正当性などを含めた資源を政府機関，同業者団体，顧客，サプライヤー，競合他社といったさまざまな外部の利害関係者との間で交換・取引をし，それに依存しています。こうした相互依存関係にある組織は，それぞれが独立した経済主体であるため，常に相手組織が自分の要求どおりに必要な資源を提供してくれるという保証はありません。また相手組織が依存されているという有利な立場を利用して，何らかの要求や制約を突きつけるようになるかもしれません。資源依存は相手組織側のパワーを生み出します。そのため，こうした依存関係のマネジメントも組織の存続にとって大事な鍵となるのです。

9.3　依存とパワー

　フェファーとサランシックは組織の他組織に対する依存性を決定する要因と

して，次の3つをあげています（図表9.1）。

◯ 資源の重要性

　他組織に対する依存度を決定する第1の要因は，資源の重要性です。これは次の2つに分類できます。
　一つは資源交換の相対的規模（その資源交換がインプットあるいはアウトプット全体の中で占める割合）です。たとえば，必要とする原材料の種類が少ないとき，総インプットに占めるそれらの原材料取引の割合は大きくなり，その重要性も高くなります。同様にアウトプットの場合でも，少数の製品を生産・販売している場合，多数の製品を生産・販売する場合と比べると，総アウトプットに占める各製品取引の占有率は大きく，その重要性も高くなります。
　もう一つは資源の必須性です。資源交換の相対的規模にかかわらず，その資源なしでは活動が困難になる場合もあります。たとえば，ほとんどの企業において，電力会社からの電力の供給を受けずに事業活動を続けることはほぼ不可能でしょう。

◯ 資源の配分と使用に関する自由裁量権

　他組織に対する依存度を決定する第2の要因は，他組織がもつ資源の配分や使用に関する自由裁量権（discretion）の大きさです。組織にとって必要な資源の配分や使用に関する決定に他組織が大きな影響力をもっていれば，組織はその資源を自由に利用することができないからです。
　資源の自由裁量権はその資源を所有することで発生します。しかし，所有は資源の自由裁量権を得るための唯一絶対の条件ではありません。所有権をもたずとも，資源の配分や使用をコントロールすることは可能です。
　たとえばかつての米国の工場では，工場の所有者でも経営者でもない職長（foreman；現場監督者）が，現場従業員の採用や解雇，さらにはその賃金の決定に関して大きな裁量権をもっていました。熟練工たちも自分が使う工作機械や工具は自分で管理・保守し，他の人間が使用することはおろか触れること

図表9.1 依存とパワー

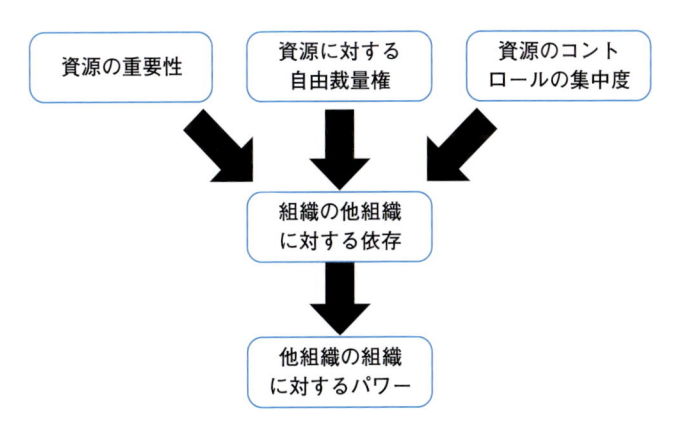

```
資源の重要性    資源に対する      資源のコント
               自由裁量権        ロールの集中度
        ↓         ↓           ↓
         組織の他組織
         に対する依存
              ↓
         他組織の組織
         に対するパワー
```

（出所）山田（2000, p.50）を一部修正。

すらも拒絶していたのです。また法律や規制によっても資源の自由裁量権をコントロールできます。企業が所有している土地や施設であっても，たとえば商業施設の営業時間や工場の建築基準等，その利用法については国や地方自治体の行政機関が定める法律や規制によって統制を受けることがあります。

資源のコントロールの集中度

　他組織に対する依存度を決定する第3の要因は，資源のコントロールの集中度です。この要因は資源取引における利用可能な取引相手の数と，保有される資源の集中度によって決まります。組織にとって重要な資源であっても，多くの他組織から入手可能であれば，個々の供給元に対する依存度は相対的に低くなります。逆に資源の保有が一つの組織に集中し，残りの組織がわずかな資源しか保有していなければ，結局，多くの資源を保有している組織に大きく依存せざるをえません。

　他組織に対する依存は，こうした3つの要因に大きく影響を受けます。つま

り組織にとって資源の重要性が高ければ高いほど，またその資源に対して，相手組織の自由裁量が大きく，そこに資源のコントロールが集中しているほど，相手組織への依存度が高くなるのです。

エマーソン（Emerson, 1962）は，こうした相手組織への依存は，相手組織のパワー優位性を生み出すと主張しています。すなわちパワーの大きさは，依存の大きさに比例すると考えたのです。

パワー格差の発生によって，ただちに相手が影響力を行使するとは限りませんが，相手組織はこうした有利な立場を利用してさまざまな要求を突きつけ，その結果，組織の自由な事業活動が妨げられる可能性が生まれます。資源依存の必要性から生まれる**自律性**（autonomy）の低下というジレンマに組織はどのように対処すべきなのでしょうか。次節では依存関係のマネジメントについて考えてみましょう。

9.4 依存関係のマネジメント

依存関係のマネジメントは，次のような方法が考えられます（Pfeffer & Salancik, 1978）。

◯ 依存関係の変更

影響力行使の根拠となる依存関係を変更することで，相手組織からの影響力を削減，排除したり，あるいは逆に他組織に対して影響力を行使する方法です。たとえば，組織が資源の供給源に関してただ一つの組織としか交換関係をもっていない場合，代替的供給源を拡大することで，その相対的な依存度を削減することができます。

多角化の場合も同様の効果が期待できます。新しい事業が現在の活動と異なり，現在とは異なった資源をインプットとして使用するほど，あるいは異なった顧客との取引を拡大するほど，総インプット，総アウトプットにおける各取

引の占有率は小さくなり，結果，各取引相手に対する相対的な依存度を低下させることができます。

また必要資源を提供する他組織との合併・買収によって，他組織への依存関係そのものを自身に吸収し，不確実性を削減する方法も考えられます。ただこうした合併・買収にはコストも時間もかかり（独占禁止法等の法律により，実現不可能の場合もあります），合併・買収して法的に一つの企業になったとしても，組織的な融合は実際には容易ではなく，依然として企業内のコントロール確立には課題が残るということには注意が必要です。

○ 当事者による相互依存関係の調整

互いに相互依存関係の存在を認めたうえで，相手との協調的な方法で依存関係を調整する方法もあります。具体的には，取締役会への外部役員の受け入れ，役員の兼任，合弁，カルテル，業界団体，協定などがあります。

たとえば，日本のメインバンク制においてみられた銀行と企業との協調関係はその典型です。第2次世界大戦後の経済再建時において，資金供給の面で大きな役割を果たしたのが都市銀行でした。戦後の日本では，崩壊した生産基盤を立て直すため，限られた資金や資源を鉄鋼や石炭などの基幹産業に重点的に注ぎ込む傾斜生産方式と呼ばれる政策が実施されました。1947年には経済復興のための資金供給機関として復興金融金庫が創設され，ここから基幹産業を中心に積極的な融資が行われたのです。しかし，その資金は日本銀行が引き受ける復興金融金庫債でまかなわれたため，通貨増発を招き，猛烈なインフレーションを引き起こすことになります。

このインフレーションを抑えるため，GHQ（General Headquarters；連合国軍総司令部）は1948年，経済安定9原則を発令し，この具体化のために経済顧問のドッジ（Joseph Dodge）はドッジ・ラインと呼ばれる緊縮財政・超均衡予算主義の政策を実施しました。その結果，インフレーションは収束したのですが，困ったのは民間企業でした。というのは，この緊縮型の財政政策によって，民間企業に対する復興金融金庫からの新規融資が事実上停止されたからです。当時，重点産業に指定されていた石炭業，電力業，海運業は金融機関か

らの融資のうち，それぞれ70%，87%，65% を復興金融金庫に依存しており，産業全体でも23% に達していました。そのため各企業は深刻な資金不足に陥ったのです（中村，2007）。同時期の株式市場においては株価も低迷していたため，増資による資金調達も困難な状況でした。さらにこうした状況に追いうちをかけたのが1950年に勃発した朝鮮戦争です。朝鮮戦争を機に米軍による特需が発生し資金需要が拡大したために，資金不足にますます拍車がかかります。当時の日本企業にとって，安定的な資金供給源の確保こそが経営再建のための最重要課題だったのです。

　この金詰りという企業の窮地を救ったのが都市銀行でした。都市銀行は，日本銀行からの借入にも依存しつつ，戦時中から取引関係があった系列企業に対して重点的に資金の貸出を行います。いわゆる系列融資，メインバンク制のはじまりです。この系列融資を支えたのが銀行と借り手側の企業とを結ぶ人的ネットワークでした。宮島（1992）によると，たとえば三菱銀行（現三菱東京UFJ銀行）は，系列融資の開始とともに，大量の役職者を派遣しています（図表9.2）。

　銀行からの役員派遣は，基本的には融資先企業の情報収集や債権保全のためのモニタリングを目的としたもので，経営状況が良好な限り，事業計画や人事への影響力の行使はありませんでした。借り手側の企業は，銀行との協調関係を通じて安定的な資金供給源の確保に成功します。またこうしたメインバンクからの系列融資は，他の金融機関からの貸出を誘発するシグナルとしても有効に機能したため，資金不足解消の大きな一助となったのです（宮島，1992）。

　役員派遣によるモニタリング・システムによって，系列融資を通じた銀行と融資先企業との協調関係は強化されていきます。しかしもちろんそれは，両者間の資源依存やパワー不均衡の「解消」によって生み出された協調関係ではなく，あくまでもパワーの顕在化を最小限に抑えることによって生み出された「調整」による協調関係だということには注意が必要です。役員を受け入れても，相手からのパワー行使の可能性は依然として残ります。実際，日本の系列融資においても，融資先企業が経営不振に陥った場合，銀行は債権を守るためにそのパワーを行使し，経営陣の交代を迫ることもしばしばありました。たとえば，三菱銀行は融資先である東日本重工業（1952年に三菱日本重工業と改

図表 9.2　役員派遣の事例：三菱銀行のケース

（単位：百万円，％）

	1953年貸出額	依存度	役職	派遣者	銀行での前職	就任時点の依存度
新三菱重工業	730	25.5	常務取締役	林田　信	取締役	51.9
三菱日本重工業	772	26.7	常務取締役	小山内信		51.9
三菱造船	1,086	30.9	常務取締役	野村義門	支店長	50.9
三菱海運	523	23.2	常務取締役	永島忠雄		51.9
三菱化工機	254	99.9	取締役	橋爪雄一郎		50.9
三菱製紙	485	34.5	常任監査役	堤　正元	総務部長	49.8
三菱地所	223	53.7	常任監査役	蛭沢友三郎		53.9
三菱電機	1,045	27.3	監査役	渋沢金三郎	常務取締役	51.9
三菱製鋼	128	26.1				
三菱鋼材	155	29.7				
日本光学	141	32.6	常任監査役	芹沢敏雄	支店長	49.9
三菱鉱業	1,100	34.7	監査役	堀峯一郎		53.9
三菱金属鉱業	712	25.3	監査役	松浦進一	厚生部長	50.9
三菱石油	1,011	23.3				
旭硝子	450	20.6				
三菱化成	912	23.5	監査役	長沢里治	人事部長	49.7
三菱レイヨン	930	29.0				
三菱倉庫	253	48.4				
島津製作所	231	22.9	常務取締役	菅井竜馬　村上　恒	支店長	50.9
金商	311	51.7	監査役	荒川重雄	支店長	
日本アルミニウム工業	72	67.2	常務取締役　常任監査役	松林　敏　柴田敏夫	支店長	53.9　51.9

（出所）　宮島（1992, p.234）をもとに加筆，一部修正。
（注）　貸出額は1953年2〜8月末値。依存度の分母は政府系金融機関借入を除く。

称。1964年には，新三菱重工業，三菱造船と合併し，三菱重工業が誕生）の業績が悪化した際には，経営陣に退陣を迫り，役員を派遣しています（三菱重工業株式会社，1967）。

法や第三者機関の利用による相互依存関係の調整

相互依存関係が当事者の能力だけでは調整できなくなった場合，組織はより上位の社会システム（たとえば政府や裁判所等）の力を利用し，この困難な状況を打破，あるいは自身に有利な調整が行われるよう行動することもあります。たとえば，巨大な市場支配力を背景に，自社製品の店頭販売価格を維持させようと（ブランド力維持のため安売りをさせないように）圧力をかけてくる大手メーカーに対して，スーパーなどの小売業者が独占禁止法違反で告発したり，あるいは，企業や業界団体が議員や政府関係者，関係機関に対して行う**ロビー活動**（lobbying）などもその典型的な例です。

ロビー活動とは，個人や団体が政治的影響力を及ぼすために行う私的な政治活動です。その対象は政治家，政府・公的機関関係者，公務員などで，組織はロビー活動を通じて政府の法制化や規制などに間接的に影響力を行使します。ロビー活動の語源は，19世紀後半，当時の米国大統領グラント（Ulysses S. Grant；南北戦争（American Civil War, 1861-1865）時の北軍の名将でした）への陳情だともいわれています。愛煙家で知られていたグラント大統領は，ホワイトハウスでの喫煙を妻から禁止されたため，近くのウィラード・ホテルのロビーで葉巻を吸うようになりました。それを知った人々がこのロビーに集まり陳情を行ったのです。

ロビー活動では政治献金を伴うこともあるため，政治家と企業との癒着を助長する行為のようにとらえられることもありますが，それはロビー活動の一側面にすぎません。たとえば，製品や技術に関する**デジュリ・スタンダード**（de jure standard；標準化団体によって定められた規格）の決定をめぐって，各企業は ISO（International Organization for Standardization；国際標準化機構）や IEC（International Electrotechnical Commission；国際電気標準化会議）の関係者に対して積極的にロビー活動を行っています。

どんなに優れた技術であっても，こうした公的機関によって世界標準と認められなければ，国際市場で競争することはできません。グローバルな競争に勝つためには，標準の決定プロセスに積極的に参加し，国際ルールに従うだけでなく，国際ルールを作る側に回ることも必要なのです。そのためには，実質的に世界標準について審議する ISO や IEC の専門委員会や分科委員会に参加することはもちろんのこと，議論を有利にリードするために，各委員会の議長や幹事を引き受けるなど，より主体的な取り組みも必要になります。またそれだけではなく，日頃からの関係機関，各国の政府関係者やキーパンソンに対するロビー活動も重要となるのです。

たとえば空調機器大手の**ダイキン工業株式会社**（以下，ダイキン工業）は，次世代冷媒の選定に関して積極的にロビー活動を行っています。冷媒とは空調内部を循環して空気の熱を運ぶガスのことです。過去にはこうした冷媒としてCFC（ChloroFluoroCarbon；クロロフルオロカーボン。いわゆるフロン）が使用されていましたが，オゾン層破壊の原因物質と指摘されるようになり，1987年の**モントリオール議定書**によって，その製造と輸入の禁止が決定されました。その後はオゾン層への影響が少ない HCFC（HydroChloroFluoroCarbon；ハイドロクロロフルオロカーボン。ただし，その後モントリオール議定書の規制対象となり，先進国では 2020 年，新興国では 2030 年までの全廃が決まっています）やオゾン層を破壊しない HFC（HydroFluoroCarbon；ハイドロフルオロカーボン）が代替フロンとして使用されるようになりましたが，いずれも地球温暖化への影響が大きいため，温室効果ガスの排出抑制対策を盛り込んだ1997 年の**京都議定書**の採択を機に，HCFC や HFC に代わる次世代冷媒の普及が国際社会において急務の課題となっているのです（図表 9.3）。

2013 年現在，いくつかの次世代冷媒候補（HFC32，HFO1234yf，炭酸ガス，アンモニア，プロパン）が提案されていますが，温暖化への影響度や冷房能力，安全性（毒性，可燃性）などの多様な評価項目において，それぞれ一長一短があり，すべての項目でベストな冷媒がないのが現状です。

そのような中，HFC32 にかかわる特許を数多くもつダイキン工業は，積極的に HFC32 の普及促進活動を展開しています。たとえば，2011 年 9 月には，同社が保有する「HFC32 を使用した空調の製造・販売に不可欠な基本特許」

図表9.3　エアコン用冷媒の変遷

	CFC	HCFC	HFC	次世代冷媒
オゾン層破壊係数	1.0	0.05	0	0
地球温暖化係数	10911 (CFC12)	1810 (HCFC22)	2090 (HFC410A)	675 (HFC32)

モントリオール議定書（1987年）／京都議定書（1997年）

(出所)　日経ビジネス 2013 年 1 月 21 日号 p.68（一部修正）。

(注)　**オゾン層破壊係数**（Ozone Depletion Potential）：大気中に放出された単位重量の物質がオゾン層に与える破壊効果を，トリクロロフルオロメタン（trichlorofluoromethane；フロン 11）を 1.0 とした場合の相対値。この値が低いほどオゾン層への影響が少ない。

地球温暖化係数（Global Warming Potential）：二酸化炭素を基準に，他の温室効果ガスがどれだけ温暖化効果をもつのかを表した数値。二酸化炭素の地球温暖化係数は 1。この値が低いほど温暖化への影響が少ない。

を新興国企業に対しては原則無償で，先進国企業に対しても，同社と同数の特許については互いに権利を行使しない「相互権利不行使契約」を締結することを条件に基本特許の利用を認め，HFC32 の採用普及を図っています。

　また，国際機関の関係者や各国の政策担当者，オピニオン・リーダー等に，国際ルールや政策の決定に必要な情報を提供するなど，環境ロビー活動にも積極的です。

　HFC32 の地球温暖化係数は既存冷媒（HFC410A 等）の 3 分の 1 程度で，空調機器のエネルギー効率にも優れています。またコスト面でも HFC410A と大きく変わりません。ただ不燃性の HFC410A に対して，HFC32 はわずかながら燃焼性があるため，これまでの空調機器の安全規格では「燃焼性」のある冷媒として実用化が難しかったのです。しかしながら現在，地球温暖化抑制のために，微燃性の冷媒も採用できる方向に世界が動き出しています。ISO でも，空調機器の安全基本規格の改定が進められており，ダイキン工業もその作業部会

に参加しています。

　ダイキン工業は，新冷媒方式決定に影響力がある ISO などの国際機関や各国の規制担当者に対して，HFC32 の利点を論理的に説明し，その支持や信頼を得ようと積極的に活動するなど，新冷媒技術に関する標準化に主体的に取り組んでいるのです（参考文献：日経ビジネス，2013 年 1 月 21 日号）。

9.5　組織間関係と組織内のパワー構造

　資源交換をめぐる他組織との依存関係は，境界外部の組織間関係のみならず，境界内部でのパワー関係にも影響を与えます。フェファーとサランシック（Pfeffer & Salancik, 1978）は，図表 9.4 のような環境からの影響力モデル（または環境的制約に対する組織の適応モデル（Pfeffer, 1982））を提示し，環境が境界内部のパワー配分に影響を与えること，境界内部のパワー配分は経営者の選抜と交代に影響を与えること，および経営者の意思決定は組織全体の行

図表 9.4　環境からの影響力モデル

環　境
（制約，コンティンジェンシー，資源，不確実性）
↓
組織内のパワー配分
↓
経営者の選抜と交代
↓
組織行動と組織構造

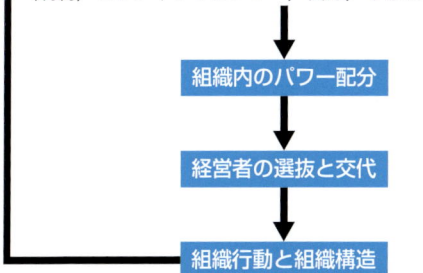

（出所）　Pfeffer（1982, p.203）を一部修正。

動や構造に影響を与えることなどを指摘しています。

　この中でも，環境が組織内の政治的プロセスに影響を及ぼすという指摘は，組織間関係と組織内関係が統合的に説明可能であることを示唆しているという点で重要です。組織内でのパワーの源泉は，組織にとって必要な資源の獲得能力であり，この資源をめぐってそれぞれの部門は相互依存しています。部門間における依存の非対称性は，部門間のパワーの非対称性を生みます。そして，環境との取引において，もっとも重要でかつ獲得するのが難しい資源をコントロールできる部門がその組織内においてパワーをもつようになるのです。

〈1〉環境からの影響と組織内のパワー配分

　組織の各部門は，必要とする資源をめぐって他の部門と相互依存しています。この相互依存の非対称性が，組織間関係と同様，部門間でのパワー格差を生みます。組織にとって最重要な課題に対処できる部門，あるいはもっとも重要な資源を獲得できる部門が組織内においてパワーをもつようになるのです。

〈2〉経営者の選抜，交代と組織内のパワー配分

　パワーをもつ人や部門は，組織全体の意思決定プロセスにおいて影響力をもつようになります。とりわけ，経営者の選抜や交代といった重要な意思決定において，パワーは行使されます。たとえば，財務部門が他の部門よりも影響力を強くもっている場合，財務部出身者の経営者が選抜され続けるといったケースはこれにあたります。

〈3〉経営者の組織活動や組織構造に対する影響

　経営者は組織の活動や構造を方向づける諸決定に影響を及ぼすことができ，その方針は支持母体である部門の価値観や思考様式に影響を受けます。たとえば，財務部出身の経営者であれば，株主対策のために，長期的な利益よりも短期的な利益を重視した企業経営を行うようになるかもしれません。

　環境の変化によって，組織が対処すべき不確実性や問題が変化すれば，組織内のパワーもある部門から別の部門へと移行していきます。しかしながら，環境要因の変化はいつも即時的に組織内のパワー分布を変えるわけではありません。パワーをもった人々は，自分に不利な環境変化を意識的に無視してしまう

かもしれません（Thompson, 1967）。ある特定の部門にとって好ましい組織構造と政策が確立されるようなパワー構造の固定化（Pfeffer, 1981）によって，環境変化にうまく適応できない状況も生じうるのです（第10章参照）。

9.6　組織の有効性のジレンマ

◯ 組織の有効性と技術的トラジェクトリ

　また他組織への依存関係が組織内部に影響を及ぼす現象として，もう一つ重要なのが，組織の有効性に関するジレンマです。

　組織が存続し続けるためには，組織の有効性を高め，それを維持すること，すなわち必要資源を保有する利害関係者の要求に応え続けることが求められます。たとえば企業に収益をもたらす顧客は，企業にとってもっとも大事な利害関係者です。顧客の声に注意深く耳を傾け，顧客が欲しがる高性能，高品質の製品の開発に積極的に人材や資金を投入できる企業こそが，競合他社との競争に勝ち残り，市場で存続し続けることができるのです。ただこれは裏を返せば，優良企業であるほど，その意思決定や行動は，実質的に顧客の意思や価値観に縛られてしまうということです。優良企業ほど，顧客がその技術や製品を求めていると認識すれば，たとえリスクのある技術・製品開発でも投資を惜しまず，逆に顧客が欲しがらないような製品に対しては，リスクが低くても資金や人材は投入しようとはしません。この顧客ニーズを基準にした意思決定プロセスや資源配分プロセスによって企業は収入という重要な資源を獲得できるのです。しかし，こうした一見正しい意思決定プロセスや資源配分プロセスは，時に失敗を招く大きな要因となってしまうことがあります。

　たとえば，クリステンセン（Clayton M. Christensen）らは，こうしたジレンマが発生する理由を，資源依存理論の考えをもとに技術的トラジェクトリ（technological trajectory）の視点から説明しています（Christensen & Bower, 1996；Christensen, 1997）。トラジェクトリとは，もともとは弾丸や

砲弾などの弾道，ロケットやミサイルなどの軌道という意味があり，ここでいう技術的トラジェクトリとは，イノベーションの軌道を指します。クリステンセンらは，技術的トラジェクトリのパターン，すなわちイノベーションの軌道パターンを，従来から重視されている既存の評価基準でパフォーマンスを向上させるか否か，すなわち，既存の技術的トラジェクトリに沿った技術変化か否かという基準で，2つに分類しています。

○ トラジェクトリ持続的イノベーション

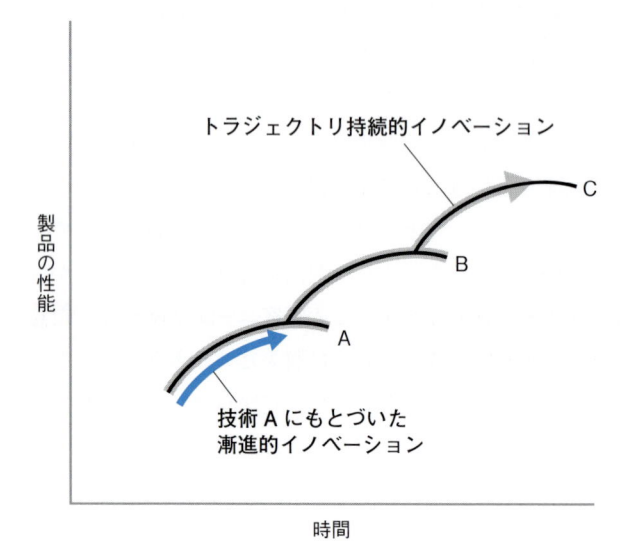

　一つは，既存の評価基準でパフォーマンスを向上させ続けるようなイノベーションで，既存の技術的トラジェクトリに沿った技術変化ということで，これを持続的イノベーション（sustaining innovation）と呼びます。

図表9.5　トラジェクトリ持続的イノベーション

（縦軸：製品の性能　横軸：時間）

トラジェクトリ持続的イノベーション

技術Aにもとづいた漸進的イノベーション

A → B → C

（出所）　高橋ほか（2007, p.268）を一部修正。

190

たとえば，図表9.5で，特定の技術Aをもとに製品性能の向上を図るイノベーションのことを（青矢印の部分），技術的な連続性がある変化ということで，漸進的イノベーション（incremental innovation）と呼びますが，技術Aが成熟し，同技術を用いた製品性能の向上が難しくなっても，新しい技術B，技術Cへと乗り換えていくことで製品性能を向上させることができます。こうしたイノベーション（灰色の矢印の部分）をトラジェクトリ持続的なイノベーションと呼ぶのです（高橋ほか，2007）。

既存の優良企業は，多くの既存顧客が評価してくれるような持続的イノベーションについては，既存技術の改善といった漸進的イノベーションのみならず，新しい技術への挑戦（乗り換え）といったリスクが伴うイノベーション（これをラディカル・イノベーション（radical innovation）といいます）にも積極的に取り組み，顧客の要望に応えようと努力します。だからこそ，顧客に支持され，市場で確固たる地位を築くことができるのです。

○ トラジェクトリ分断的イノベーション

それに対して，もう一つの技術的トラジェクトリのパターンが，既存の技術的トラジェクトリを破断し，別の新たな技術進歩の軌道を作る分断的イノベーション（disruptive innovation）です（図表9.6の青矢印の部分）。分断的イノベーションでは，既存の評価基準ではパフォーマンスを少なくとも短期的に低下させる一方で，別の評価基準でのパフォーマンスが高く評価されるような新しい技術による技術変化です。さらにこの新技術は，当初は低かった既存の評価基準でのパフォーマンスをも向上させ，やがて既存技術との性能差を縮める可能性をもっているということも大きな特徴です。

分断的イノベーションは，少なくとも短期的には，メイン市場の既存顧客が重視している製品性能を引き下げてしまうような新技術による技術変化です。

たとえば図表9.6のAの時点で，既存技術から新技術へ乗り換えようとすると（青点線の矢印の部分），既存の評価基準では製品性能を引き下げることになります。そのため既存顧客の要求に応えるべく，製品の性能向上に日々努力している優良企業では，この新技術を低く評価したり，無視しがちです。検

図表9.6 トラジェクトリ分断的イノベーション

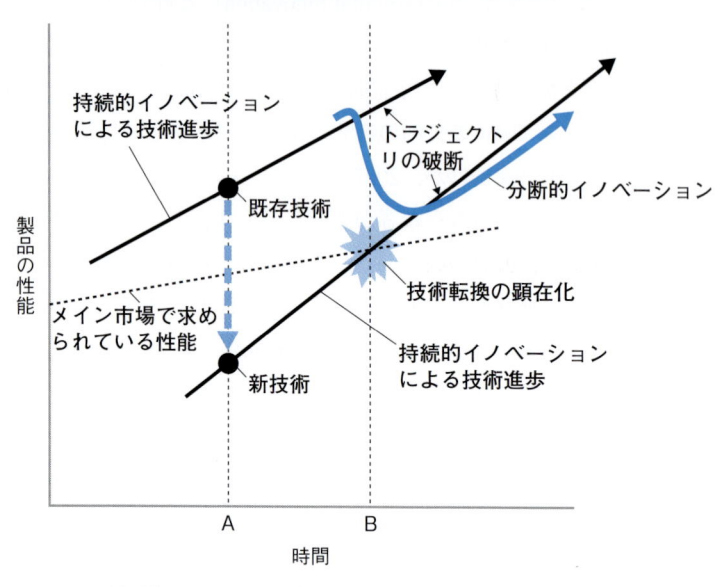

- 持続的イノベーションによる技術進歩
- 既存技術
- トラジェクトリの破断
- 分断的イノベーション
- 製品の性能
- メイン市場で求められている性能
- 技術転換の顕在化
- 持続的イノベーションによる技術進歩
- 新技術
- A　B
- 時間

（出所）　Christensen（1997, p.xvi, 邦訳 p.10）を一部修正。

討はするものの，実際にそれを製品化しようとはしないのです。第Ⅰ部第5章5.6でも紹介しましたが，1970年代，大型高速の複写機市場で圧倒的な競争優位性を誇っていた米国ゼロックスが，キヤノンやリコーなど日本企業が提供する複写機（コピー速度は低速。しかし小型で低価格）の登場にうまく対応できなかったのも，実はこの有効性のジレンマが大きな原因の一つだったのです。

　しかし，この新しい技術は，ごく少数の別の顧客には評価されるような特長ももっています。たとえばこの新技術を使えば，製品の画質，音質，スピード等の基本性能は下がるけれども，その代わりに価格を下げられる，サイズを小さくできる，軽量化できるようになる等の特長です。こうした性能を評価する新規顧客をみつけることができれば，既存顧客には見向きもされない新技術にも商品化の道が開けます。ただ最初はこうした限定的な機能だけを評価する顧

客は少ないため，その商品化は小さなニッチ市場で行われ，収益性も低い場合がほとんどです。そのため，多くの既存顧客が求める製品を提供し，その収益性と成長性を高めることを目標とする優良企業は，この小さな市場に無理をして参入しようとはしません。既存顧客重視の意思決定プロセスや資源配分プロセスでは，この小さな市場での事業化を正当化できないからです。この新技術を採用するのは少ない売上，低い利益率でも事業を継続できるようなリーン（lean；ぜい肉のないスリムな状態）なコスト構造をもつ新興企業です。

この新技術が，ずっと限られた性能のみで評価され続けるのであれば，新技術の新市場は新興企業，既存技術のメイン市場は優良企業とすみ分けもできるのですが，そうした共存状態は長くは続きません。この新技術はやがて既存顧客が重視する性能をも向上させ，たとえば図表9.6のBの時点のように，メイン市場で求められる性能を満たすようになるという特徴ももっています。この時点で，既存の評価基準と他の評価基準の双方で評価される新技術が，既存技術よりも総合的なパフォーマンスで評価され始め，結果，既存技術から新技術への転換可能性が急速に顕在化します。そして新技術をもつ新興企業は，新市場からメイン市場へと攻めのぼり，あっという間に優良企業から既存顧客を奪い取ってしまうのです。

顧客の要求に真摯に向き合い，そのニーズを満たすために組織内の意思決定プロセスや資源配分プロセスを最適化させている優良企業ほど，その顧客ニーズに適合させた組織プロセスがあだとなって，分断的イノベーションをもたらす新技術を過小評価してしまい，その結果，競争優位性を失ってしまうことがあります。組織の有効性を高めるはずの組織プロセスや価値基準も，場合によっては失敗の決定的要因となってしまうのです。

演習問題

9.1　企業間取引において，どのようなときに依存関係が生まれ，それはどのような方法で管理，調整されているのでしょうか。具体的な事例を調べてみよう。

第10章

コンフリクトとパワー

　第8章で述べたように，組織においては各メンバーの考え方や利害の違いから，さまざまなコンフリクトが発生することがあります。また組織における各メンバーのパワーや影響力にも差異があり，こうしたパワー格差は組織にさまざまな影響を及ぼします。本章では，コンフリクトやパワーが，組織における意思決定や組織変革，他組織との関係にどのような影響を与えるのかについて考えます。

○ KEY WORDS ○

コンフリクト，パワー，相互依存，公式的地位，
ネットワーク上の中心性，不確実性対処能力，
資源のコントロール，パワー構造の固定化

10.1　取り逃がした未来

　1973年，ゼロックス（Xerox Corporation）のパロアルト研究所（Palo Alto Research Center；PARC）は世界初の個人向けコンピュータであるアルト（Alto）を開発しました。アップルやIBMがパソコンを市場に投入するずっと前に，ゼロックスの従業員は研究員から秘書に至るまでパソコンを使っていたのです。マウス，アイコン，オーバーラッピング・ウィンドウ（overlapping window；コンピュータの画面で複数のウィンドウを重ねて表示すること）を備えたグラフィカル・ユーザー・インターフェイス（Graphical User Interface；GUI）やワープロソフト，LAN（Local Area Network），レーザープリンタ等，現在のパーソナル・コンピューティングを支える主要技術はゼロックスのPARCから生まれました。ゼロックスはパーソナル・コンピュータの未来を作り出したパイオニアでした。しかしながらゼロックスは，自らが道筋をつけた巨大なパーソナル・コンピュータ市場でのビジネス・チャンスをつかみ損ね，IBM，アップル，マイクロソフト等のライバル企業にその果実を奪われてしまいます。

○ PARCの孤立

　ゼロックスのパーソナル・コンピュータ事業での失敗には，国内外の競合他社との熾烈な競争，反トラスト法による政府からの圧力等，さまざまな理由があるのですが，中でも深刻な問題だったのは，ゼロックス内部で渦巻いていたさまざまなコンフリクト（conflict；第8章8.4参照）でした。

　発明はビジネスの第一歩にすぎません。事業として利益を生み出すためには，技術開発だけでなく，製品開発，購買，生産，流通，資金調達，価格，販売，宣伝・広告，保証，アフターサービスなどの各分野でのイノベーションや各部門とのコミュニケーションと相互調整が不可欠になります。新しい技術をもとに新製品を市場に導入するためには，こうしたさまざまな部門との相互依存的

な活動が必要になるのです。しかし当時の PARC の研究者たちはこうした相互依存性の意味を十分に理解していませんでした。彼らは優れた技術を開発しさえすれば，優れた製品が生み出されると考えていたのです。

　厳しい採用システムによって選ばれた PARC の研究者たちは，肩書，職位，年齢よりも相手の能力や仕事の質に敬意が払い，互いに競い合いながらも認め合うエリート独特の強烈な組織文化を共有していました。しかし，そうしたエリート主義的な集団心理によって，彼らはコンピュータの知識などをもたない他の部門の人々を無知と決めつけ，あからさまに見下した態度をとっていたのです。PARC の関係者はこう証言しています。(PARC の研究者) 連中は「あいつ『バイト』が何を意味するかも知らなかったんだぜ」とほくそえむのが好きだった，と (Smith & Alexander, 1999)。こうした PARC 研究者たちの不遜な考え方や態度は，次第に他部門から反感を買い，コンフリクトを生む一つのきっかけとなるのですが，対立の原因はそれだけではありませんでした。こうした相手に対する無理解な態度は，他の部門や経営陣においてもみられたのです。

○ 未来を描けない経営陣

　デジタル分野への参入を決意し，PARC に莫大な予算を投じたゼロックス経営陣たちも，PARC が生み出す先進的な技術の価値を評価できず，理解しようともしませんでした。1968 年に CEO (Chief Executive Officer；最高経営責任者) に就任したマックロー (Peter McColough) は営業畑出身で，コンピュータ産業の可能性を認識しつつも，コンピュータ・ビジネスに関する具体的なビジョンはもっていませんでした。1972 年に社長に就任し，マックローと二人三脚でゼロックスを率いていたマッカーデル (Archie McCardell；後にインターナショナル・ハーベスタに社長として転出するものの，マッカーデルの社長時に同社は倒産) も，フォード出身の財務畑の人間で，不確かな未来の果実よりも，目先の確実な利益を最優先に考えていました。

　1970 年代前半のゼロックスはマッカーデル率いる財務系幹部によって牛耳られていました。PARC の創設者でゼロックスの研究開発本部長だったゴール

ドマン（Jack Goldman）は，未来の新製品を作り出し，新しい市場を創造することこそがゼロックスのミッション（mission；使命，任務）だと考えていました。しかし，財務系幹部にとってのゼロックスのミッションとは，コストをかけず既存の技術をうまく利用して，大きく儲けてくれる製品を生み出すことだったのです。すべての開発はゼロックス本社幹部の承認が必要で，ゴールドマンの提案には「No」を繰り返すばかりでした。

○ 部門間のコンフリクト

　PARCの研究者たちと製品開発部門とのコンフリクトもコンピュータの事業化での大きな障害でした。たとえば1973年，ワード・プロセッサ市場は年間売上が2億ドルに達し，1980年までには10億ドルもの巨大市場になると予想されていました。すでにPARC等で電子エンジニアリング技術とコンピュータ技術を蓄積していたゼロックスにとっては大きなビジネス・チャンスだったのです。

　当時のワード・プロセッサの主流はプログラム変更ができない電子メカニカル機器で，その機能はハードウェアに依存していました。PARCの研究者たちは，電子メカニカル方式のワード・プロセッサは，複雑な編集機能，フォーマット機能，通信機能オプションをもたせるには技術的な限界があると考えていました。他方，1973年4月に完成したアルトのようなプログラム可能なコンピュータであれば，無限大のワード・プロセッシング能力をもたせることが可能で，これを市場に投入すれば，競合他社に圧倒的な差をつけて勝利できると考えたのです。

　当時，ワード・プロセッサの製品開発を担当していたのはダラスのオフィス・システム部門で，そのリーダーはマッカーデルら財務系幹部から信任を得ていたポッター（Robert Potter；後にマッカーデルとともにインターナショナル・ハーベスタに転出）でした。ポッターはPARCの提案を拒否し，電子メカニカル方式の採用を決めます。

　ポッターはPARCのアイディアや発明は不確実性が高すぎると感じていました。マッカーデルからは一年以内に製品を上市するように指示されてお

り，1973 年当時のアルトではそのスケジュールを実現することは不可能でした。ポッターの製品開発プロジェクトに対して，PARC の研究者たちがやるべきだった次善の策は，メイン・プロジェクトではなく，サブプロジェクトとしてでもアルトの開発を進めるよう粘り強く説得することでしたが，そうした忍耐力も彼らはもっていませんでした。ポッターは PARC を訪れたときのことをこう述べています。「彼らからは何も得るものがなかった。私はゼロックスの中で彼らのいちばんの顧客であり，彼らのことをわかっているとすら伝えた。でも，彼らは自分たちのことしか興味がなかった。自分たちは誰よりも 4 フィートほど高い位置にいると思っているようだった」。そしてこうも言っています。「彼らは，たくさんのコンセプトをもっていたから，そのうちどれかは当たるかもしれない。しかし，ビジネスを営んでいる以上，そういった博打は打てない。私は上層部が指針にしている財務指標や投資効率，そしてマーケティングやビジネス・プランに合致しているかどうかの試練を潜り抜けなければならなかったんだ。直観だけでは許されなかった。私にはお金を儲けろというプレッシャーがかけられていた」。こうしたそれぞれの立場と見解の相違が，組織内コンフリクトの根本的な原因だったのです。

○ PARC とゼロックスの失敗

1974 年後半，ポッター率いるオフィス・システム部門は「800 シリーズ」と呼ばれる電子メカニカル方式のワード・プロセッサを発売しましたが，「ベーシック」な機能しかもたない同製品は，市場では受け入れられませんでした。次世代機の選定においても，その検討を任されたワード・プロセッシング・タスク・フォースが，当初 PARC のアルト Ⅲ を推していたにもかかわらず，マッカーデルらの圧力によってその方針は覆り，結局オフィス・システム部門が推す「850 シリーズ」がゼロックスの公式ワード・プロセッサとして再び採用されてしまいます。

PARC の研究者たちは，コンピュータの未来を切り開く画期的な技術を開発していましたが，その事業化についてあまりにも楽観的に考えていました。コンピュータのような革新的な事業を推進するためには，技術的な問題を解

決する能力のみならず，さまざまな人や部門との交渉能力が不可欠になります。どんなに優れた技術を開発しても，他部門との連携なくしては製品化することはできません。ただそうした他部門は，たとえ同じ組織であっても考えや利害が一致しているとは限らず，さらには自分たちよりも大きな**パワー**（power）を保有していることもあります。とくに革新的な事業を行う場合，既存の組織体制でパワーを形成してきた人々にとっては，それを自分たちの地位を脅かす脅威ととらえ，激しく抵抗することもあります。良いものを作れば，同じ組織メンバーだからきっと理解して協力してくれる，経営陣も支援してくれるという思い込みはあまりにもナイーブな考え方です。

PARC の研究者たちは，ゼロックスにおける各人，各部門のパワー関係を十分に理解せず，また他部門からの協力や経営陣からの支持を獲得しようとする意欲も実行力もありませんでした。そのため，コンピュータの世界を大きく変えるという夢を実現できず，ゼロックスも大きな経済的機会を失ったのです。

後年，ゼロックスはアップルの買収を考え（結局，合意には至らず），創業者のジョブズ（Steven P. Jobs）に接触しました。ゼロックス幹部はジョブズを PARC に招待し，アルトのデモを見せました。ジョブズは，ゼロックスの経営陣が5年かかっても理解できなかったことを一瞬にして理解し，そしてこう言いました。「どうしてゼロックスはこれを売り出さないんだい？ これを売り出せば，競合全員を吹き飛ばして大儲けできるぞ！」（Smith & Alexander, 1999）。

10.2　組織におけるコンフリクト

◯ コンフリクトの発生メカニズム

組織はさまざまな目的や利害関心をもつ個人，集団から構成されています。組織内で日常業務や重要なプロジェクトを円滑に遂行するためには，普段接している上司や同僚や部下だけではなく，他の部門の人々や組織のトップ，さら

図表 10.1　コンフリクトの発生要因

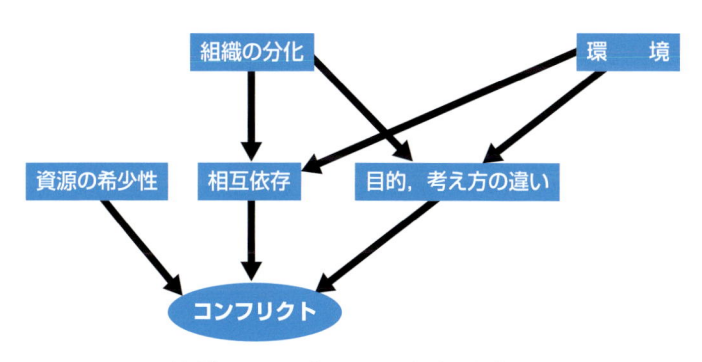

（出所）　Pfeffer（1981, p.69）を一部修正。

には外部の顧客，サプライヤー，政府機関，競合他社等，組織内外のさまざまな人や集団からの支持や協力が必要になります。

　こうした人たちはそれぞれに目的や利害関心が異なるため，同じ組織で共通の目的に向かって仕事をしているはずにもかかわらず，組織内のあちらこちらではコンフリクトがしばしば発生します。組織におけるコンフリクトは一般的に，2者，あるいは2つ以上の個人や集団の間で生じる対立的ないし敵対的な関係と定義されます。組織とは，同一の目的を達成するためのネットワークであると同時に，コンフリクトとその調整の場でもあるのです（山田，1997）。

　フェファーは組織内でのコンフリクトが発生するメカニズムについて図表10.1のような図を使って説明しています（Pfeffer, 1981）。

　コンフリクトが発生する第1の要因は，個人間，部門間の目的の差異や組織の活動や成果に対する考え方の不一致です。組織の分化，すなわち組織内での分業と専門化が進み，各部門がそれぞれ異なる環境に対応していると，必要な知識や技能，価値観や行動規範，時間的志向にも違いが生まれ，それぞれに異なる目標をもつようになります。そのため同じ組織のメンバーや部門といえども，組織全体にとって重要な問題や解決法について多様な認識をもつようになるのです。たとえば，売上が低迷している自動車メーカーにおいては，その原

因と解決法について，開発部門では時代遅れの陳腐化した製品が原因であり，売上を回復させるためには大幅な研究開発費の増額と開発スタッフの増員によって，画期的な新製品を市場に投入することが必要だと考えるかもしれません。他方，マーケティング部門ではブランド・イメージの低さが原因であり，宣伝・広告費の増額こそが最善の解決策だと考えるかもしれません。売上を伸ばすという目標は共有しているにもかかわらず，問題に対する認識は部門によって異なり，その認識のギャップがコンフリクトを生み出すのです。

　第2の要因は，資源の希少性です。先ほどの開発部門とマーケティング部門との目的や考え方の不一致も，それぞれの要求を満たせるだけの十分な資金があれば問題はないのですが，資金，優秀な人材，物理的施設など，組織が保有する資源には限りがあります。そのため，開発部門も営業部門も，希少な資金をめぐって予算の獲得競争を繰り広げるのです。

　コンフリクトが発生する第3の要因は個人間，部門間の相互依存関係です。そもそもメンバー間，部門間の交流がまったくなければ，コンフリクトは発生しません。組織の中では，仕事を分業し，各部門や個人ごとに特定の仕事を専門化させていますが，こうした各参加者の諸活動がばらばらのままでは，組織全体としての目標は達成することはできません。そのためメンバー間の相互協力が必要不可欠になるのですが，メンバー間のコミュニケーションの機会が増えれば，逆説的ですが，それだけ互いの目標や価値観の違いが顕在化することにもなるのです。

　組織においては，個人間，部門間のコンフリクトは常態であり，とくに対処すべき問題の重要度が高く，組織内で特定の個人や部門にパワーが集中していなければ，コンフリクトは頻発，深刻化し，組織全体の意思決定や行動にも大きな影響を及ぼすこともあるのです。

◯ 企業の行動理論

　こうした組織のメンバー間のコンフリクトの発生を通常の組織現象ととらえ，そのバーゲニング（bargaining；交渉）のプロセスに注目した初期の研究がサイアート（Richard M. Cyert）とマーチ（James G. March）の『企業の行動理

論』(*A Behavioral Theory of the Firm*, 1963) でした (Cyert & March, 1963)。サイアートとマーチは, 企業はさまざまな参加者からなる連合体であり, 企業目標はこうした参加者間での交渉プロセスを経て形成されると考えました。

企業の内部, 外部のメンバーはそれぞれの目標をもっています。たとえば, 製造企業においては, 製造, 販売, 財務などの部門はそれぞれ, 生産目標, 在庫目標, 販売目標, 利益目標といったような異なる目標をもちますが, こうした各部門の目標は互いに非整合的であることが多いのです。前述したように企業が保有する資源, 能力は無尽蔵ではないので, ある部門の目標達成のためには, 別の部門の目標を犠牲にしなければならない状況が生まれます。そのため, 部門間でコンフリクトが起きるのです。

では組織のメンバー間で発生するコンフリクトはどのように解決されるのでしょうか。サイアートとマーチはこの解決方法として, **コンフリクトの準解決** (quasi resolution of conflict) という概念をあげ, その手段として, **局部的合理性** (local rationality), **許容水準意思決定ルール** (acceptable-level decision rules), **目標に対する逐次的注意** (sequential attention to goals) を提示しています。

〈1〉局部的合理性

組織は, 意思決定問題をいくつかの下位問題に分解し, 組織の各部門に割り当てます。個々の部門は限定された問題と, 限定された目標の処理を行います。このような局部合理性を組み上げた全体システムが実際に対立する諸要求を解決する可能性は, 意思決定プロセスの2つの特徴, すなわち, 〈2〉許容水準意思決定ルール, 〈3〉目標に対する逐次的注意, によって高められます。

〈2〉許容水準意思決定ルール

許容水準意思決定ルールでは, 最大とか最適とかいう形でなく, 「ここまで達成されれば満足である」といったような, 各メンバーがそれぞれにもっている許容水準によって目標設定を行う意思決定ルールです。これは代替的な選択肢を作り出す目標設定の方法で, 他のメンバーとの交渉や妥協の余地を残すやり方です。

###〈3〉目標に対する逐次的注意

　組織は，まずある集団の要求を処理し，その次に他の集団の要求を処理するというようにして，たとえば「生産を平準化すること」「顧客を満足させること」などの対立する諸要求を解決します。このような時間的バッファー（buffer）によって，組織は一時に1つの目標に注意を向け，1つの問題だけを解決するということが可能になります。

　このようにして，個人間，部門間のコンフリクトは準解決という方法をとって処理されることになりますが，それでもそれぞれの要求が等しく考慮されるということは現実的ではありません。むしろその要求が受け入れられる頻度はメンバー間で差があるのが常態です。あるメンバーの要求が実現されるかどうかは，その個人や部門のもつパワーに依存します。強いパワーをもつ個人や部門の要求は，他のメンバーの要求よりも優先されることになります。とくに組織にとって重要な問題に関してコンフリクトが発生した場合，その解決のためにパワーが行使されることがあります。ではこうしたパワーの格差は組織においてなぜ存在し，それは組織にどのような影響を及ぼすのでしょうか。次節ではパワーについて考えてみましょう。

10.3　パワー

◯ パワーの定義

　多くの既存研究では，パワーとは，ある社会的行為者が目的達成のために，他者の抵抗を排除してまでも貫き通す能力，自らしたくないことを他からは課せられない能力であり，2人以上の行為者の関係において発生する現象としてとらえています（Pfeffer, 1981）。たとえば，パワーの古典的定義として引用されることが多い社会学者ウェバー（Max Weber）の定義では，パワーは「ある社会的関係の内部で抵抗を排してまで自己の意志を貫徹するすべての可

能性」としてとらえられ（Weber, 1922），ダール（Dahl, 1957）も「Aの働きかけがなければ行わなかったようなことをBに行わせる場合，AはBに対してパワーをもつ」と定義しています。こうした既存研究での定義をふまえ，本章では，パワーを「目的達成のために，抵抗を排し，これがなければ動かない人々に物事を実行させる能力」と定義します。

ちなみにパワーと関連するものとして，<u>権威</u>（authority）という概念があります。権威もパワーと同じく他者を従わせる力ではありますが，定義的には異なる概念なので注意が必要です。権威とは，発令者の伝達（命令）に対し，受令者が何ら批判的な検討や考慮をすることなしに受容する現象を指します。「一つの命令が権威をもつかどうかの意思決定は受令者の側にあり，権威者すなわち発令者の側にあるわけではない」（Barnard, 1938）のです。パワーは相手の意思に反してでもその相手を動かす力ですが，権威は相手に受容されることによって効力を発揮する力です。その意味で権威は，正当化されたパワーとしてとらえることができます（山中，2000）。

○ パワーの源泉と個人特性

ではそもそもパワーとは，どのようなものでどこから発生するのでしょうか。一般的に，パワーの源泉については「頭脳明晰」「社交的な性格」等，個人の特性のようにとらえることも多いのですが，それは必ずしも正しい理解とはいえません。たとえば，フレンチとレイブン（French & Raven, 1968）は個人のパワーの源泉として，①他者に報酬（昇進，昇給，感謝）を与えることから得られるパワー，②他者に懲罰を与えたり，制約を課すことから得られるパワー，③専門的な知識やスキルをもつことによって生じるパワー，④他人から考え方や行動を同一化したいと思われるような個人的な魅力から生まれるパワー，⑤正当性から生まれるパワー，といった5つのタイプをあげていますが，パワーとは，こうした個人の個性や属性ではなく，パワー優位者とパワー劣位者との関係の中で発生するものなのです。

また有能で社交的な性格の人間がパワーをもつようになることもありますが，逆にパワーをもつことによって，人は明るく社交的になり，大胆な行動がとれ

るようにもなります。見かけ上，パワーの源泉ととらえられているこうした個人特性も，実はパワーによってもたらされた結果かもしれないのです。組織におけるパワー格差は，個人の特性というよりも組織内の関係性や構造的要因によって生み出されます。その根本的な要因が組織における分業です。分業によって各個人や部門にそれぞれ役割と責任が与えられますが，その大きさは皆同じというわけではありません。組織の目的に応じてある特定の職位や部門に重要な職務や大きな権限が与えられたり，職位や部門によって重要な資源へのアクセスや能力の蓄積が可能になることがあります（Hickson et al., 1971）。パワーは組織内でのポジションの違いによってもたらされるのです。

組織構造におけるパワー

　組織の中では，「適切な場所（right place）」にいることが，パワー形成に重要な影響を与えます（Pffefer, 1992）。組織の中では，パワーを形成し，行使するのに有利な場所があるということです。たとえば公式的地位は，パワーの重要な源泉の一つです。上位の公式的地位には，事業計画や予算の承認，昇進や報酬の決定等，その職位に応じて会社の経営資源をコントロールできる権限が備わっています。またこうした地位には，通常は能力，経験，業績にもとづいた公式の人事ルールによって昇進した人が就いています。そのためこうした公式的地位にもとづくパワーは，すべて（少なくとも大多数の）の組織メンバーによってその行使を認められている正当化されたパワー，すなわち権威であることも多く（それゆえ親の七光りやコネで昇進した人はパワーをもつことができても，権威をもてるとは限りません），これを公式権限（formal authority）と呼びます。

　組織の中では多くの人々が分業して働いています。組織の規模が大きくなれば，組織内コミュニケーションの効率化のために，組織構造の階層化が必要になります。その際，この階層組織を円滑に動かすために必要なのが公式権限です。各人の職務内容と指揮・命令関係をあらかじめ決めておき，公式権限をもった上司からの指示・命令を部下が躊躇なくそれを実行することによって，効率的な組織活動が可能になるのです。

構造的な位置から生まれるパワーはこれだけではありません。たとえば，組織の**コミュニケーション・ネットワークにおける中心性**もパワーをもたらす大きな要因です。コミュニケーション・ネットワークの結節点に位置することで組織にとって重要な情報や資源にアクセスすることが可能になるからです。

　逆にいえば，コミュニケーション・ネットワークの中で**構造的空隙**（くうげき）（structural hole）が発生することで，力のない個人や部門が影響力をもつようになることがあります（Burt, 1992）。部門間の対立などから組織のコミュニケーション・チャネルに構造的空隙が生じることによって，各部門との紐帯（ちゅうたい）を維持していた個人や部門がそれぞれを結びつける仲介役として，情報や資源の流れを集中的にコントロールできるようになり，パワーを拡大するようになるのです。

　たとえば以前アップルにおいては，エンジニア部門のパワーが一番強く，続いてマーケティング部門，そのずっと下に財務部門，製造部門と続き，人事部門に至っては社内での影響力はほとんどありませんでした（Pfeffer, 1992）。ところが，創業者のジョブズと彼自らが社長に招聘したスカリー（John Sculley）との確執が表面化し始める前後から，社内のパワー構造に変化がみられるようになります。アップル内部では，他部門に対するライバル意識から各部門が対立するようになり，社内のコミュニケーション・ネットワークにおいて構造的空隙が生じるようになったのです。こうした中，各部門の仲介役としてパワーを拡大していったのが人事部門でした。部門間対立が激化する中，唯一他のすべての部門との紐帯を維持していた人事部門は，個々の部門と定期的に連絡をとり，情報の仲介役を担うことで徐々にその存在感を増していきます。

　ジョブズがスカリーとの権力闘争の末にアップルから追放され，徹底的なリストラが行われると，人事部の影響力はさらに大きくなりました。アップル社内のどの上級管理職にも担当の人事部のマネジャーがつき，いわば影のマネジメント・チームを形成するようになるのです。人事部は社内で誰が不満をもち，誰が誰を批判しているのかをすべて把握していました。そして社内での会議においても人事部門の人間が事前にシナリオを準備し，ファシリテーター（facilitator；促進者）として議論をリードするまでにその影響力を拡大していったのです（Rose, 1989）。

○ 不確実性対処能力と資源のコントロール

「組織の不確実性に対処する能力」や「組織の必要資源をコントロールする能力」もパワーの重要な源泉です。

パワーの源泉として「組織の不確実性に対処する能力」に注目したのが，ヒクソンら（Hickson et al., 1971）の戦略的コンティンジェンシー理論です。戦略的コンティンジェンシー理論では，組織をさまざまな部門（生産，販売，財務などの部門）からなるシステムとしてとらえ，各部門のパワーは，前述の①仕事の流れにおける中心性（centrality of workflows）に加え，②不確実性への対処能力（coping with uncertainty），③活動の代替可能性（substitutability of activities）によって左右されるとしています。組織内の「分業」によって，各部門が対処すべき不確実性の程度はそれぞれに異なります。その結果，組織が直面する重要な問題を処理でき，かつそれを代替するような部門が存在しなければ，当該部門のパワーはさらに高まります。

ヒクソンら（Hickson et al., 1971）はこうした例として，クロジェ（Crozier, 1964）が調査したフランスのタバコ工場の事例をあげています。このタバコ工場は政府の規制下にある独占企業の工場で，競争環境，市場環境ともに安定していました。この工場の事業活動においての唯一の不確実性は，タバコの製造装置の故障でした。そのため装置の修理ができる保守作業者たちが，この工場で大きなパワーをもっていたのです。この不確実性対処能力によって，保守作業者は組織階層上同じ位置にあった生産労働者に対して優位な立場に立ち，さらには上司である業務管理部長を工場から追い出すなど，工場内では絶大な影響力をもつようになります。彼らを解雇し，別の新しい保守作業者を雇おうにも，装置の図面やマニュアルはすでに紛失していたためにそれは不可能でした。また退職や死亡で新しい保守作業者が入ってきても，修理方法の知識は先輩作業者が口頭で教え，マニュアルは作成しませんでした。新人作業者は研修中ではメモをとることが許可されましたが，技術を習得するとそのメモを破棄するよう指示されました。彼らは，修理方法についてのスキルやノウハウを巧みにコントロールすることでパワーを保持し続けたのです。

第9章で紹介した資源依存理論も，不確実性への対処能力や重要資源のコン

トロール能力が組織の内部プロセスに影響を及ぼすことを指摘しています。組織にとって必要な資源の獲得能力や問題の解決能力をもつ個人や集団が、その組織内においてパワーをもつようになるのです。

10.4　パワー構造の変化

◯ 企業コントロールの変遷

　資源依存理論を提唱したフェファーとサランシックと同じくフリグスタイン（Neil Fligstein）も、米国巨大企業の経営戦略と組織構造の歴史的変化に関する研究の中で、事業環境の変化に伴い、企業内部でパワーをもつ部門が変化していったこと、また環境変化と企業内パワー構造の変化と連動して、企業コントロール（corporate control）に関する基本認識も変わり、そのときどきの経営戦略や組織構造のあり方に影響を与えたことを指摘しています（Fligstein, 1990；図表 10.2 参照）。ここでいう企業コントロールとは、企業内部と企業外部の関係者・関係組織に対する統制と調整のことで、企業コントロールに関する基本認識とは、「他社との競争の中で生き残り、また利益を確保していくためには、社内をどのように統制し、外部環境をどのようにコントロールすればよいか」という問題に関して、それぞれの企業の幹部および業界（organizational fields）で支配的になっている物の見方、世界観のことを指します（佐藤・山田, 2004）。

◯ 製造志向のコントロール

　フリグスタインによると、19 世紀末から 20 世紀初頭にかけて、多くの大企業においては起業家（創業者）が CEO の座を占めていました。しかし、創業者世代が現役から退くと、1920 年代から製造部門出身の CEO が目立つようになります。この時代は、競争による価格変動をなくすために競合他社を合併・

買収する水平統合やサプライ・チェーン安定化のための機能統合や垂直統合が盛んに行われた時期でした。この時代では価格の安定化こそが事業を継続するうえでもっとも重要な課題であり、その手段として大量生産システム等による**製造志向のコントロール**（the manufacturing conception of control）が重視されていたのです。

　たとえば、第Ⅱ部第6章6.2で述べたように、エンジニア出身のヘンリー・フォードが創設したフォードは、1908年に販売を開始したT型フォード（Model T Ford）の成功で、一躍米国自動車業界のリーダーとなりました。フォードは、生産車種をT型フォードに絞り、部品の標準化、生産工程の標準化、作業の標準化等の一連の標準化を徹底的に行い、生産プロセス全体の流れ（flow）を適切に管理することで、生産性向上と生産量の拡大を達成します。そしてT型フォードの低価格化を実現したのです。T型フォードは累計で1,500万台生産され、販売価格も1908年の販売当初は850ドルだったのが（それでも当時としては安価でした）、1922年には290ドルまでに下がります。この圧倒的な低価格戦略によって、フォードの市場シェアは一時55％にまで達し、米国市場を支配するのです。

　しかし、生産性を徹底的に追求し成功したフォード生産システムも、フォードに永遠の繁栄をもたらすものではありませんでした。自動車の新規需要が一段落し市場が成熟化してくると、消費者はスタイルや色にこだわりをもつようになり、安いだけのT型フォードは商品としての魅力を失ってしまうのです。

　フォードに限らず、こうした製造志向のコントロールの機能不全は、その後の1920年代後半と1930年代後半の大不況によってさらに鮮明になります。不況によって大幅に落ち込んだ需要は、生産の量的コントロールだけでは回復させることはできなかったのです。

○ マーケティング志向のコントロール

　こうした中、企業コントロールの新しい考え方として普及したのが**マーケティング志向のコントロール**（the sales and marketing conception of control）でした。たとえば同時期、スローン（Alfred P. Sloan, Jr.）率いるGMは、シ

ボレー，ポンティアック，オールズ，オークランド，ビュイック，キャデラックという順に低価格車から高級車まで「あらゆる財布にも目的にも合った車 (a car for every purse and purpose)」をそろえたフルライン戦略を展開し，きめ細かく顧客ニーズに対応すると同時に，アニュアル・モデル・チェンジ (annual model change) とデザイン政策によって消費者の購買意欲を喚起しました。さらには割賦販売や車種ごとにそれぞれ専門の販売チャネルとディーラー網を組織するなど，その卓越したマーケティング戦略によって需要を創造することでフォードを追い抜き，自動車業界トップの地位を獲得するのです。

GMと同様，1920年代から米国の大規模消費財メーカーの多くは，市場調査，新製品開発，マーケット・セグメンテーション (market segmentation)，製品系列の拡大等による市場開拓や，全国的な流通・販売網の整備，広告，販売促進，ブランド構築による製品価値の訴求など，近代的なマーケティング手法を駆使し，需要拡大に成功します。こうしたマーケティング志向のコントロールが有効に機能するようになると，販売・マーケティング部門が社内でパワーをもつようになり，同部門出身のCEOも増え始めるのです。

○ 財務志向のコントロール

さらに1960年代からは企業コントロールの考え方として**財務志向のコントロール** (the finance conception of control) が支配的になります。1950年の**セラー・キーフォーバー法** (Celler-Kefauver Act) の成立をきっかけに，特定産業内での水平統合や垂直統合が厳しく規制にされるようになると，米国では新たな成長機会を求め，まったく本業とは関連性をもたない事業を合併・買収する企業が増えてきます。LTV (Ling Temco Vought)，ITT (International Telephone & Telegraph)，リットン・インダストリーズ (Litton Industries, Inc.)，ガルフ&ウェスタン・インダストリーズ (Gulf & Western Industries；G&W) 等，いわゆる**コングロマリット** (conglomerate) とよばれる巨大企業が生まれたのはこの時期です。たとえば，1920年に設立された**ITT**は，もともとプエルトリコの小さな電話会社でしたが，1959年にジェニーン (Harold S. Geneen) が取締役に就任（後にCEOに就任）すると積極的に企業買収を始め

ます。ジェニーンのもと，ITTはエイビス・レンタカー，コンチネンタル・ベイキング（製パン・製菓会社），シェラトンズ・ホテル，ハートフォード火災保険会社，レビット・アンド・サンズ（住宅建設会社），グリンネル（自動防火システム製造会社）等，さまざまな業種の企業を買収し，1970年には70カ国で400社を展開するまでになりました。こうした積極的な企業買収の結果，1959年から1977年の間にITTの売上は7億6,500万ドルから280億ドルに，利益は2,900万ドルから5億6,200万ドルに増加し，1株あたり利益も1ドルから4.2ドルになるなど，急成長を遂げたのです。

　こうしたコングロマリットでは，主に財務的な観点から事業の合併・買収が行われていました。1960年代後半，米国株式市場では投資先を決定する指標として企業の成長率が重視されていました。成長率を上げることができれば投資家からの資金を呼び込み，自社の株価を高めることができます。成長のためには，内部展開による事業拡大という方法もありますが，内部展開による多角化だけでは成長率を大きく，かつすばやく高めることはできません。そこで飛躍的な成長を求めて，次々と他社を合併・買収するコングロマリットが増えたのです。コングロマリットでは投資家が証券投資をするように，事業の売買とその資産管理を通じて，自身の株価や利益の極大化を目指しました。

　またこの時期の企業の合併・買収ブームをもたらしたもう一つの大きな要因が機関投資家（institutional investors）の台頭です。1950年代頃から急成長した年金基金やミューチャル・ファンド（mutual fund；投資信託）等の機関投資家からの資金が，投資先を求め株式市場や債券市場に大量に流入し，コングロマリットが合併・買収する際の有力な資金源となります。同時にこうした機関投資家は，企業経営に大きな影響力をもつようになり，米国企業にとって株主価値の増大こそがもっとも重要な課題となっていきます。こうした事業環境の変化によって財務志向のコントロールが企業内，業界内で支配的になると，米国企業では次第に財務部門のパワーが強くなり，同部門出身のCEOも数多く台頭するようになるのです。

　フリグスタイン（Fligstein, 1990）は，CEOを含む支配集団の構成メンバーの変化に伴い，米国企業の組織目標や組織構造が変化したことも指摘しています。これは出身部門やその経歴の違いによって，各時代のCEOの認知的枠

図表 10.2　企業コントロールの変遷

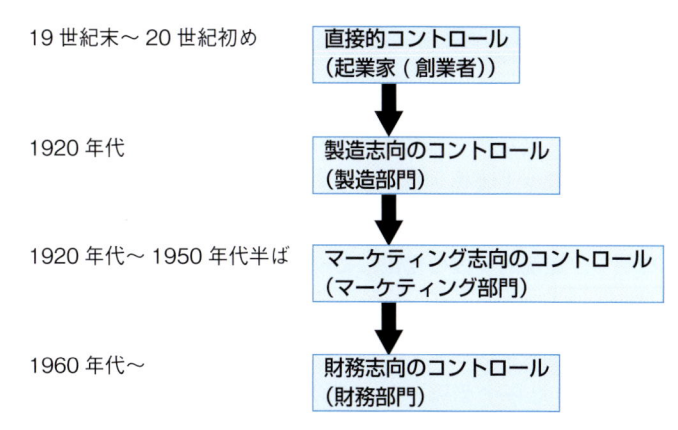

19世紀末〜20世紀初め	直接的コントロール（起業家(創業者)）
1920年代	製造志向のコントロール（製造部門）
1920年代〜1950年代半ば	マーケティング志向のコントロール（マーケティング部門）
1960年代〜	財務志向のコントロール（財務部門）

（出所）　佐藤・山田（2004, p.159）を一部修正。

組みや問題の解釈の仕方が異なっていたからです。最初に，企業の創業者たちは，攻撃的な価格戦略やカルテルや水平統合による価格統制によって競合他社の行動を直接コントロール（direct control）したり，独占の形成を目指しました。次に，製造部門出身のCEOたちは，製品価格の安定化のために，買収・合併による垂直統合を行い，生産プロセスの安定化のために職能別組織を編成しました。さらに，マーケティング部門出身のCEOたちは，製品の差別化と市場の拡大を目指して，製品別や地域別の意思決定を行う事業部制組織を作り出しました。そして財務部門出身のCEOたちは，特定産業内での合併・買収を厳しく規制するセラー・キーフォーバー法や企業の成長率と短期的利益を重視する株式市場に対応するため，多角化と規模の拡大を目指し，異なる業種の企業の買収や合併によってコングロマリットを形成したのです。

10.5　パワー構造の固定化

　環境の変化によって組織が対処すべき不確実性や問題が変われば，組織内のパワー構造も変化する可能性があります。とりわけ環境変化への対応が組織全体の存続，成長にとって急務な場合は，その変化に対処できる部門がパワーをもつようなパワー構造変革が必要になります。

　しかしながら，環境的要因の変化によって即時的に組織内のパワー分布が変化するとは限りません（Pfeffer & Salancik, 1978）。パワー構造は，いったん形成されると，なかなか変化せず，むしろ固定化する傾向をもちます。パワー構造の固定化をもたらす要因としては次の3つがあげられます（Pfeffer, 1981；2003）。

○ コミットメント

　組織内におけるパワー構造の固定化をもたらす第1の要因は，過去に採用された決定や戦略に対するコミットメント（commitment）です。コミットメントとは，過去の行為や出来事が，現在の可能性を判断する準拠枠になるだけでなく，別の方法をとろうとするときの制約となるような現象を指します。こうしたコミットメントは，たとえある特定の行動がその有効性を失っても，行為者にその行動を継続させます。とくにそれが過去において成功したものであれば，この傾向は強まります。コミットメントが生じる状況においては，行為者はその行動が失敗である，不必要なものであるという事実に直面しても「運が悪かった」とか「あともう少し資源を投入していれば成功していた」などと思い込むことによって，その行為を正当化しようとします。そのため組織内の人々は，行動に誤りが生じても，それを認めることが難しくなり，何とかその行動を成就させるために，さらなる資源や努力が，既存の行動を遂行するパワーをもった人々に配分されるようになるのです。

◯ パワーの自己強化

　組織内におけるパワー構造の固定化をもたらす第2の要因は，パワーの自己強化です。組織内における重要な問題を一番適切に対処できるメンバーは，パワーを獲得し，そのパワーにもとづいて影響力を行使します。パワーを行使することによって，組織機構の変更などを行えば，自分たちの部門の代替となると考えられる他の部門の力を削減することも可能で，もっとうまくいけば自分たちの部門にその能力を引き込むことができるかもしれません。そしてそのことが，代替不可能性をより高めることになるのです。

　またパワーをもつ部門は，そこで働く人々に対してより多くの報酬と魅力的な昇進機会を与えることができます。それによって，組織内の優秀な人材を引きつけ，留めさせることができるのです。さらにパワーと影響力は，より多くのスタッフと情報処理能力を獲得し，使用することも可能にします。この情報的資源によって，それをコントロールする部門は説得力をもって，組織全体の状況やその直面する問題をもっとも理解しているのは自分たちであると主張できます。このような状況においては，パワーがさらなるパワーの拡大を促すという循環が作られるのです。

◯ パワーの制度化

　組織内におけるパワー構造の固定化をもたらす第3の要因は，パワーの制度化です。組織におけるパワーは，組織にとって重要な資源を獲得したり，重要な課題を解決できる力によって発生します。しかし実は，組織にとって重要な資源や課題とは，万人にとって普遍的な「社会的現実」というわけではありません（Pfeffer, 2003）。組織はさまざまな目的や利害をもったメンバーによって構成されており，それゆえ組織で発生するさまざまな現象も多義的で，それぞれのメンバーによって多様な解釈がなされます。組織にとって何が重要な資源や問題なのかという組織的な認識も，組織メンバーによる多様な解釈と意味の合意形成プロセスを経て行われますが，こうした組織的認識の形成にも，パワーは大きな影響を及ぼすのです。組織メンバーにとっての社会的現実は，実

際にはパワーをもった人間や部門の世界観，価値，行動規範に強く影響を受けます。これがパワーの制度化に結びつきます。「組織の社会的現実」とは，「パワーをもった部門が信じている（あるいは信じたい）現実」でもあるのです。こうして形成された組織の「社会的現実」は，次第に客観的な事実のように組織メンバーに浸透し，やがてその正しさについて疑問をもたなくなり，さらには当たり前のこととして意識することすらもなくなってしまうのです。

　以上述べてきた諸要因（コミットメント，パワーの自己強化，パワーの制度化）によって，パワー構造は固定化します。パワー構造の固定化は，組織におけるパワー保持者の影響力を維持・強化するのです。

　巨大企業が組織改革のため，組織機構や諸制度の改革を計画するものの，なかなか成果があげられないという現象はよくみられます。こうした組織変革が計画どおりにいかない理由の一つとしてしばしば指摘されるのが，目に見えない組織文化の変革の難しさです。しかしながら，組織変革の難しさは，そうした組織の深層レベルの改革の困難さにとどまるものではありません。

　組織変革は固定化したパワー構造の変革を必要とします（山倉，1993）。そのため，組織全体としてみれば断行すべき変革であっても，ある特定の集団にしてみればそのパワーや既得権益を失う危機となる場合があります。実際の組織変革がスムーズに進まないのは，既存の組織体制のもとでパワーを保持し，現状維持を望む集団が強い抵抗を示し，時として改革を阻止するための具体的な行動をとるからです。

　組織におけるパワーの問題は，ネガティブなイメージが先行して経営学では本格的に論じられることはありませんでした。しかしながら，実際の組織においては組織文化などの他の要因と連動して，組織の意思決定や組織変革，他組織との組織間関係など多くの場面において重要な影響を及ぼすのです。

演習問題

10.1　組織内コンフリクトにおけるデメリットとともに，メリットについても考えてみよう。

10.2　組織内のパワー構造の固定化はなぜ起こるのか，またどうすればそれを改革できるのか考えてみよう。

第11章

取引コスト理論

　取引コスト理論は，市場と企業で発生する「取引」を基本的な分析単位とし，市場と企業，どちらの取引形態が選択されるのかは，取引コストの節減化を基準に決定されると考えます。20世紀初頭に生まれた垂直統合型の大企業はなぜ誕生したのか。また，近年進行しつつある垂直分化という現象はなぜ発生したのか。これらの問題を，本章では取引コストをキーワードに考えます。

○ KEY WORDS ○
取引コスト，限定された合理性，
機会主義，不確実性，少数性，取引特殊的資産，
ホールド・アップ，動学的取引コスト，市場の厚み

11.1　取引コスト理論とは

○ 企業が存在する理由

　取引コスト理論は,「企業はなぜ存在するのだろうか？」という経済学者コース（Ronald H. Coase, 1937）の素朴ながらも本質的な疑問から生まれ,発展した経済学理論です。

　伝統的な経済学では,社会におけるヒト,モノ,カネなどの資源配分は,市場の価格メカニズムにもとづく自由な取引を通じて,理想的に調整されると考えられていました。しかし,もしそれが本当であれば,すべての経済取引は市場を介して行われるはずですが,現実には,企業内においても市場取引と同様の経済活動が行われています。

　たとえば,自動車メーカーは,自動車組立に必要な部品すべてを市場取引で調達しているのかというとそうではなく,相当程度の部品（たとえば,日本の自動車メーカーであれば,全体の3割程度）を内製化によって,すなわち自社での内部取引によって調達しています。また工場で働く労働者の雇用についても,日々の生産量に応じて,毎日労働者たちと賃金交渉を行うスポット的な労働取引（契約）が行われているわけでもなく,多くの場合,長期的な雇用契約が結ばれています。本来ならば市場で行われるはずのこうした経済取引が企業内部で行われているのはなぜか？　その理由を説明するためにコースが注目したのが,市場取引において発生するさまざまなコストでした。

　伝統的な経済学では,すべての取引は,価格メカニズムによって何の「摩擦」もなく実行されると想定されていました。しかしながら実際の経済取引においては,取引相手を見つけるための情報収集と探索,相手との交渉,契約の締結,契約の実行とその監視など,商品やサービスそのものを生産するコストに加えて,取引を成立させるためのコストも発生します。コースは,こうした市場取引で発生するコストを節約する仕組みが企業組織であり,これこそ企業が存在する理由に他ならないと考えたのです。

○ Make or Buy の意思決定

　こうしたコースの発想は，1937年当時としては大変画期的なものでしたが，取引コスト（ちなみに，その当時コースは「取引コスト」という用語を使っていませんでしたが，コースが指摘していた現象はまさに「取引コスト」そのものです）という概念は，あくまでも構成概念（construct；その存在を仮定することによって複雑な現象が比較的単純に理解されることを目的として構成される概念）であり，生産コストや販売コストのように具体的な数値で表すことはできません。またコース自身，どのような要因によって取引コストが発生し，どのような条件のときに市場取引が選択されたり，企業での内部取引が選択されるのかについては詳しく説明していませんでした。そのため論文発表当時はさほど注目もされず，その後もコースの論文は「多く引用されるが，ほとんど使われない」（Williamson, 1975）状況が長く続いたのです。

　コースの研究に再び光を当て，取引コスト概念の精緻化や理論の体系化に精力的に取り組んだのが，経済学者のウィリアムソン（Oliver E. Williamson, 1975）でした。ウィリアムソンが取引コストに関連する変数を明確化したことで，取引コストという構成概念の操作化が可能になり，以後，取引コストの視点から企業内外の取引に関する実証研究が数多く行われるようになります（加藤，2011）。取引コスト理論の創始者はコースとされていますが，コースの研究を再発見し，今日の取引コスト理論の発展に多大な貢献をしたのがウィリアムソンだったのです。ちなみにコースは1991年，ウィリアムソンは2009年に，それぞれノーベル経済学賞を受賞しています。

　ウィリアムソンは，取引コストを鍵概念に，価格の調整メカニズムとしての「市場」と，公式権限の調整メカニズムとしての「企業組織」とを，経済的取引を調整する代替的なガバナンス構造（governance structure）としてとらえます。ウィリアムソンは「取引（transaction）」について明確な定義を行っていませんが，サイモン（1969；1981）の「準分解可能なシステム（nearly decomposable system）」の概念を援用して，「技術的に分離可能な経済活動段階の間で交換が行われるときに取引が発生する」（Williamson, 1981）ととらえ，市場のみならず，企業組織内部においても取引が成立すると考えます。そして

取引を市場と企業組織どちらで行うのかという選択，いわゆる"Make or Buy"（経済的取引を内部化するのか，外部化するのか）の決定問題を中心に取引コスト理論の体系化を図ったのです。

11.2　取引コストの規定要因

　ウィリアムソンは 1975 年に発表した『市場と企業組織』（*Markets and Hierarchies*）の中で，「市場の失敗（market failure）」の原因といわれる「不確実性」や「少数企業間の不完全競争」といった環境的要因は，それ自体が市場取引の効率性低下をもたらすのではなく，取引当事者の「限定された合理性（bounded rationality）」と「機会主義（opportunism）」という人間的要因がそれぞれ結びつくことによって取引の効率性が阻害されること，またこうした要因によって生み出される「情報の偏在（information impactedness）」という派生要因も，円滑な取引の妨げになると主張しました（図表 11.1）。

◯ 限定された合理性と不確実性

　限定された合理性とは，サイモン（Simon, 1947；1957；1976）が提示した，人間の合理性についての認知的限界を表した概念です。人間の情報処理能力には限界があり，利用可能な知識や情報にも制約があります。人間は常に合理的に意思決定を行おうとはしていますが，それは限られた範囲での合理性にすぎないのです。

　こうした限定された合理性は，環境の不確実性・複雑性という環境的要因と結びつくときに問題が発生します。たとえば，取引の契約内容が複雑だったり，取引の将来性が不明確な場合でも，人間が完全な合理性をもっていれば，その内容を瞬時に理解し，将来的に起こりうるすべての可能性を盛り込んだ完備契約を結ぶことで取引を成立させることができます。しかし現実の人間の合理性は限定されているので，契約内容すべてを把握したり，その将来性を完全に予

図表 11.1　取引コストの規定要因

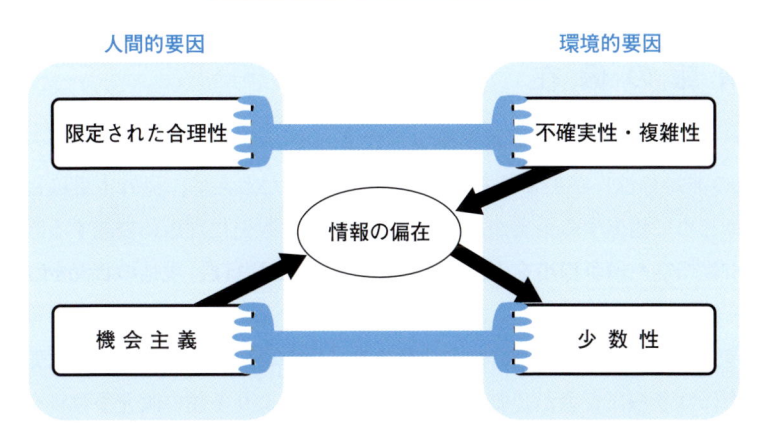

人間的要因　　　　　　　　　　　**環境的要因**

限定された合理性　　　　　　　　　　不確実性・複雑性

情報の偏在

機　会　主　義　　　　　　　　　　　少　数　性

（出所）　Williamson（1975, p.40, 邦訳 p.65）第3図を修正。

測することはまず不可能で，契約は<u>不完備契約</u>にならざるをえません。その結果，取引コストは高くなるのです。

○ 機会主義と少数性

　機会主義とは，自分の利益のために，嘘をついたり，人をだましたりすることです。取引コスト理論では，すべての人が常に機会主義的な行動をとるとは想定していませんが，それでもそのような行動をとる人とそうでない人を区別することは難しく，たとえ可能でもあってもコストがかかりすぎて現実的はないと考えます。

　こうした機会主義は，取引相手の<u>少数性</u>という環境的要因と結びつくと問題が生じます。潜在的な取引相手が多数存在する場合は，相見積り等によって取引相手を比較検討することもできるので，相手が不当な価格提示をしてきてもすぐに見破ることができます。そのため，こうした裏切り行為は抑制されることになります。しかしながら，取引相手がごく少数で限られている場合は，相

手を選択する余地が少なくなり，そうした状況につけ込み，相手が機会主義的行動をとる可能性が高くなるのです。

○ 情報の偏在

またこうした取引に関する不確実性によって，取引当事者間で情報の偏在（情報の非対称性）が生まれることがあります。たとえば，海外市場に自社製品をはじめて輸出する企業が，その販売を現地の販売代理店に委託する際，現地の市場環境や競争環境を十分に把握できていなければ，現地の状況を熟知している販売代理店はこうした情報の非対称性，すなわち委託元企業の情報不足につけ込んで，さほど熱心に販売活動をしていないにもかかわらず「販売強化のためにはさらに資金が必要だ」などと称して，より多額の販売手数料を要求してくるかもしれません。

また情報の偏在は，取引相手の少数性を促進する要因にもなります。たとえば，このようなずるがしこい販売代理店であっても，先発者の利益によって現地での販売ノウハウを蓄積し，強固な販売網を構築するなどの優位性を確立していれば，委託元企業は同レベルの販売能力をもつ別の販売代理店をすぐに見つけることが難しくなり，事実上，他の代理店への乗り換えができなくなるからです。

こうした限定された合理性，機会主義，不確実性・複雑性，少数性，およびこれらの要因から派生する情報の偏在によって，取引コストは発生します。

11.3 取引のガバナンス構造と取引属性

ウィリアムソンもコースと同様，取引コストの明確な定義を示していませんが，取引コストのタイプとして，取引相手の探索，価格・品質などに関する情報収集，取引相手との交渉，契約手続き等の取引成立前の事前コストと，取引開始後に契約違反はないか，相手が駆け引き的な行動に出ないか等を監視する

コスト，トラブルが発生した際の紛争処理コスト，取引へのコミットメントを促すためのコスト（bonding cost）等の事後コストをあげています。

先ほど述べたように，取引コストは構成概念なので，具体的な数値で表すことはできません。そのためウィリアムソンもこの後の研究では，取引のガバナンス構造の選択については，取引コストの絶対額を測定し決定するのではなく，各取引を特徴づける3つの取引属性（dimension），①資産特殊性（asset specificity），②不確実性，③取引頻度によって，それぞれの取引の特性を把握し，その特性に適合した取引のガバナンス構造（市場，企業組織，中間組織など）を採用することで取引コストの節減を実現できると主張します。この3つの取引属性の中でも，とりわけウィリアムソンが注目したのが資産特殊性でした。

○ 資 産 特 殊 性

資産特殊性とは，ある特定の取引を行うために投資をした取引特殊的資産（transaction specific asset）で，他の取引に利用する場合には，その価値が非常に低下するような性質を指します。取引特殊的資産は次の4つに分類できます。

①立地特殊的資産：輸送コストや在庫コストを削減し，生産の同期化を図るために製品の組立工場に隣接させた部品工場などはこれにあたります。
②物的特殊資産：特定製品を製造するために必要な金型などがこれにあたります。
③専用資産：ある特定の買い手のために設置した設備や施設などがこれにあたります。
④人的特殊資産：企業特殊的な技能，ノウハウなどがこれにあたります。

取引特殊的資産が必要となる取引においては，汎用的な技術や設備を用いて行われる市場取引と比べると，取引可能な相手の数が限定されてしまいます。また取引開始前に潜在的な取引相手が多数存在しても，いったん取引特殊的資産を形成すれば，それ以後はその相手との取引にロックイン（lock-in）され，簡単には変更できなくなるので，事後的な取引相手は事実上，その1社に限定

されてしまいます。取引特殊的資産は，取引相手の少数性を誘発する要因にもなるのです。取引特殊的資産によって，取引相手が「多数」から「少数」へと変化することを，ウィリアムソン（Williamson, 1985）は，**根本的な変容**（fundamental transformation）と呼んでいます。

　また取引特殊的資産は，当該取引の効率化やその付加価値の増大に寄与しますが，当該取引に特化した資産であるため，他の取引で利用しようすると取引の効率性低下を招いてしまいます。

　取引特殊的資産は，当該取引以外での利用価値は著しく低いため，少なくとも投資を回収するまでは取引を継続させたいというインセンティブが働きます。取引を継続しないとこうした取引特殊的資産は**埋没費用**（sunk cost）になってしまうからです。その意味でこの取引特殊的資産は**人質**（hostage）のような効果をもつともいわれています。こうした人質の存在は，取引相手の機会主義的行動を誘発します。たとえば，取引契約成立後，取引特殊的な生産設備を導入した部品メーカーに対して，自動車メーカーが取引停止の可能性をちらつかせながら，部品の納入価格の引き下げをあらためて要求してくるかもしれないのです。部品メーカーは，こうした生産設備が他の自動車メーカーとの取引に利用できないのであれば，少しでも投資を回収するため，その要求を受け入れざるをえないかもしれません。こうした取引特殊的資産の存在によって不利な状況に置かれることを**ホールド・アップ**（hold up；お手上げ）問題と呼びます。ちなみにこのホールド・アップ問題は，相手への依存から生じるパワー不均衡の問題でもあるのです（第9章参照）。

　取引相手がこうした機会主義的行動をとることが予想されるような状況では，たとえそれが取引の効率化を促進し，付加価値の増加をもたらすものであっても，取引特殊的資産への投資を躊躇します。そのため，こうした取引特殊的資産への投資には，投資する企業のみならず，取引相手に対しても，投資に対する共同出資など，当該取引に対するコミットメントを求めることもあります。こうした機会主義的行動の発生を防止するためのコストや労力も，事後的な取引コストです。

◯ 不確実性

2つめの**不確実性**についてウィリアムソンは，取引を「不確実で複雑な取引」と「確実で明確な取引」とに区別しています。不確実性と複雑性が高い取引ほど，限定された合理性しかもちえない取引当事者にとっては，取引内容やその将来性について正確に把握することが難しいため，取引コストは高くなります。

◯ 取引頻度

3つめの**取引頻度**とは，取引の反復性の程度を指します。ウィリアムソンは，取引特殊的資産への投資額が大きい場合，より統合度の高いガバナンス構造（たとえば市場よりは企業組織）のほうが取引コストを節約できる一方で，統合のコストも大きくなること，ただし，取引頻度が高くなり，当該取引の重要性が高まれば，企業組織というガバナンス構造が選択される傾向が強くなると主張しています。

以上のように，取引における取引特殊的資産の利用度が大きくなり，取引の不確実性が高く，かつ取引頻度も高いほど，取引を市場から企業組織に内部化したほうが取引コストを節約できるというメリットが生まれます。ただし，その反面，取引の内部化によって統合のデメリット（コスト）が発生することもあるので注意が必要です。統合のデメリットとしては，たとえば，①内部管理コストの増大，②競争圧力の低下に伴う，生産コスト上昇や品質の低下，などがあげられます。取引を内部化し，公式権限のもとでモノや情報の流れをコントロールするにしても，関係者間，関係部門間の調整にもコストがかかります。また市場競争の圧力がなくなると，コスト削減や品質向上に対するインセンティブが低下してしまうかもしれません。市場と企業組織には，それぞれにメリットとデメリットがあります。その関係は表裏一体で，市場の失敗があるように，企業組織の内部取引における失敗，いわゆる組織の失敗もあるのです。

11.4　取引コストと取引の内部化

　取引コストの節約の視点から，取引のガバナンス構造の選択が行われるという取引コスト理論の論理は，多くの研究によって実証されています。たとえば，モンテヴェルデとティース（Monteverde & Teece, 1982）は，米国自動車産業での事例をもとに，特殊な技術やノウハウ必要な部品については市場取引ではなく，内製される傾向が強かったことを明らかにしています。

◯ GM の 事 例

　GM によるフィッシャー・ボディ（Fisher Body）の垂直統合はその典型的な例です（Klein et al., 1978；Sloan, 1964）。1920 年代まで GM は，自動車の車体のほとんどをフィッシャー・ボディから購入していました。フィッシャー・ボディは GM と同じく 1908 年に創業した会社で，複数の自動車メーカーに車体を供給し，軍用航空機も生産していました。

　自動車は黎明期において，「馬なし馬車（horseless carriage）」とも呼ばれ（GM の創業者デュラント（W. C. Durant）も，もとは馬車会社を経営していました），当初は屋根のない木製ボディのオープンタイプの自動車が主流でしたが，1919 年頃から，屋根つき金属製ボディのクローズドタイプの自動車への需要が急速に増加します。自動車市場におけるクローズドタイプ車の割合は 1924 年時点では 43％ でしたが，1927 年末までには 85％ に急増しました。

　このようなクローズドタイプ車への急激な需要増加に対応するため，GM は新しい自動車組立工場の建設を計画します。そして輸送コストの削減と生産効率の向上のため，フィッシャー・ボディに対しても，この組立工場の隣接地に，効率的な生産設備を備えた車体工場を新設するよう要請したのです。当時 GM はすでにフィッシャー・ボディの株式の 60％ を保有しており，同社と車体供給に関する長期契約も締結していましたが，フィッシャー・ボディはこの GM からの投資要請を拒否します。こうしたきわめて GM 特殊的な投資は，ホー

ルド・アップ問題を引き起こしGM側に潜在的なパワーが発生するため，自社の経営自律性を制約しかねないと考えたからです。

結局，要請に応じないフィッシャー・ボディに業を煮やしたGMは，1926年にフィッシャー・ボディの残りの株式40%を取得し，同社をGMの一事業部として吸収してしまいます。

◯ シンガーの事例

また第Ⅰ部第5章で紹介した米国企業の多国籍企業化の過程においても，しばしば取引コストの低減のための取引の内部化が行われました（Jones, 2005）。

19世紀半ば以降，米国や欧州の製造会社では，自国内の市場のみならず，新たな販路を求めて海外に進出する企業が現れました。多くの場合，最初は現地市場の代理商を通じた製品の輸出から始めます。しかし，競合他社とも同じような代理販売契約を結んでいる代理商も多く，必ずしも自社製品の販売に専念してくれるわけではありませんでした。また修理などのアフターサービスも必要となる製品では，代理商任せだと十分なサービスの提供もできなかったのです。

そのため製品の輸出がある程度の規模で継続的に行われるようになると，自社の販売拠点を現地に設置し，自ら顧客の獲得や，アフターサービスの提供を行うような企業が現れます。そして，現地の販売網が確立され，安定的な販売量が見込めるようになると，現地に製造拠点を設け，製品の現地生産を開始したのです。

たとえば，多国籍企業の先駆であるシンガー製造会社（Singer Manufacturing Company；以下，シンガー）は，米国でもっとも早く海外拠点を設け，事業の国際化を進めた企業の一つでした。シンガー（Issac M. Singer）は，1846年に実用性のある裁縫機を発明し，1851年にはクラーク（Edward Clark）と共同でミシン製造を開始します（Wilkins, 1970）。

シンガーは当初，ミシン事業に関しては製造に専念し，販売については，外部の代理店を活用しようと考えていました。国内販売については，地域ごと設置した代理店に地域専売権を譲渡し，代理店を通じてミシンの宣伝，実演，販

売，修理を行い，国内市場を開拓しようとしたのです。しかしながら実際には，代理店から製品を買いたたかれ，値引き率は4割に及んだこともありました。さらに代理店はシンガーが期待していたように，ミシンの実演も修理も行わなかったのです（大河内，1991；2001）。

シンガーは，こうした代理店の機会主義的行動に対処するため，直営店による直接販売へと販売戦略を転換します。1852年にボストンに直営店を設置したのを皮切りに主要地域に直営支店を開設し，南北戦争（1861-1865年）が終結する頃には製造と販売とが一体化した経営体制を構築します。

海外市場開拓についても当初シンガーは，フランチャイズ方式の代理店の活用を試みました。ミシン製造を開始した1851年には，米国内だけでなく，海外でも特許を取得し，1855年には，フランスの商人カルボー（Charles Callebaut）に対して，フランスとその植民地での特許権を権利金3万フランと販売価格の15%のロイヤルティ支払いを条件に売却しています。

しかしながらカルボーは，この支払いを渋り，売上台数の情報を開示しなかったばかりか，シンガー以外の競合他社のミシンまで併売していました。こうしたカルボーの機会主義的行動と，その後続いた法廷紛争に懲りたシンガーは，これ以後，外部への特許権の販売を一切行いませんでした。代わって，海外での事業活動においても，直営の販売組織，さらには製造拠点を積極的に展開するようになります。1880年代には米国の本社と工場に加えて，ロンドンとハンブルクに営業本部を，英国とオーストリアに製造拠点をもつようになります。そして米国本社はロンドンとハンブルクの営業本部を通じて各国の支社，さらには末端の販売組織をコントロールする形で，世界的規模の中央集権型管理体制を構築したのです。

当時はライセンス協定を締結しても，知的財産権を完全に保護するための完備契約は作成することはできず，その結果，知的財産権が濫用されるというリスクがありました。とくに遠く離れた海外の取引相手に対しては，ライセンス契約だけでは複雑な技術やブランドを保護することが難しかったため，海外市場に自社の拠点を設置し，海外事業を直接コントロールする海外直接投資という方法が利用されるようになったのです（Jones, 2005）。

11.5 動学的取引コスト

◯ ケイパビリティと企業の境界問題

　ウィリアムソンは，市場から企業内部にいたるさまざまな取引のガバナンス構造を，取引コストという概念を用いて統合的に説明しようとしました。

　ただもちろん，すべての取引が取引コストの節減を理由に，企業組織へと内部化されるわけではありません。日本の自動車メーカーと部品メーカーとの長期継続的な取引関係のように（第Ⅰ部第2章参照），信頼や未来への見通しによって取引当事者間の機会主義的行動が抑えられ，相手への協調行動を伴う取引関係へと進化すれば，取引を内部化する必要はないのです。

　また取引コスト理論では，企業の境界問題（市場か組織か）が取引コストの視点から論じられていますが，このような境界問題は，ケイパビリティ（capability）の形成，蓄積の視点から論じられるべき問題でもあります。ケイパビリティとは，企業が事業活動を通じて蓄積してきた知識，経験，ノウハウのことで，企業が経営活動を遂行する能力を指します（Penrose, 1959；Richardson, 1972；Nelson & Winter, 1982；Teece, 1982）。多くの企業は事業活動の遂行に必要なケイパビリティすべてを自社内部に保有しているわけではありません。そのため，どのような知識や能力を内部で蓄積・保有するのか，あるいはアウトソーシングするのか，という決定をめぐり，企業の境界問題が発生するのです。

　短期的には「限定された合理性」や「機会主義」などの人間的要因によって発生する取引コストが，ガバナンス構造を選択するうえで重要な要因になりますが，長期的には取引コストよりも，ケイパビリティの有無がより重要な決定要因となります。そもそも事業活動に必要な知識や能力を取引相手が保有していなければ，あるいは市場に適切な取引相手が存在していなければ取引は発生しようがないからです。

◯ 動学的取引コストとは

　こうしたケイパビリティの観点から，企業の境界問題を論じたのが経済学者のラングロワ（Richard N. Langlois, 2003）です。ラングロワは，企業の事業活動について，市場に利用可能な知識や能力が存在しない場合は内部化が進み，市場に必要な知識や能力が十分に存在している場合は外部化が進むと主張します。こうした必要なときに，必要なケイパビリティの供給能力が市場に存在していないことに起因するコストのことを**動学的取引コスト**（dynamic transaction cost）と呼びます。外部のサプライヤーに対して，説得し，交渉し，調整し，教示するコストです。たとえば自動車メーカーの場合，動学的取引コストが高ければ，すなわち市場に適切な能力をもつ部品メーカーが存在していなければ，外部から部品調達ができないので，自前で部品を内製し組み立てる垂直統合度の高い生産システムを構築するしかありません。実際フォードによるT型フォードの生産においても（第Ⅰ部第6章参照），T型フォードの生産規模が大きくなればなるほど，フォードが求める品質の高い互換性部品を大量に安定的に供給できるような部品メーカーを市場で見つけることが難しくなり，結果，極端な部品の内製化が進むようになったのです（Sorensen, 1956；高橋，2013b）。

◯ ビッグ・ビジネスによる垂直統合

　20世紀初頭の米国のビッグ・ビジネスの登場も，こうした動学的取引コストの視点から説明できるとラングロワは主張します。現代企業が出現した背景には19世紀末から20世紀初頭にかけて，新たなエネルギー源としての石炭の利用や，鉄道，電信などの新しい輸送手段，通信手段の登場があります。石炭の利用によって蒸気機関を用いた大規模工場の操業が可能になり，鉄道や電信などのインフラの整備によって輸送コストや通信コストは劇的に低下しました。その結果，地理的な隔たりは大きく縮まり，これまで分断されていた無数の地方市場が統合され，全国市場という巨大市場が形成されていきます。人口増加や1人あたりの所得の増加によって消費需要が飛躍的に拡大したという市場変

化も，現代企業の成立には不可欠でした。市場の拡大によって，高効率の生産設備を備えた大規模製造会社が大量生産を行うことで規模の経済や範囲の経済を享受できるようになったのです。

19世紀後半以降，砂糖，石油，動物性・植物性油脂，ウィスキーなどの精製と蒸留，製鉄，精鋼，銅，アルミニウムの精錬，機械による穀物，タバコその他の農産物の加工と包装，互換性部品の加工・組立による機械の製造など，さまざまな産業分野で既存製法に代わり，規模の経済を実現できる新しい製法が次々と発明されていきます。

こうした新製法を実現したのは多くの場合，資本集約的な生産設備でした。より最小効率規模（最低の単位コストを達成するために必要な操業規模）が大きな新しい生産方式を採用し，稼働率を高水準に維持することによって，生産コストは劇的に低下しました。また同じ原材料から同じ生産設備を通じて複数の製品を作る範囲の経済によっても，各製品の単位あたりコストは激減したのです（Chandler，1990）。

ただそれゆえ資本集約型の設備は固定費が高く，稼働率が下がるとたちまちのうちに1製品あたりの単位コストが上昇しました。資本集約型産業においては，最小効率規模を維持し，規模の経済や範囲の経済を実現するためには工場内のスループット（生産プロセス）のみならず，インプットである原材料の流れを適切に管理し，かつアウトプットである製品の販売量を大量かつ安定的に確保する必要があったのです。

しかしながら，大量生産技術は急速に発達したものの，インプットである原材料や部品の供給や，アウトプットである製品の流通・販売の面では，既存のサプライヤーや卸売業者はこうした技術変化についていけず，うまく対応できませんでした。急速な技術変化によって，大規模製造会社内部での生産能力と市場における供給能力や流通能力との間に，すぐには埋めることができないギャップが生じたのです。こうした動学的取引コストの問題を解決するため，米国のビッグ・ビジネスにおいては，大量生産の安定化のため，購買への後方統合と流通への前方統合という垂直統合（vertical integration）が進展したのです（図表11.2）。

図表11.2 垂直統合

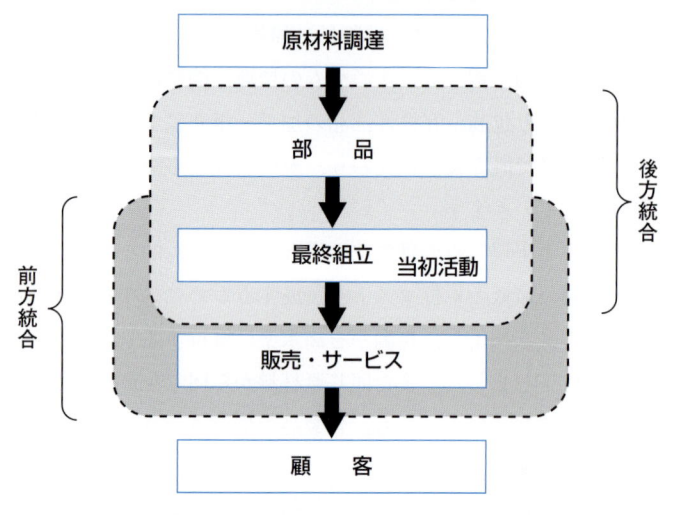

```
        原材料調達
            ↓
          部　品
            ↓
         最終組立     当初活動
            ↓
         販売・サービス
            ↓
          顧　客
```

前方統合／後方統合

（出所）　網倉・新宅（2011, p.390）を一部修正。

○ 垂直分化と市場取引

　逆に動学的取引コストが低くなれば，すなわち市場において潜在的な取引相手の数が増加すれば，**垂直分化**（vertical disintegration）が進む可能性が出てきます。垂直分化とは，自社の事業活動領域を強みのある製品・サービス領域に集中特化することです。ラングロワ（2003）は，こうした現象が発生する要因を**市場の厚み**（thickness of markets）の増加と表現しています。市場の厚みとは，技術の発達のみならず，人口や所得の増加，取引に関する技術的，制度的障壁の低下，会計制度や証券市場の発展等による，潜在的取引相手の増加や市場取引を支援する諸制度の充実化を意味します。

　たとえば近年，これまで企業組織内部で行われていた製品開発，生産，物流，販売，アフターサービスなどのさまざまな業務が外部企業にアウトソーシングされるようになっています。実はこうした現象も，医薬品の開発業務を請け負

う CRO（Contract Research Organization；医薬品開発業務受託機関），エレクトロニクス製品の組立生産を請け負う EMS（Electronics Manufacturing Service；電子機器の受託生産サービス），開発と生産を受託する ODM（Original Design Manufacturing），物流業務を請け負う 3PL（third-party logistics）事業者等，それまで企業がそれぞれ自前で行っていた専門機能を提供する新しいビジネスが次々と生まれ，必要な専門機能を市場取引によって容易に利用できるようになった結果なのです。

演習問題

11.1　取引特殊的資産がもたらす取引当事者への影響を考えてみましょう。

11.2　動学的取引コストによって，産業構造がどのように変化するのか，考えてみましょう。

第12章

組織エコロジー論

　誰でも，自分が所属している組織がなくなってしまうということはあまり考えたいことではないでしょう。しかし，組織は環境の変化に対応できず，倒産や合併などでしばしばなくなってしまうというのが現実です。本章では，組織の変化しづらさに注目します。そして個別の組織ではなく組織の集団のレベルで環境の変動に対応していくという側面を考えていきます。

○ *KEY WORDS* ○

構造的慣性，ニッチ，スペシャリスト組織，ジェネラリスト組織

12.1　組織は環境変化に対応できるか？

　組織は，常に同じ条件のもとで活動できるわけではありません。消費者の好みの変化，新たな技術の導入，斬新なコンセプトの商品の登場などさまざまな要因で環境は変化します。

　そのため，環境変化にどのように対応できるのかということは，組織のマネジメントを考えるうえではとても重要な課題となります。大規模な組織変革によって経営を立て直したり，戦略の変更によって業績を向上させたりといった出来事が注目されるのも，それが環境変化への対応の成功例と考えられるからです。

　しかし，実際には環境変化への対応に失敗してしまうことも少なくありません。成功例は目立つため大きく取り上げられることも多いのですが，どの組織でも同じように成功できるわけではないのです。むしろ，顧客の好みの変化に対応できず，売上が落ち込んで倒産してしまうといった企業があるように，環境変化への対応は簡単なことではないのです。

　まず，日本企業の倒産件数の推移をみてみましょう（図表12.1）。昔と比べると全体の企業数自体が変化していますが，近年でみても，1万5,000件程度の倒産が毎年起きていることがわかります。

　大企業の倒産のニュースだけをみていると，それほど頻繁に起きているようには感じられないかもしれませんが，実際には企業の倒産はこれだけ起こっているのです。

　また，既存の企業がなくなるのは倒産の場合に限りません。倒産以外にも他社と合併したり買収されたりした場合にも既存の企業が減少することになります。このようにして企業がなくなるということは珍しいことではありません。

　では，なぜ組織は環境変化への対応に失敗してしまうのでしょうか。環境に合わせた組織の変化を妨げる要因としては，組織の内部のものと外部からくるものの両方があります（Hannan & Freeman, 1977）。

図表 12.1　日本企業の倒産件数の推移

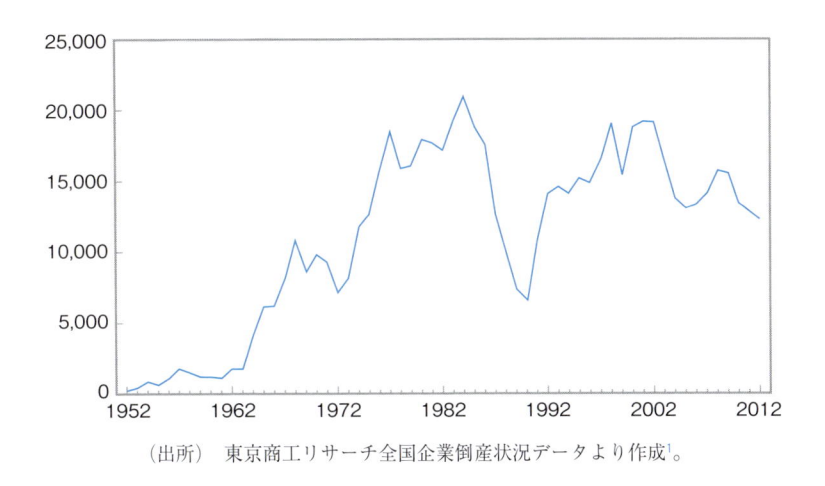

（出所）東京商工リサーチ全国企業倒産状況データより作成[1]。

組織内部の要因

〈1〉埋没コストの存在

　前章で述べたように，埋没コストとは，事業に投下した資金のうち，事業の縮小・撤退時にも回収することができない費用です。たとえば専用の設備の導入し，他の用途に転用できない場合などに埋没費用が存在することになります。そうすると，組織は投資が無駄になることを恐れて，環境に適応した組織変化をしたがらなくなるでしょう。

〈2〉情 報 の 制 約

　経営者のような組織において意思決定をしなければならない人たちも，完全な情報をもっているわけではありません。そのため，環境の変化に適応できないことが考えられます。

〈3〉組 織 内 政 治

　組織内での政治的な駆け引きも，変化を妨げる要因です。たとえば組織構造

1　東京商工リサーチ HP（http://www.tsr-net.co.jp/news/status/process/）。

を変化させようとすると，それは同時に資源の配分を変化させることにもつながります。そのため，組織全体にとっては，あるいは長期的にみれば必要な変化であっても，不利益が生じる部署の人たちは抵抗するでしょう。

〈4〉組織の歴史

組織はその歴史の中で，規範を形成していきます。そのため，規範から逸脱するような変化に対して抵抗が生じることになります。

○ 組織外部の要因

〈1〉参入，退出のバリア

法律による規制や会計上の理由によって，市場へ参入したりそこから退出したりすることが制限されることがあります。その場合には，組織は自由に事業を変化させることができなくなります。

〈2〉情報の制約

情報の制約は，内部要因であるとともに外部要因でもあります。情報を入手するにはコストがかかり，そのコストは，情報がもっとも重要となるような変化の激しい状況でもっとも高くなります。また，収集され利用される情報に偏りが生じる可能性もあります。

〈3〉正当性

次章で詳しく説明しますが，その組織の行為が望ましいと外部に認められていることを正当性（legitimacy）といいます。こうした正当性を損なうような行動をとることは，組織にとっては大きなコストを伴います。そのため，組織は正当性を維持できるようにふるまうことになります。結果，変化をしづらくなります。

〈4〉集団合理性

個別の組織にとってみれば適切だと思われる選択肢であっても，同じ選択を多くの組織が同時にすると適切ではなくなってしまうことがあります。環境への適応に関してもこのことがあてはまる可能性があります。ある組織が環境に適応するためにとった戦略を他の組織もとることで，結果として適応につながらなくなってしまうかもしれません。

◯ 組織エコロジー論

　以上のような要因があるため，環境の変化に対して組織が自らを変化させて対応できるというよりも，変化した環境に適していた組織だけが生き残ると考えるほうが，実際に起きていることに近い場合があるのではないかと考え，組織の集合である個体群（population）に注目するのが，組織エコロジー論（organizational ecology）の一つの考え方です[2]。

　個体群とは，「産業」と同じような意味ですが，より時期や場所を限定したものとして考えられます（Aldrich & Ruef, 2006）。たとえば，単純に銀行業というのではなく，「1945年から1995年の日本の銀行業」というように限定されて扱われます。また，産業というと企業の話に限定されてしまいますが，大学や病院，美術館などのように企業以外の組織も含める意味でも個体群という用語が使われます（Aldrich & Ruef, 2009）。

　変化を妨げる要因があることは，組織がまったく変化しないことを意味するわけではありません。問題となるのは，変化が生じるタイミングです。変化のタイミングを考えるときには，次の3つの要素をみる必要があります（Hannan & Freeman, 1984）。

〈1〉環境変化の時間的パターン

　環境変化は大規模なものなのか小規模なものなのかによって，必要となる変化の度合いも異なります。また，変化が定期的に起こるのか不定期なのか，素早い変化なのかゆっくりとした変化なのかによっても必要となる変化のスピードが異なります。

〈2〉学習のスピード

　環境についての情報を，どれだけ速く集め，それを分析，評価できるかによって環境変化に適応できるかどうかは変わります。このスピードが遅ければ，どのように変化すれば環境に適応できるかを理解したころには，すでに環境は

---

[2] 組織エコロジー論には，組織レベルに注目するもの，個体群レベルに注目するもの，複数の個体群からなるコミュニティレベルに注目するものの3つのレベルがあります（Carroll, 1984）。ただし，多くの場合，個体群レベルあるいはコミュニティレベルを扱ったものを指します（高瀬, 2010）。

12.1 組織は環境変化に対応できるか？

別の変化をしているということになってしまいます。

〈3〉組織構造の変化しやすさ

どのような変化をすれば良いかが十分早くわかったとしても，実際に組織を変化させるのに時間がかかってしまっては，変化し終わる頃にはすでに環境は別の変化をしてしまっているかもしれません。これでは学習のスピードが十分でない場合と同じように，環境に適応することはできなくなってしまいます。

これらの要素を考えて，組織の変化が環境の変化と比べて遅い場合，**構造的慣性**が存在することになります（Hannan & Freeman, 1984）

仮に，組織が変化できたとしても，そのスピードが環境変化に追いつけるほどのものでなければ，環境に適応することはできません。その場合にはやはり，個別組織の適応よりも個体群に注目するほうが良いことになります。

構造的慣性は，淘汰の結果として生じます（Hannan & Freeman, 1984）。組織には，生産を安定した品質で繰返し行うことのできる信頼性と，自分たちの活動を合理的に説明できる説明責任が求められ，そういった組織ほど淘汰の過程で生き残りやすくなります。

高いレベルの信頼性と説明責任を達成するためには，組織は同じ構造で繰返し活動していくことが必要になります。これが，慣性を生む要因となります。このように，淘汰の圧力の強い環境下では，構造的慣性の強い組織のほうが生き残ると考えることができ，淘汰の結果構造的慣性が強化されるということになります。

第8章でみたコンティンジェンシー理論では，環境へ適応した組織が生き残ると考えていました。これに対して組織エコロジー論では，構造的慣性の強い組織が生き残ると考えます。組織レベルでは淘汰が生じ，個体群レベルで環境への適応が生じると考える点にこの理論の特徴があります。

12.2 スペシャリスト組織とジェネラリスト組織

　個体群は，それぞれあるニッチの中で活動しています。ニッチとは，個体群がその中で生き残り，再生産できるような資源の組合せで構成されている領域と考えることができます（Hannan & Freeman, 1977）。

　ニッチとの関係で組織をみると，組織形態はスペシャリストとジェネラリストの2つに分けることができます（Hannan & Freeman, 1977）。スペシャリスト組織は狭い範囲のニッチを占めるタイプの組織で，反対にジェネラリスト組織は幅広い範囲のニッチを占める組織です。

　スペシャリスト組織は，狭いニッチに特化する分，そこでの適応度を高めることができます。その代わり，環境が変化したときには対応が難しくなります。一方ジェネラリスト組織は，幅広いニッチを占めるため，スペシャリスト組織ほど適応度は高くなりませんが，その分環境変化が起きたときの対応力が高くなります（図表12.2）。

　たとえば，レストランの例でスペシャリスト組織とジェネラリスト組織を考えてみましょう。ハナン（M. T. Hannan）とフリーマン（J. Freeman）では，レストランを分類するときの基準として，①非常に一般的なメニューを提供しており，ピザやハンバーガーなどの特定の種類や，特定のエスニック料理に限定されていない，②座席がある，③最低でも1人，専門の料理人を雇っているという3つを使っています（Hannan & Freeman, 1989）。

　彼らの分類によると，スペシャリスト組織に含まれるものには，ピザやハンバーガー，ホットドッグなどを扱うファストフード店や，特定のエスニック料理を扱うお店が含まれています。

　このように，特定の顧客に絞り，その人たちに特化した商品を提供している場合などがスペシャリスト組織にあてはまります。一方，対象を幅広くとり，平均的な顧客に商品を提供しようとする場合などがジェネラリスト組織にあてはまるでしょう。

図表 12.2 スペシャリスト組織とジェネラリスト組織の適応度

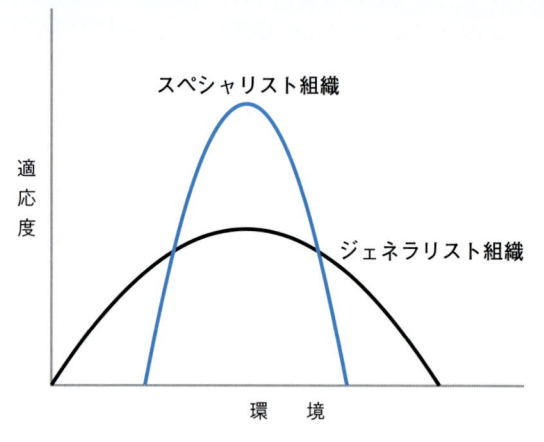

（出所）Hannan & Freeman（1977, FIG.1）より作成。

　また新聞では，政治信条や民族，職業や地域に関して幅広い層を読者として想定するものを発行している場合にはジェネラリスト組織，反対に，特定の民族などに絞って発行している場合にはスペシャリスト組織ということになります（Carroll, 1985）。

　日本の例で考えると，読売新聞社や朝日新聞社などのように全国紙を発行している場合にはジェネラリスト組織と考えられます。一方，スポーツ新聞や地方紙，あるいは業界新聞などを発行している場合にはスペシャリスト組織と考えられるかもしれません。

　その他，スペシャリスト組織とジェネラリスト組織では，活動にも違いが生じることがあります。たとえば，イノベーションに関する活動では，スペシャリスト組織のほうが①新製品の導入の頻度が低い，②新たなモデルを立ち上げるとき，新規のものよりも既存のものの改良を選ぶ，③新技術の導入が遅い，といった違いが生じます（Sorenson et al., 2006）。

　では，スペシャリスト組織とジェネラリスト組織は，それぞれどのような環

境に適しているのでしょうか。

　基本的には，変化しやすい環境ではスペシャリスト組織よりもジェネラリスト組織のほうが適していると考えられますが，環境の変動を考える場合にも，それがどのような環境変動であるのかということが重要になります（Hannan & Freeman, 1989）。

　環境変動については，①変動の周期が長いか短いか，②変動する可能性が大きいか小さいか，③似ている環境間での変動なのかそうでないのかの3つの点から考えることができます。

　スペシャリスト組織は，特定の分野に特化していることから過剰な資源を必要としないところに強みがあります。環境変動があまり起こらないような場合には，過剰な資源をもたず，決められた手順で安定した活動を維持している組織のほうが効率的になります。そのため，スペシャリスト組織のほうが適していることになります。

　環境変動が起こりやすい場合には，基本的には柔軟性の高いジェネラリスト組織のほうが適しているのですが，似ていない環境間の変動で，変動周期が短いときにはスペシャリスト組織が適していると考えられます。

　似ていない環境へ変動するような場合，ジェネラリスト組織はその都度変動した環境に対応していくことになりますが，それには時間もかかり，非常に大きな労力を必要とします。さらにその変動が短い周期で起こる場合には，対応しきる前にまた環境が変動しているということにもなりかねません。そうすると何度も大きな無駄を繰り返すことになってしまいます。そのためこのような場合には，環境に対応しようとせず，変動を我慢して乗り切るほうが有効な可能性があります。つまりスペシャリスト組織のほうが適していると考えられるのです。

　一方，似ていない環境間の変動でも，変動の周期が長い場合には，環境に適応しないでいることのコストが大きくなってしまうため，我慢してやり過ごすことが難しくなってしまいます。そのためこの場合にはやはり柔軟性の高いジェネラリスト組織が適していると考えられます。

　以上のような，環境変動と組織形態の適合関係をまとめたものが図表12.3です[3]。

12.2 スペシャリスト組織とジェネラリスト組織

図表 12.3　環境変動と組織形態の適合

	【似ていない環境間の変動】		【似ている環境間の変動】	
	変動可能性が大きい	変動可能性が小さい	変動可能性が大きい	変動可能性が小さい
変動周期が長い	ジェネラリスト組織	スペシャリスト組織	ジェネラリスト組織	スペシャリスト組織
変動周期が短い	スペシャリスト組織	スペシャリスト組織	ジェネラリスト組織	スペシャリスト組織

（出所）Hannan & Freeman（1989, Figure12.1）をもとに作成。

　また，スペシャリスト組織とジェネラリスト組織は，それぞれが異なるニッチですみ分けることによって直接競争せずに共存していくようになるとも考えられています（Carroll, 1985）。

　図表 12.4 の左側のように，市場の集中度が低く複数のジェネラリスト組織が競争している状況を考えてみましょう。この場合には，それぞれの組織は部分的にはニッチが重なりながらも，差別化を図ることで互いに異なるニッチを確保しようとしています。

　これはたとえば，大規模な小売店同士が競争している状況を考えてみましょう。この場合，それぞれの店舗が幅広い品ぞろえを用意してできるだけ多くの顧客のニーズを満たそうとするでしょう。しかし一方で，まったく同じような品ぞろえでは競争が厳しくなるばかりですので，特色を出すべく品ぞろえに独自の工夫も加えるでしょう。結果，一店舗だけでなく競争している店舗全体としてみれば，非常に一般的な商品から専門的な商品までを扱うことになるでし

---

[3] ハナンとフリーマン（Hannan & Freeman, 1989）の Figure12.1 では，似ている環境間の変動で，変動可能性が小さいときには，変動周期が短い場合も長い場合もジェネラリスト組織が適しているとなっています。しかし，高瀬（1991）やブラッグマン（Bruggeman, 1997）でも指摘されているように，本文中の記述ではスペシャリスト組織となっており，図表が誤りであると考えられます。

図表 12.4　ジェネラリストとスペシャリストの資源分割

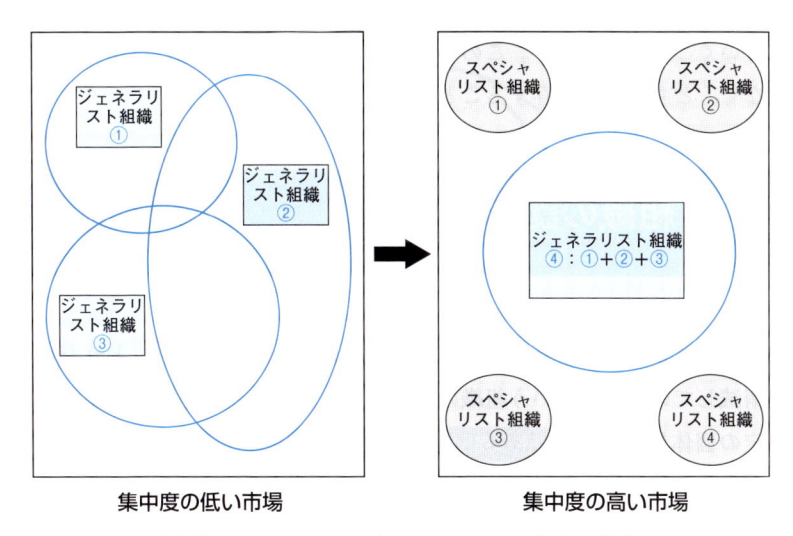

集中度の低い市場　　　　　　　集中度の高い市場

（出所）　Aldrich & Ruef（2006, Figure10.2）より作成。

ょう。

　このような状況から，集中度が高い市場に変化するとどうなるでしょうか。たとえば，競争の結果，合併や買収などを通じて1つのジェネラリスト組織が生き残り，市場の中心を占めている状況を考えてみましょう。このときのジェネラリスト組織は競争的な市場でのどのジェネラリスト組織よりも大きくなるかもしれません。しかし，複数のジェネラリスト組織同士が競争し合っていたときと比べると，周辺にスペシャリスト組織が活動する余地を大きく残すことになります。その結果，新たにスペシャリスト組織が誕生し，ジェネラリスト組織と重ならない領域で活動するようになります。

　これも小売店の例で考えてみると，競争の結果，1つの大規模な小売店が残ったということになります。このときこの店舗では，売れ筋の商品を中心に品ぞろえを考えますから，幅広い商品をそろえているといっても，やはり一般的な商品が中心になるでしょう。その結果，販売されなくなってしまったような

13.1　組織はなぜ似てくるのか？

　私たちの身近に存在する組織は、それぞれ設立された時期や保有している技術、対象とする顧客などが異なります。そのため、どの組織も独自の歴史をもち、まったく同じ経験を経てきた組織が2つ存在するということはありません。

　しかし一方で、組織の形や運営の仕組み、採用している戦略などに注目すると、驚くほどの類似点をみつけることができます。たとえば、第Ⅰ部第1章でみたような組織デザイン[1]に関しては、細かい所では違いがあるとしても基本的な部分ではかなり似ています。また、第Ⅰ部第7章でみたように、組織が不祥事を起こした後の対応にもかなりの類似性がみられます[2]。これはなぜなのでしょうか。

　組織同士が似てくる理由はいくつか考えられます[3]。理由の一つとして、ある組織の形や運営の仕組みが有効であるため、多くの企業がそれを取り入れることで組織同士が似てくるのだという説明が考えられます。しかし、実際の組織をみてみると、業種も規模も異なるにもかかわらず、同じような経営手法を取り入れているという例も多くみられます。

　このような場合、本当にその経営手法が多様な組織にとって有効だから取り入れられ広がっているのでしょうか。実は、「あの会社が導入しているのだから、わが社でも導入しよう」とか、「とりあえず成功している企業のやり方だから良いに違いない」というように、自分たちの組織にとっての有効性とはあまり関係なく取り入れられることも多いのです。

　このような、「なぜ組織同士が似ているのか」ということを説明するために有効なアプローチの一つが、新制度派組織論[4]の考え方です。

---

[1] 第Ⅰ部第1章で説明した、機能別組織や事業部制組織を思い出してください。
[2] 損害保険業界の事例では管理の強化を重視したものになっており、組織の改変、チェックの強化、説明不足の解消、社員教育の実施といった内容が各社で共通していました。
[3] 企業が同質的な行動をとるメカニズムについては淺羽 (2002) に詳しい記述があります。

◯ 制度的同型化

組織同士が似てくることを同型化（isomorphism）と呼びます。同型化は大きく分けると競争的同型化と制度的同型化に分けることができます。競争的同型化とは，前章でみたような淘汰のメカニズムが働くことで類似の組織が生き残り，結果として同型化するというものです。本章ではもう一つの制度的同型化についてみていくことにしましょう。

制度的同型化のメカニズムとしては，次の3つが考えられます（DiMaggio & Powell, 1983）。

〈1〉強制的同型化（coercive isomorphism）

強制的同型化とは，その組織が依存している他の組織，あるいはその組織が属する社会における文化的期待からの公式，非公式の圧力によって同型化するものです。

わかりやすい例は，政府が定めた法律が，組織の行動を同型化させるという場合です。環境規制に対応するため新しい公害防止技術を導入したり，会計制度の変更に伴って新たなシステムを導入したりするケースがあてはまります。

また，業界団体や経済団体が自主的に決めたルールに従うことで同型化する場合もあります。企業の採用活動の開始時期に関するルールなどがそれにあてはまるでしょう。日本経済団体連合会は倫理憲章の中で，「インターネット等を通じた不特定多数向けの情報発信以外の広報活動については，卒業・修了学年前年の12月1日以降に開始する。それより前は，大学が行う学内セミナー等への参加も自粛する」「面接等実質的な選考活動については，卒業・修了学年の4月1日以降に開始する」としています。所属企業がこれに従うことで活動が同型化することになります。

---

4 「新」制度派組織論があるということは，「旧」制度派組織論もあります。旧制度派では，制度化の焦点が個々の組織にあてられています。そのため，それぞれの組織が変化し，多様になる側面に注目しています。これに対して新制度派では，制度化の焦点は複数の組織を含むセクターのレベルにあてられるため，組織の同質性に注目することになります（DiMaggio & Powell, 1991）。

〈2〉模倣的同型化（mimetic isomorphism）

模倣的同型化は，不確実性が高い状況下で，他の組織をモデルとして模倣することによって生じるものです。この場合，モデルにされるのは成功しており評価の高い組織ということになります。

モデルとされた組織は，模倣されていることに気づいているとは限りません。また，模倣されたいと思っていないかもしれません。ですが，従業員が転職することで気づかないうちに知識が他の組織に伝わることもあります。また，コンサルタントが積極的に経営システムを普及させることもあります[5]。これらの結果，成功している組織の構造や経営システムが他の組織へと普及していくことになります。

模倣する側の企業は，なぜその組織構造や経営システムが成功に結びつくのか理解しているわけではなく，むしろどうすれば成功できるかわからないからこそ，成功企業を真似しようという行動に出ます。たとえば，○○生産方式や，●●式経営などのような経営手法が流行することがあります。これも，その経営手法の本質を理解しているとは限らず，とりあえず真似しているだけの組織も多いのかもしれません。

〈3〉規範的同型化（normative isomorphism）

規範的同型化は，専門家の集団にもってもたらされるものです。大学において専門家として類似の教育を受け，さらに社会に出た後も組織を超えた専門家としてのネットワークを形成することによって同型化が生じるというものです。

ビジネス・スクールを卒業して企業でマネジャーになった人たちの場合を考えてみましょう。もちろんそれぞれのビジネス・スクールでカリキュラムは違いますし，同じ授業科目でも教員によって教える内容が違うこともあるでしょう。ですが，やはり戦略論や組織論などどこのビジネス・スクールでも置かれている科目はありますし，そこには「標準的なテキスト」や「皆が知っておくべき理論」といったものがあります。これらはどのビジネス・スクールでもかなり共通しています。

そのためビジネス・スクールの卒業生たちは，共通の知識を身につけ，その

---

[5] マッケンナ（McKenna, 2006）には，マッキンゼーなどの米国のコンサルタント会社によって，アメリカ式の経営システムが欧州に広められていく様子が描かれています。

○ 制度的同型化

組織同士が似てくることを同型化（isomorphism）と呼びます。同型化は大きく分けると競争的同型化と制度的同型化に分けることができます。競争的同型化とは，前章でみたような淘汰のメカニズムが働くことで類似の組織が生き残り，結果として同型化するというものです。本章ではもう一つの制度的同型化についてみていくことにしましょう。

制度的同型化のメカニズムとしては，次の3つが考えられます（DiMaggio & Powell, 1983）。

〈1〉強制的同型化（coercive isomorphism）

強制的同型化とは，その組織が依存している他の組織，あるいはその組織が属する社会における文化的期待からの公式，非公式の圧力によって同型化するものです。

わかりやすい例は，政府が定めた法律が，組織の行動を同型化させるという場合です。環境規制に対応するため新しい公害防止技術を導入したり，会計制度の変更に伴って新たなシステムを導入したりするケースがあてはまります。

また，業界団体や経済団体が自主的に決めたルールに従うことで同型化する場合もあります。企業の採用活動の開始時期に関するルールなどがそれにあてはまるでしょう。日本経済団体連合会は倫理憲章の中で，「インターネット等を通じた不特定多数向けの情報発信以外の広報活動については，卒業・修了学年前年の12月1日以降に開始する。それより前は，大学が行う学内セミナー等への参加も自粛する」「面接等実質的な選考活動については，卒業・修了学年の4月1日以降に開始する」としています。所属企業がこれに従うことで活動が同型化することになります。

---

4 「新」制度派組織論があるということは，「旧」制度派組織論もあります。旧制度派では，制度化の焦点が個々の組織にあてられています。そのため，それぞれの組織が変化し，多様になる側面に注目しています。これに対して新制度派では，制度化の焦点は複数の組織を含むセクターのレベルにあてられるため，組織の同質性に注目することになります（DiMaggio & Powell, 1991）。

〈2〉模倣的同型化（mimetic isomorphism）

　模倣的同型化は，不確実性が高い状況下で，他の組織をモデルとして模倣することによって生じるものです。この場合，モデルにされるのは成功しており評価の高い組織ということになります。

　モデルとされた組織は，模倣されていることに気づいているとは限りません。また，模倣されたいと思っていないかもしれません。ですが，従業員が転職することで気づかないうちに知識が他の組織に伝わることもあります。また，コンサルタントが積極的に経営システムを普及させることもあります[5]。これらの結果，成功している組織の構造や経営システムが他の組織へと普及していくことになります。

　模倣する側の企業は，なぜその組織構造や経営システムが成功に結びつくのか理解しているわけではなく，むしろどうすれば成功できるかわからないからこそ，成功企業を真似しようという行動に出ます。たとえば，◯◯生産方式や，●●式経営などのような経営手法が流行することがあります。これも，その経営手法の本質を理解しているとは限らず，とりあえず真似しているだけの組織も多いのかもしれません。

〈3〉規範的同型化（normative isomorphism）

　規範的同型化は，専門家の集団にもってもたらされるものです。大学において専門家として類似の教育を受け，さらに社会に出た後も組織を超えた専門家としてのネットワークを形成することによって同型化が生じるというものです。

　ビジネス・スクールを卒業して企業でマネジャーになった人たちの場合を考えてみましょう。もちろんそれぞれのビジネス・スクールでカリキュラムは違いますし，同じ授業科目でも教員によって教える内容が違うこともあるでしょう。ですが，やはり戦略論や組織論などどこのビジネス・スクールでも置かれている科目はありますし，そこには「標準的なテキスト」や「皆が知っておくべき理論」といったものがあります。これらはどのビジネス・スクールでもかなり共通しています。

　そのためビジネス・スクールの卒業生たちは，共通の知識を身につけ，その

---

[5] マッケンナ（McKenna, 2006）には，マッキンゼーなどの米国のコンサルタント会社によって，アメリカ式の経営システムが欧州に広められていく様子が描かれています。

図表12.4 ジェネラリストとスペシャリストの資源分割

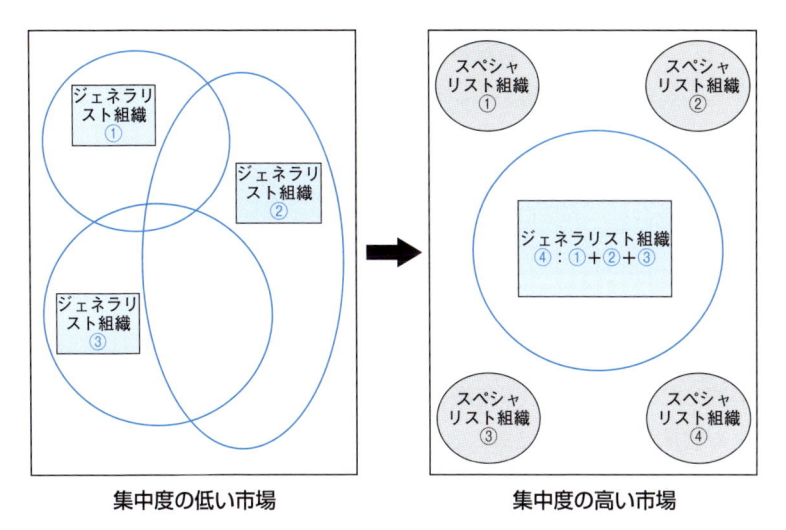

集中度の低い市場 → 集中度の高い市場

集中度の低い市場：ジェネラリスト組織①、ジェネラリスト組織②、ジェネラリスト組織③

集中度の高い市場：スペシャリスト組織①、スペシャリスト組織②、ジェネラリスト組織④：①＋②＋③、スペシャリスト組織③、スペシャリスト組織④

（出所）Aldrich & Ruef（2006, Figure10.2）より作成。

よう。

　このような状況から，集中度が高い市場に変化するとどうなるでしょうか。たとえば，競争の結果，合併や買収などを通じて1つのジェネラリスト組織が生き残り，市場の中心を占めている状況を考えてみましょう。このときのジェネラリスト組織は競争的な市場でのどのジェネラリスト組織よりも大きくなるかもしれません。しかし，複数のジェネラリスト組織同士が競争し合っていたときと比べると，周辺にスペシャリスト組織が活動する余地を大きく残すことになります。その結果，新たにスペシャリスト組織が誕生し，ジェネラリスト組織と重ならない領域で活動するようになります。

　これも小売店の例で考えてみると，競争の結果，1つの大規模な小売店が残ったということになります。このときこの店舗では，売れ筋の商品を中心に品ぞろえを考えますから，幅広い商品をそろえているといっても，やはり一般的な商品が中心になるでしょう。その結果，販売されなくなってしまったような

商品を販売する専門店を開業する余地が出てくるわけです。

この状況を表しているのが図表 12.4 の右側です。これは資源分割と呼ばれるプロセスで，ジェネラリスト組織とスペシャリスト組織が活動する市場が分かれていくことになります。この場合，どちらかの組織形態だけが生き残るのではなく，どちらもが共存することになります。

12.3 組織の誕生と死

個体群レベルで考えると，どれだけの組織が新たに設立され，どれだけの組織が消滅していくのかという組織の「誕生」と「死」が問題となります。

特定の個体群の組織数である個体群密度と組織の誕生率の間には逆U字の関係があり，反対に，個体群密度と組織の死亡率の間にはU字の関係があります (Carroll & Hannan, 1989)。

ある組織形態をとる組織が増えると，その組織形態は当たり前のものとみなされるようになり，受け入れられていきます。つまり個体群密度が高まると正当性も高まることになります。ただし，この関係は単調なものではなく，組織数増加の影響は次第に小さくなっていきます。一方，個体群密度が高まると，競争が激しくなります。組織数の増加は限られた資源の取り合いにつながり，数が増えるほどその影響は大きくなっていきます。

つまり，組織数の増加は正当性の向上と競争の激化につながるのですが，その影響の程度は個体群密度が低い領域と高い領域で異なることになります。個体群密度が低い領域では組織数の増加は正当性を大きく高める一方，競争の激化に与える影響は大きくありません。反対に，個体群密度が高い領域では組織数の増加は正当性をあまり高めることはない一方で，競争の激しさを大きく増すことになります。

また，正当性が高くなると組織の誕生率は高くなり，死亡率は低くなります。競争が激しくなると組織の誕生率は低くなり，死亡率は高くなります。これらの関係を考えあわせると，個体群密度が低いうちは正当性の影響が強く，高く

図表 12.5　個体群密度と組織の誕生率

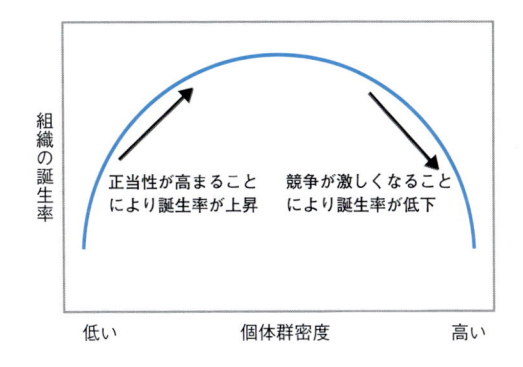

縦軸：組織の誕生率／横軸：個体群密度（低い→高い）

- 正当性が高まることにより誕生率が上昇
- 競争が激しくなることにより誕生率が低下

図表 12.6　個体群密度と組織の死亡率

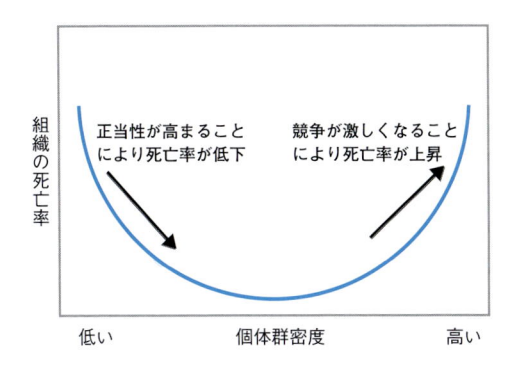

縦軸：組織の死亡率／横軸：個体群密度（低い→高い）

- 正当性が高まることにより死亡率が低下
- 競争が激しくなることにより死亡率が上昇

なると競争の影響が強くなるため，誕生率ははじめ上昇し，後に低下することになります。反対に死亡率ははじめ低下し，後に上昇することになります。この関係を表したのが図表 12.5 と図表 12.6 です。

　組織の「年齢」も，組織の死亡率に大きく影響を与える要因になると考えられます。組織の死亡率を考える場合に，新しい組織ほど失敗する割合が高くなる「新しさによる不利（liability of newness）」が指摘されています（Stinchcombe,

1965)。

　新しい組織が不利になる要因としては，以下の4つがあげられます（Stinchcombe, 1965)。

〈1〉新しい役割の学習

　新しい組織では，そのメンバーにも新しい役割が求められることが多くなります。古い組織であれば，スキルだけでなく，その組織の考え方や仕事をうまく進める方法なども伝えていくことができます。しかし，新しい組織ではそれができないため，メンバーが役割を学習するまでの間，効率的に作業をすることができなくなります。

〈2〉役割間の関係や報酬・制裁の構造の決定

　新しい組織では，役割間の関係や，報酬・制裁の構造が明確になっていないことがあります。そのような状況だと，どこまでが自分の責任で担当すべき範囲なのか，どこまでが他の人の担当すべき範囲なのかがわからなくなってしまいます。そのため，役割関係が明確になるまで，業務の効率が上がらなくなってしまいます。

〈3〉未知の相手との関係

　新しい組織は，古い組織と比べて未知の相手に頼る必要が高くなります。そのため，約束が守られるかわからない危うい信頼関係にもとづいて活動しなければならなくなります。

〈4〉安定した関係の欠如

　古い組織は，自分達が提供する製品やサービスを使う相手との間に安定した関係を築いています。その関係が強固である分，新しい企業にとっては不利になります。

　このように，新しい組織には古い組織と比べて不利な点があります。この点からは，年数を経るごとに組織が失敗する割合が低くなっていくと考えられます。しかし一方で，年数を経るごとに生じてくる不利な点として，「**加齢による不利**（liability of aging）」も指摘されています（Baum, 1996)。

　組織は現在の環境に適応するように設立されますが，環境が変化していく中で，組織と環境の適合関係が次第にずれていきます。その結果，組織は年数を

経るごとに環境と不適合を起こすようになり，失敗する割合が高くなると考えられるのです。

また，新しさによる不利に対して，規模が小さいからくる問題として「小さいことの不利（liability of smallness）」も指摘されています（Aldrich & Auster, 1986）。

組織は設立の時点から大規模であることは少なく，多くの場合，小規模からスタートします。そのため，実際には新しいことが問題なのではなく，規模が小さいことからくる資源の獲得や労働力の確保といった面での不利が影響しているという見方です。

しかし，組織の大きさに関しては，小さいことの不利に対して大きいほうが不利である点も指摘されています。つまり規模に関しても，大きいこと，小さいことどちらにもメリットとデメリットの両方が考えられるということです（Ruef, 1997）。

規模が大きいとその分変化が難しくなり，適応力は下がると考えられます。しかし，規模が大きくなると社会の中で受け入れられやすくなり，正当性を獲得しやすくなります。また，一定規模までは規模が大きくなることで効率性も高めることができるでしょう。適応力，効率性，正当性はそれぞれ生き残る可能性を大きくするのに役立ちます。

つまり，規模が大きくなることは適応力の面からみると生き残りにマイナスに影響しますが，正当性に関してはプラスに影響します。効率性に関しては両方の可能性が考えられるということになります。以上の関係をまとめたものが図表 12.7 です。

このように，組織の新しさや規模については単純にどちらのほうが生き残る割合が高くなるかということよりも，影響を与えるさまざまな要因を検討することが必要になります。

本章でみてきたのは，組織は環境変化に適応できず，そのまま消えていってしまうことも少なくないということです。この視点に立つと，個別の組織の立場，あるいは個別の企業の経営者の立場からすると「倒産するときは倒産する」という非常に悲観的な結論しか出てこないようにもみえます。

確かに，環境が変わっても生き残れる組織とはどのようなものかを考える視

図表 12.7 規模と生き残りの関係

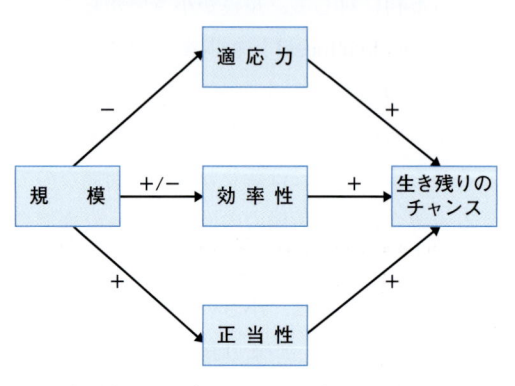

```
          適応力
        ↗       ↘
      −           +
    ↗               ↘
規模 ──+/−→ 効率性 ──+→ 生き残りのチャンス
    ↘               ↗
      +           +
        ↘       ↗
          正当性
```

（出所） Ruef（1997, Figure1）を一部修正。

点と比較すると，「どうすればいいのか」ということについての示唆はわかりにくいかもしれません。ですが，環境が変化するのであればそれに対応すればいいと安易に考えるのではなく，環境変化に対応するのはそんなに簡単なことではないということを意識してマネジメントを考えることは重要であるといえるでしょう。

演習問題

12.1　産業を1つ取り上げ，その産業における新規企業の設立と，既存企業の倒産がどれぐらいの頻度で起きているか調べてみましょう。

12.2　倒産した企業の中から，設立してからの年数が短いものと長いものを探し，それぞれがビジネスに失敗した理由を考えてみましょう。

第13章

新制度派組織論

　組織は，それぞれが自らの目的をもって活動しています。しかし，それと同時に社会的な評価も意識しなければなりません。そのことは，組織にとっては活動を制約する要因にもなれば，組織が利用できるものにもなります。第Ⅰ部第7章で述べたトピックにつながりますが，本章では，組織が社会的に認められた存在であろうとしてふるまうことが，どのように組織に作用するのかといったことについて考えていきます。

○ KEY WORDS ○
同型化，正当性，制度

13.1 組織はなぜ似てくるのか？

　私たちの身近に存在する組織は，それぞれ設立された時期や保有している技術，対象とする顧客などが異なります。そのため，どの組織も独自の歴史をもち，まったく同じ経験を経てきた組織が2つ存在するということはありません。

　しかし一方で，組織の形や運営の仕組み，採用している戦略などに注目すると，驚くほどの類似点をみつけることができます。たとえば，第Ⅰ部第1章でみたような組織デザイン[1]に関しては，細かい所では違いがあるとしても基本的な部分ではかなり似ています。また，第Ⅰ部第7章でみたように，組織が不祥事を起こした後の対応にもかなりの類似性がみられます[2]。これはなぜなのでしょうか。

　組織同士が似てくる理由はいくつか考えられます[3]。理由の一つとして，ある組織の形や運営の仕組みが有効であるため，多くの企業がそれを取り入れることで組織同士が似てくるのだという説明が考えられます。しかし，実際の組織をみてみると，業種も規模も異なるにもかかわらず，同じような経営手法を取り入れているという例も多くみられます。

　このような場合，本当にその経営手法が多様な組織にとって有効だから取り入れられ広がっているのでしょうか。実は，「あの会社が導入しているのだから，わが社でも導入しよう」とか，「とりあえず成功している企業のやり方だから良いに違いない」というように，自分たちの組織にとっての有効性とはあまり関係なく取り入れられることも多いのです。

　このような，「なぜ組織同士が似ているのか」ということを説明するために有効なアプローチの一つが，新制度派組織論[4]の考え方です。

---

[1] 第Ⅰ部第1章で説明した，機能別組織や事業部制組織を思い出してください。
[2] 損害保険業界の事例では管理の強化を重視したものになっており，組織の改変，チェックの強化，説明不足の解消，社員教育の実施といった内容が各社で共通していました。
[3] 企業が同質的な行動をとるメカニズムについては淺羽（2002）に詳しい記述があります。

知識を活用して組織の問題を考えるようになるかもしれません。このように考え方の基盤を共有する人たちが組織横断的にいることによって、同じような戦略や組織構造が選ばれて同型化が進むのです。同じことは法律や会計など他の分野の専門家についてもいえます。

○ 制度的同型化の例

同型化は組織フィールドの中で生じます。組織フィールドとは、全体として制度活動の認識された領域を構成する組織で、サプライヤー、消費者、規制当局、競合他社などが含まれます（DiMaggio & Powell, 1983）。

同型化の例としては、日本の大学のシラバスがあげられるでしょう（佐藤・山田、2004）。現在のシラバスは、講義の到達目標や評価基準、毎回の講義内容、履修の要件などが含まれており、それらをできる限り具体的に詳しく書くことが求められるようになっています。これらの項目は、多くの大学で共通した内容となっています。

その他に同型化が起こる面白い例としては、組織の「名前」があります（Glynn & Abzug, 2002）。

たとえば、会社の名前を思い浮かべてみましょう。トヨタ自動車、本田技研のように創業者の名前が社名に入っている企業があります。パナソニックもかつては創業者の名前である「松下」が企業名に入っていましたが、変更して今の名称になっています。ブリヂストンは創業者の名前である「石橋」を英語にし、語呂が悪いので順番を入れ替えて社名にした[6]というのも有名な話です。日本企業以外では、フォード・モーターやウォルト・ディズニーがあてはまります。

また、ダイハツ工業は大阪の「大」と発動機の「発」から「ダイハツ」となっており、社名に地名が入っています[7]。その他、ハウス食品のように扱っているビジネスが含まれている場合や、カルピスやFacebookのように、主要な製品やサービスがそのまま企業名になっている場合もあります。

---

[6] ブリヂストンHP（http://www.bridgestone.co.jp/corporate/history/story/02_02.html）。
[7] ダイハツ工業HP（http://www.daihatsu.co.jp/company/databook/pdf/databook2012_1.pdf）。

このような組織の名前は，他の組織と区別される独自性を表す要素の一つです[8]。これは個人の名前の場合と似ています。一方で，個人の名前の付け方に流行があるように，組織の名前にも流行があります。組織の場合はまったく同じ名前が付けられることはありませんが，その時々の傾向を反映して同じような名前の付け方が広まることがあります。シンプルに業務内容を表す名前が多く使われる時代もあれば，企業名だけをみても何をしている会社なのかわからない名前が多く付けられる時代もあります。

米国の例[9]だと，1700年代末から1800年代には，3つの部分からなる社名が流行しました。はじめに会社のオーナーや地域の名前が来ます。次に製品名，最後にカンパニーという語がつく社名が多くみられました。これが1900年代の初頭になると「ナショナル」や「アメリカン」「インターナショナル」といった語を用いる社名が流行します。1960年代から70年代にかけては，それまでの社名に用いられている語の頭文字をとって新たな社名とすることが多くみられるようになりました。また2000年頃には，「.com」が入った企業が多く設立されたりもしました。

これらの名前の付け方は，ルールで決められたものというよりも，その時々に受け入れられやすい名前として広まり，社名のパターンが同型化するのです。

また，業種によって受け入れられやすい名前が違うということも考えられます。たとえば，東証一部上場企業でみると，鉄鋼業では31社のうち，漢字のみの社名の企業が28社，カタカナが入っているのが3社となっています。陸運業だと34社のうち，26社が漢字のみの社名です。これに対して，小売業では153社のうち，19社だけが漢字のみの社名となっています。情報・通信業では106社のうち，10社だけが漢字のみの社名です。このように，単純に漢字の社名が好まれるか否かということだけをみても，業種によって大きく違いがあります。これも，たとえば鉄鋼業界では漢字の社名を付けなければいけないというルールがあるわけではもちろんありません。しかし，やはり受け入れられやすい社名のパターンというものがあり，それに従って社名が付けられた

---

8 名前は，組織の独自性を表す組織アイデンティティを構成する重要な要素でもあります。組織アイデンティティについては，第15章を参照してください。
9 以下の例は，Glynn & Abzug（2002）にもとづいています。

り，新たに変更されたりしているのです。これも同型化の一種といえるでしょう。

13.2 組織にとっての正当性の意味

○ 組織における正当性

　同型化が起こる背景には，組織にとっては正当性の獲得・維持が重要であるということがあります。

　前章で少し触れましたが，正当性とは，「社会的に構成された規範，価値観，信念，定義のシステムにおいて，ある主体の行為が望ましい，正しい，適切である，という一般化された認識，想定」（Suchman, 1995, p.574）とされています。

　この定義によれば，正当性とは一般化されたものということになります。そのため，正当性が与えられるか否かは，個別の出来事や活動ではなく，包括的な評価によって決まります。

　また，正当性は自分達以外の人や組織の認識や想定によって与えられるものです。そのため，もしある組織の行為が社会的な規範から大きく外れたものであっても，組織外の人たちに認識されることがなければ，正当性は失われないということになります[10]。

　さらに，正当性は社会的に構成された規範によって決まるものです。そのため，ある特定の人や組織の価値観から逸脱していたとしても正当性が失われるわけではなく，集団によって形成された規範から逸脱していなければ維持されることになります。

　マイヤーとローワン（Meyer & Rowan, 1977）では，官僚制組織のような

---

[10] 反対に，規範から外れるような行為をしていなくても正当性が失われる場合もあります。不祥事を起こした組織があった場合，その組織と似ているとして同じカテゴリーに入れられてしまう組織は，その組織自体が不祥事を起こしたわけではないにもかかわらず，正当性にダメージを受けてしまいます（Jonsson et al., 2009）。

図表 13.1　組織の生き残り

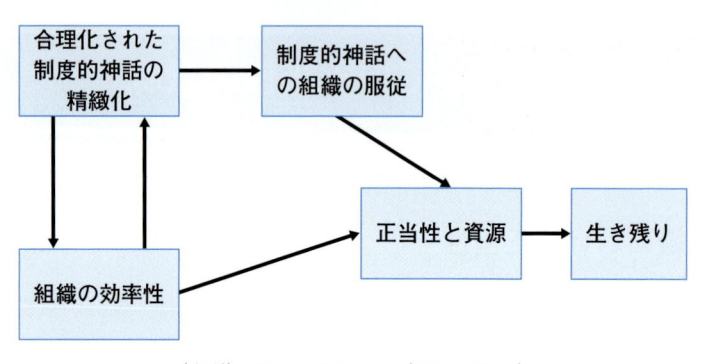

```
合理化された
制度的神話の     →  制度的神話へ
精緻化              の組織の服従
  ↕                       ↓
組織の効率性   →   正当性と資源  →  生き残り
```

（出所）　Meyer & Rowan（1977, Fig.2）

　公式組織が広まった理由について，調整や管理を実際に効率的に行えるということよりも，公式構造の要素（ポジション，政策，プログラム，手続きなど）が広く社会で共有され，制度化されているからだと考えています。実際に合理的であるかではなく，皆が合理的であると信じていることが重要であり，共有された思い込みとして「神話」のように機能している点を重視します。

　このような神話が存在する状況では，組織は効率性とは独立に，制度に同型化することにより，正当性と生き残りに必要な資源を得やすくなります（図表13.1）。

　正当性の獲得が必要であるということは，組織間の関係にも影響を与えます。戦略的提携を結ぶ際の仕組みやパートナー選びについても，正当性を獲得できるかどうかということが重要な要素になると考えられます（Dacin et al., 2007）。

◯ 正当性を失うことの問題点

　では，その正当性が失われてしまうと，どうなるのでしょうか。正当性を失

うことは組織にとって次のような問題を引き起こすことになります（Deephouse, 1999）。

〈1〉資源の獲得が難しくなる

正当性が失われた組織の戦略は，取引相手となるかもしれない組織がもつ規範や価値観から外れた理解できないものになり，合理的な存在として受け入れられなくなってしまいます。そのため，資源を供給してもらえなくなるのです。

〈2〉取引の契約が不利なものになる

正当性をもつ組織は，取引相手の正当性も高めることができます。そのため，どの組織も正当性をもつ組織と取引をしたがることになります。反対に，正当性を失った企業とは取引をしたがらないため，取引をしてもらうためには自分たちにとって不利な条件でも受け入れなければならなくなります。

〈3〉事業に失敗する可能性が高くなる

正当性をもつ組織と失ってしまった組織を比べると，正当性が失われた組織のほうが有能な人材を引きつけておくことが難しくなってしまいます。そのため，パフォーマンスの低下を招く可能性があります。

つまり，正当性は，組織にとって必要なその他の資源を獲得するためにも重要となってきます（Zimmerman & Zeitz, 2002）。そのため，正当性を失うことは組織にとってはパフォーマンスの低下，そして生き残りにもかかわる問題となります。

これらの理由により，もし正当性が失われるようなことになった場合には，組織は急いで正当性を回復できるように行動することが求められます。

しかし，正当性を獲得するための行動は，「諸刃の剣」でもあります（Ashforth & Gibbs, 1990）。

個人の関係でも，自分の正しさを必要以上に強く主張する人は，かえって後ろめたいことでもあるのではないかと怪しまれてしまうことがありますが，組織でも同じようなことが起こります。正当性をあまりに強く主張することが，かえって正当性を損なう結果になってしまうのです。たとえば環境汚染を引き起こしてしまった組織が，「自分たちのやり方に問題はなかった」とか「もう

図表 13.2　正当性獲得の悪循環

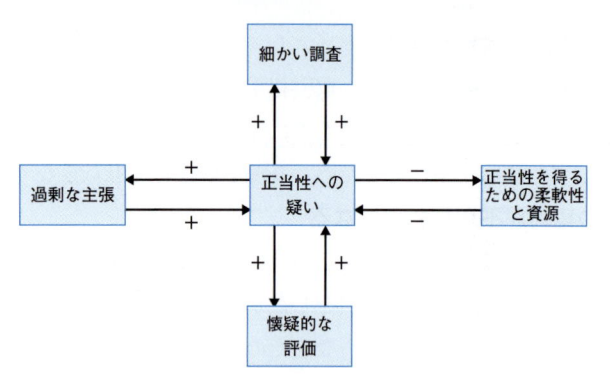

（出所）　Ashforth & Gibbs（1990, Figure1）を一部修正。

これ以上問題は起きない」といったことを過剰に主張したとすると，「十分な改善がされていないのではないか」「まだ何か隠しているのではないか」といった疑いを生んでしまうでしょう。

　正当性に問題を抱える組織ほど，正当性を回復するために強い主張を行わなければならなくなります。しかし，問題のない組織はあえて強く正当性を主張する必要はないわけですから，そういった主張はかえって疑いを呼んでしまうことがあります。結果，強く主張するほど正当性により大きな問題を抱えることになり，さらに強く正当性をアピールするようになるという悪循環が生じてしまう可能性があるのです（図表 13.2）。

13.3　同型化とパフォーマンス

　同型化が，正当性獲得の一つの方法であることから，組織の同質的な行動はさまざまな側面でみられます。

図表 13.3 イノベーション導入の動機

		問題の解釈	
		機会	脅威
決定の論理	技術的効率性	経済的利得	経済的損失
決定の論理	社会的正当性	社会的利得	社会的損失

（出所）　Kennedy & Fiss（2009, Figure2）より作成。

　しかし，組織が同じような戦略をとったり，同じような経営システムを導入したりしている場合であっても，必ずしもすべての組織にとってそれが有効であるとは限りません。むしろ，生産性や効率性を犠牲にしている可能性もあります。流行の経営システムを導入しても，組織の活動自体の改善にはつながっていないかもしれないということです。

　まず，同じような構造や戦略，経営システムを採用している組織であっても，早い段階で導入した組織と，遅れて模倣して導入した組織では，なぜ導入したのかの動機が違う可能性があります（Kennedy & Fiss, 2009）。

　早い段階で導入している企業は，経済的な側面でも社会的な側面でも新しい経営システムなどを他の組織を上回るチャンスであるととらえます。技術的な効率性を高めると同時に，社会的な評価も高めようと考えるわけです。

　これに対して遅れて導入する組織は，それを脅威ととらえます。つまり，先行企業が導入している経営システムを導入しないと効率性の面で後れをとってしまうと同時に，正当性も失ってしまうと考えます。そしてそれらの損失を避けるために導入を決断するのです（図表 13.3）。

　早い段階で導入する組織が，自分たちにメリットがあるというより積極的な理由で取り組むのに対し，遅れて模倣する組織は，より消極的な理由で取り入

れるため，必ずしも自分たちにとって適しているのかを考えていない，あるいは考えられない可能性があります。

　その結果，仮に正当性は獲得できたとしてもパフォーマンスを犠牲にしてしまう可能性もあります。たとえば，銀行の支店の立地を決める意思決定（Barreto & Baden-Fuller, 2006）では，正当性を獲得するために他行の支店立地を模倣した結果，自分たちにとって最適の立地が選択されず収益性が低下してしまうといったことがみられます。

　また，病院におけるトータル・クオリティ・マネジメント（TQM）の導入（Westphal et al., 1997）では，自分たちに合っているかどうかと関係なく，他の病院が導入したやり方を模倣して導入した場合には，正当性は獲得できても処理できる仕事量や収益性が低下してしまうということが起こります。

　別の側面として，正当性を獲得するために他の組織と同じような行動をとるということは，差別化に逆行する選択をするということでもあるということも考えなければいけません。その結果，正当性は獲得できたとしても，他の組織との差別化ができていないため，激しい競争に巻き込まれてしまう危険もあります（Deephouse, 1999）。

　この点に関しては，ある意味常識的な答えともいえますが，「バランス」が重要ということになります。正当性獲得のための行動と，差別化や効率性向上のための行動のバランスをとり，正当性が確保される範囲でできるだけ差別化する「戦略的バランス」が組織のパフォーマンスを高めるのです（Deephouse, 1999）。

　企業の海外市場に進出する意思決定の場合にも，正当性と競争のバランスがみられます。

　海外市場への参入を考えるとき，他の企業が多く参入しているほうが，現地での外国企業の存在が当たり前のものとなっており，正当性が高くなっています。そのため，参入企業数が増えると参入という選択肢の魅力が高くなります。一方で，参入企業数が多くなると，競争の激しさが増すというデメリットが出てきてしまいます。

　そのため，この両方の影響を考えると，一定の数を超えるまでは，他企業の参入数が増えることで参入の魅力度が高くなっていきます。その数を超えると，

図表 13.4　過去の参入とその後の参入行動

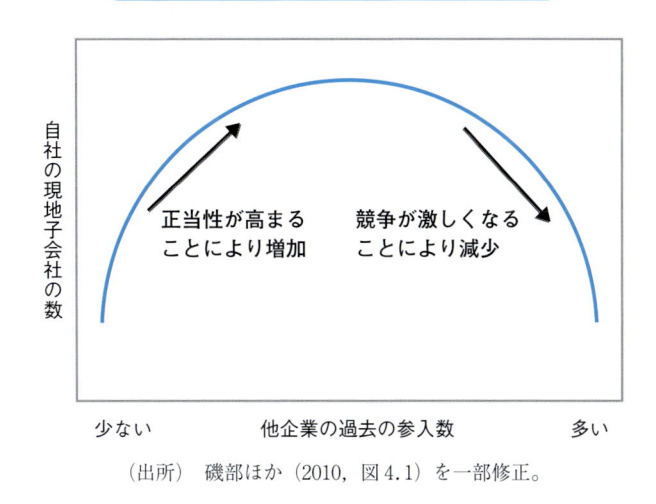

縦軸：自社の現地子会社の数
横軸：他企業の過去の参入数（少ない〜多い）

正当性が高まることにより増加

競争が激しくなることにより減少

（出所）　磯部ほか（2010, 図 4.1）を一部修正。

参入数が増えるほど魅力度が低くなります。つまり，他企業の過去の参入数と自社が設立する子会社の数の間には前章の図表 12.5 のような逆 U 字の関係がみられることが考えられます（磯部ほか，2010）。

　参入数だけでなく，撤退についても同様の関係がみられます（磯部ほか，2010）。撤退の場合には，他企業の撤退数が多いほど，競争は穏やかになります。一方，撤退数が多いということは，参入という戦略の正当性に疑問を投げかけます。そのため，撤退数が一定数に達するまでは参入の魅力度が高まり，それを超えると参入の魅力度が低下することになります。そのため，他企業の過去の撤退数と自社が設立する子会社の数の間にはやはり逆 U 字の関係がみられることになります（図表 13.4）。

13.4　組織の制度への戦略的対応

　組織は制度的な圧力によって行動を制約される側面をもちます。しかし，組織はただ受動的に従うだけの存在ではありません。むしろ，積極的に制度に影響を与えるような戦略をとることもできます。規範や価値を無視したり，場合によっては自らがそれらを作り出したりすることもできるのです。組織がとることのできる選択肢としては，次のようなものが考えられます（図表13.5）。このうち，黙従は制度的な影響をそのまま受け入れるという受動的なものです

図表 13.5　制度への戦略的対応

戦　略	戦　術	例
黙　従	習慣	当然視された暗黙の規範に従う
	模倣	模範的な組織の真似をする
	遵守	規則に従い，規範を受け入れる
妥　協	バランス	複数の利害関係者からの要求のバランスをとる
	譲歩	制度的要求の一部だけを取り入れる
	交渉	制度的圧力をかけてくる利害関係者と交渉する
回　避	隠蔽	不服従を隠して見えなくする
	バッファ	相手との関係を緩やかなものにする
	逃避	目標や活動，ドメインを変える
拒　否	無視	規範や価値を無視する
	挑戦	規則や要求に意義を唱える
	攻撃	相手に対して攻撃を仕掛ける
操　作	政治的吸収	影響力のある相手方の関係者を取り込む
	影響	価値や基準を自ら作る
	支配	相手を支配する

（出所）　Oliver（1991, Table2)

が，妥協，回避，拒否，操作と進むにしたがって，制度的影響に対して次第に積極的に対応していくようになります。

これらの戦略的対応は，自由にどれかを選べるというものではありません。状況によってとられやすい対応は異なります。図表13.5 でみると下に行くほどより制度的圧力に抵抗するものになっていますが，組織がどれぐらい制度的圧力に抵抗しやすいかに影響を与える要因としては次のようなものがあります（Oliver，1991）。

まず，制度的圧力に従うことで組織にとってどれぐらいのメリットがあるのかという要因があります。制度的圧力に従ったとしてもメリットが少ない場合には，組織は抵抗しやすくなるでしょう。

誰が制度的圧力をかけているのかも影響します。構成者の多様性が高い場合や構成者への依存が小さい場合には，組織は抵抗しやすくなります。

また，制度の内容がどのようなものなのかも影響します。組織の目的と要求される内容の一致の程度が低いほど，組織は制度的圧力に抵抗するようになります。制度的圧力によって組織に課される自由裁量の制限が大きい場合にも組織は制度的圧力に抵抗するようになります。

反対に，制度的圧力が法的強制力を伴う場合や自主的に広まっている規範や慣習にもとづく場合，組織にとっては抵抗が難しくなります。

その他，組織が置かれている環境も影響を与える要因の一つです。環境における不確実性が高いほど，そして組織間のつながりが強いほど，組織は制度的圧力に抵抗しづらくなります。

以上のような要因を考えると，どの様な戦略が選ばれやすいかということがみえてきます。組織が抵抗しやすい要因がそろうほど，図表13.5 の下側の対応がとられやすくなります。たとえば，すべての面において制度的圧力に抵抗しやすい条件が整っているときには拒否や操作といった戦略がとられやすくなるでしょう。反対に，すべての面で圧力に抵抗することのデメリットが大きい場合には黙従の戦略がとられやすくなると考えられます。

13.5 制度的企業家

　組織と制度の関係では，制度が組織に影響を与えるだけでなく，制度に対して組織が影響を与え，変化させる側面もあります。

　制度を変えていくということを考えるときに重要になってくるのが，**制度的企業家**（institutional entrepreneur）と呼ばれる存在です（DiMaggio, 1988）。制度的企業家は，既存の制度を壊したり，新たな制度を作ったりすることのできる存在です。それは個人のこともあれば，組織や集団のこともあります。

　制度的企業家は，制度の中に存在しながら制度を変える存在ということになるため[11]，どのような人や組織が制度的企業家になれるのかについては，中心的な存在のほうが有利な面もあれば周辺的な存在が有利な面もあります。

　有力企業のような中心的な存在であれば，その分周りに強い影響力を及ぼすことができます。しかし，既存の制度の中で中心的な役割を果たし，有利な地位についていることから自ら制度を変更しようとはしなくなることも考えられます。一方，周辺的な存在であれば，制度を変更しようとする動機は強くなりますが，そのために必要な十分なパワーをもっていない可能性があります。

　中心的な存在による制度変化の事例としては，カナダの会計業界があります（Greenwood & Suddaby, 2006）。伝統的な会計業務に特化した組織からコンサルティングなども含む複数のサービスを提供する組織形態と業務方式への移行が，大手の会計事務所を起点として生じました。彼らは専門家としての高い能力をもっており，顧客にもグローバルに活動する大企業を多く抱えるとともに自らもグローバルに展開していました。そういった顧客の要求に応えるためには地域ごとの会計業務だけでなく，コンサルティング業務なども含めた幅広いサービスを提供することが必要であると感じるようになったのです。この事例では，十分な資源をもつ大規模な会計事務所のほうが変化の必要性を認識しやすく，変化の主体となったと考えられます。

---

[11] 制度に埋め込まれた存在がいかにして制度を変更できるのかという問いは，「埋め込まれたエージェンシーのパラドックス」と呼ばれています（Seo & Creed, 2002）。

反対に，周辺的な存在が制度変化を引き起こした例としては，米国のラジオ業界があります（Leblebici et al., 1991）。

ラジオ業界には，放送局，広告会社などさまざまな関連する組織がありますが，その歴史をみていくと，産業の中で中心的な役割を果たす組織が変化していくことがわかります。また，それに伴い，何を価値があるとみなすかも変化していきます。

たとえばある時期には，全国的なネットワークをもつ放送局が中心的な役割を果たしており，広告のための時間が価値の基準になっていました。そこに小規模な地方の放送局が，分野を絞った番組を提供することによって特定の聴取者にアピールし成功を収めていきます。それにより，業界における価値の基準が，ターゲットの聴取者にどれだけ広告を届けられるかに代わっていきました。この事例では，中心的な組織は変化を嫌い，周辺的な組織が変化を主導していったと考えられます。

このように，制度は変化しないものではなく，組織が主体的に変えることのできるものです。しかし，誰もが自由に制度を変化させることができるわけではありません。制度的圧力への戦略的対応のところでみたように，状況によって選ばれやすい戦略はある程度決まってきます。

これは反対に考えると，拒否や操作といった選択肢があるとしても，それを誰もが選べるわけではないということでもあります。やはり制度に従う部分も大きいということです。

演習問題

13.1 日本の産業で，同質的な行動がとられている例がないか探してみましょう。

13.2 最近の日本企業で，正当性が失われた事例を探してみましょう。また，その企業はその後どのような行動をとったのかについても調べてみましょう。

13.3 仕事の仕組みが大きく変化した業界の事例を探してみましょう。そのとき，中心となって変化を起こした組織はあるのか，あるとすればどのような組織か調べてみましょう。

第14章

組織のネットワーク理論

　組織は，他の多くの組織とのつながりの中で活動しています。ライバル関係にあると考えられている組織の間が集まって協力関係を結び，情報のやりとりが行われることもあります。本章では，複数の組織の間のつながりをネットワークとして考える見方について紹介し，ネットワークの中でどのような位置を占めているのか，他の組織とどのようなつながり方をしているのかといったことが組織に与える影響を考えていきます。

○ *KEY WORDS* ○
直接結合，構造同値，構造的空隙，
埋め込まれた紐帯

14.1 組織を「つながり」から考える

　組織の強みを決める要因としては，その組織自体がもつ技術や人材などが考えられます。優れた技術や人材をもっていれば，他の組織には真似できない製品を開発したり，優れた戦略により高い利益を上げたりすることができるかもしれません。

　しかし，組織の強みはそれだけでは決まりません。他のどのような組織とつながっているか，あるいは多数の組織がつながる**ネットワークの中でどのような位置にいるのか**ということが，大きく影響してきます。組織と組織のつながりとして，一対一の関係については第9章の資源依存理論でも取り上げていますので，ここではより多くの組織が登場するネットワークの話[1]について主にみていくことにしましょう。

　自動車産業を考えてみると，完成品を製造している自動車メーカー同士の競争に目が行きがちですが，実際にはその製品開発には多くの**サプライヤー**がかかわっています（第Ⅰ部第2章参照）。そのため，本質的には自動車メーカーと多様なサプライヤーからなるネットワーク間の競争といえるでしょう。

　航空会社のアライアンス（国際航空連合）もネットワーク間で競争している事例といえるでしょう。スターアライアンス，ワンワールド，スカイチームといったアライアンスに世界中の多くの航空会社が所属しており，同じアライアンスに所属する航空会社同士で，マイレージサービスの相互利用や共同運航便などのサービスを提供しています。

　これにより，一社では困難な世界の幅広いエリアをカバーすることができ，コストの削減や顧客の利便性向上につながっています。この場合，個別の組織だけを比較したのでは競争力を理解することはできません。ネットワーク同士の比較もする必要があります。その他にも技術標準をめぐる争いなど，ネット

---

[1] 組織をネットワークの視点からみる場合には，①組織で働く個人のネットワーク，②組織間のネットワーク，③複数の組織間ネットワークのネットワークという3つのタイプを考えることができます（若林, 2009）。ここでは主に②の組織間ネットワークについてみていきます。

ワーク間での競争が行われている事例は数多くあります。

「人々が何らかの行為を行うためにアクセスし活用する社会的ネットワークに埋め込まれた資源」を ソーシャル・キャピタル と呼びます (Lin, 2001)。このようなネットワークでの関係性から生まれる資源が組織の競争力を考えるうえでも重要になっています。

ネットワークの視点が重要になるのは競争的な関係だけではありません。組織とステークホルダーとの関係を考えるときにもネットワークの視点は重要です (Rowley, 1997)。

複数のステークホルダーによって形成された緊密なネットワークに組み込まれている場合，一般に組織はステークホルダーの意向に逆らうのが難しくなり，行動に制約を受けるようになります。しかし組織がそのネットワークの中で中心的な位置を占めている場合には，組織の自由度は高くなり，ステークホルダーからのプレッシャーをはねのけやすくなります。

組織は他の組織から製品を購入したり，反対に販売したりといった形で取引関係を形作っています。あるいは，株式の所有や技術提供の契約といった関係もあります。いずれにせよ，他の組織とまったく関係なく存在している組織というのは考えづらいため，関係の強さや数に違いはあったとしても，すべての組織は他の組織との間に何らかの「つながり」をもっていることになります。その意味ではすべての組織はネットワークの中で活動しているということができるでしょう。

そのため，組織間ネットワークにはいくつかのタイプがありますが，代表的なものとしてどのようなものがあるかをみていきましょう (Inkpen & Tsang, 2005)。

〈1〉企業内ネットワーク

企業内ネットワークは，親会社のもとに複数の子会社が存在しているようなネットワークです。親会社と子会社の間に所有関係があるため，ネットワーク内で明確な上下関係が存在することになります。このネットワークには，大規模な多国籍企業などにみられるように，現地の子会社に権限を委譲することでそれぞれの地域の特性を考慮した意思決定ができるといったメリットがありま

す。また，厳密には企業内のネットワークではありませんが，系列の場合もこのネットワークに近いと考えられるでしょう。

〈2〉戦略的提携

戦略的提携は，複数の企業が製品の開発や生産，販売などにおいて協力関係を結ぶことで形作られるネットワークです。戦略的提携の場合は，ネットワークの中に上下関係があるわけではなく，対等な関係が中心となります。また，1つの企業が複数の提携を結んでいる場合，より複雑なネットワークが形成されることになります。

〈3〉産業集積

産業集積は，相互に関連する産業に携わる企業が一つの地域に集まることで作られたネットワークです。日本では，長野県諏訪地域，静岡県浜松地域，大阪府東大阪地域などがあります。そのネットワークに属する企業は，同じ業務を行っている場合もあれば，買い手と売り手のような分業にもとづく取引関係で結ばれている場合もあります。また，シリコン・バレーなどにみられるように，地域内や近隣に大学があり，人材の供給源になっているケースもあります（第Ⅰ部第4章参照）。

14.2　直接結合と構造同値

次に，ネットワークの構造をみるうえでの基本的な考え方についてみていきましょう。ネットワーク内での組織のつながり方をみる場合には，直接結合（cohesion）と構造同値（structural equivalence）の2つに注目する必要があります。

直接結合とは，ネットワークの中で直接につながっている状態のことを指します。組織のネットワークでいえば，直接の取引関係にある場合や株式の持ち合いをしている場合には，それらの組織は直接結合の関係にあるということになります。一方，構造同値とは，ネットワークの中で互いに入れ替えてもネッークの構造が変化しないような関係にある状態を指します[2]。また，ネットワ

図表 14.1 直接結合と構造同値

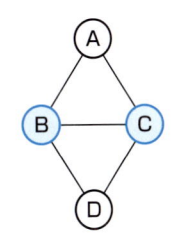

BとCは直接結合かつ構造同値

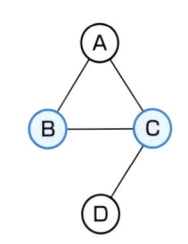

BとCは直接結合の関係にあるが構造同値ではない

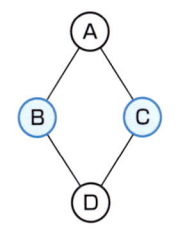

BとCは構造同値だが直接結合の関係にはない

―ク内での関係は直接結合でありさらに構造同値でもあることもあれば，そのどちらかだけである場合もあります。

図表14.1をみてみましょう。中央の図では，AとB，BとC，CとDがそれぞれ結びついています。このネットワークでは，BとCは直接結ばれているので直接結合の関係にありますが，BはDと結ばれておらず，CはAと結ばれていません。そのため，BとCを入れ替えることはできず，この2つは構造同値の関係にはないということになります。

右の図では，BとCは直接結びついていないため，直接結合の関係にはありません。しかし，B，CともにA，Dと結びついており，この2つを入れ替えてもネットワークの構造は変わりません。そのため，BとCは構造同値の関係にあります。

最後に左の図です。ここではA，B，Cのすべてが互いに結びついています。そのため，BとCは直接結合の関係にあります。さらに，BもCもともにAと結びついていますので，BとCは構造同値の関係にもあることになります。

---

[2] ネットワークが複雑になると，入れ替えてもネットワークの構造がまったく変わらない関係というのはなかなか存在しなくなります。そこで，どの程度構造同値に近いかという指標で考えることになります。詳しくは安田（2001）などを参照してください。

構造同値の関係にある組織は，ネットワークの中で同じようなポジションにあるということになります。そのため，互いに同じ行動をとりやすくなり，結果競合関係になることが多いと考えられます。

14.3　ネットワークによる知識の共有

どのような組織とつながっているのかは，情報や知識の流れにも影響します。そのためある組織で生まれた新たな技術や経営システムといった知識がどのように普及あるいは共有されていくのかということにも影響します。

ここでは紐帯（ネットワークにおけるつながり）の強さの点から，知識の伝達について考えてみましょう。組織間の紐帯の強さは，取引頻度や取引額，株式の保有割合などから考えることができます。

紐帯の強さについては，「弱い紐帯の強み」（Granovetter, 1973）と「強い紐帯の強み」（Krackhardt, 1992）の両方が指摘されています。

たとえば，組織間の取引頻度で紐帯の強さを考えることにしましょう。この場合弱い紐帯は，たまにしか取引のない取引相手との間に結ばれている紐帯ということになります。普段あまり取引のない相手ですから，関連の比較的薄いビジネスをしている企業同士のつながりということが多いでしょう。そのため，それぞれが異なる情報をもっているかもしれません。また，異なる業界に所属していて考え方も異なることが多いかもしれません。

弱い紐帯は，このような普段接することの少ない高いグループを結びつけるつながりで，グループ間で広く情報や知識を伝達する役割を果たします。

これに対して強い紐帯は，日常的に取引のある相手との間に結ばれている紐帯です。頻繁な接触による緊密なつながりですから，関連の強いビジネスをしている組織同士ということが多いでしょう。そのため，普段から情報を共有しやすく，考え方も近づいてくることが多いでしょう。この紐帯で結ばれている場合には，互いに友好な関係を築きやすくなります。

このような違いがあるため，知識のタイプによって，移転に向いている紐帯

図表14.2　知識共有のネットワーク

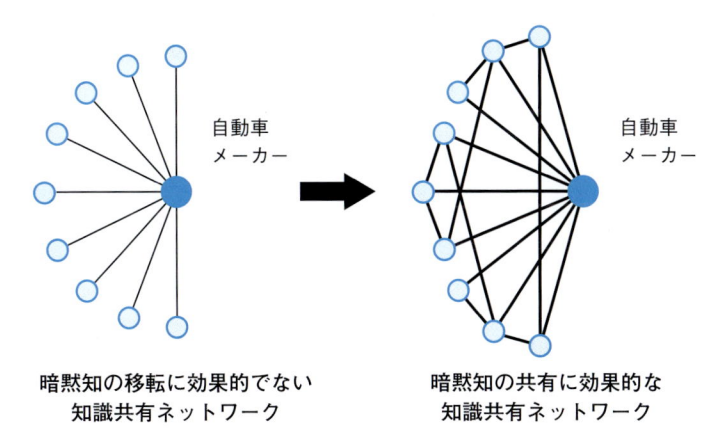

暗黙知の移転に効果的でない
知識共有ネットワーク

暗黙知の共有に効果的な
知識共有ネットワーク

（出所）　Dyer & Nobeoka（2000, Figure5）をもとに作成。

が異なると考えられます。

　ネットワーク構造と移転される知識のタイプの関係の例は，トヨタ自動車のサプライヤー・システムにおいてみることができます（Dyer & Nobeoka, 2000）。

　図表14.2は，自動車メーカーとそのサプライヤーとの関係をネットワークで表したものです。

　左側の図では，自動車メーカーとサプライヤーとの間には紐帯がありますが，サプライヤー同士の間には紐帯がないネットワークになっています。つまり，自動車メーカーをハブとした大きな一つのネットワークが形成されています。また，自動車メーカーとサプライヤーは弱い紐帯で結ばれています。

　これに対して右側の図では，自動車メーカーとサプライヤーの間だけでなく，サプライヤー同士の間にも紐帯が生まれています。さらにそれぞれが強い紐帯となっています。

　最初は左側のようなネットワークとしてサプライヤー・システムが形成されましたが，取引を繰り返す中で情報のやりとりも増え，次第に関係が発展，成

熟するにしたがって自動車メーカーとサプライヤーの間に強い紐帯が生まれていきます。さらに関係の構築が進むと，右側のような，サプライヤー同士の間にも強い紐帯が存在するネットワークに移っていきました。それにより，当初は形式知の移転だけが行われていたものが，次第に形式知だけでなく暗黙知の移転も行われるようになっていきました。

14.4　ネットワークと競争優位

　ネットワークの構造上，どこに位置するのかは組織がどれだけ競争を有利に進められるかに影響する要因の一つです。

　たとえば図表 14.3 と図表 14.4 を比較してみましょう。図表 14.3 では，組織 a は同じ市場に属する他の組織と協力的な緊密なネットワークで結ばれています。これに対して，a の取引相手である組織 b や組織 c は，それぞれが所属する市場の中で他の組織と結びついていません。また，市場 B に属する組織と市場 C に属する組織の間にも結びつきがありません。この場合，a は有利に交渉を進めることができます。

　まず，市場 B では市場 C で使われる材料を生産しているという状況を考えてみましょう。そして，市場 A には商社のようにそれを仲介する組織が属しているとします。このとき，市場 A の中では所属する組織同士が結びついているため，情報の共有が起こりやすくなります。一方，市場 B や市場 C では組織同士が結びついていません。そうすると市場 A に属する a は，b との取引を行うとき，市場 B に属する他の組織と b を競わせることで，できるだけ安く買えるように交渉を有利に進めることが可能になります。市場 C についても同様に，c と他の組織を競わせることで，できるだけ高く売ることが可能になります。

　さらに，市場 B と市場 C の間に結びつきがないことも a にとっては有利に働きます。仲介する立場にある組織にとっては，市場 B で生産された材料をいくらで購入したのかという情報が市場 C で知られてしまうと交渉が難しく

図表 14.3　構造的空隙が豊富な取引関係

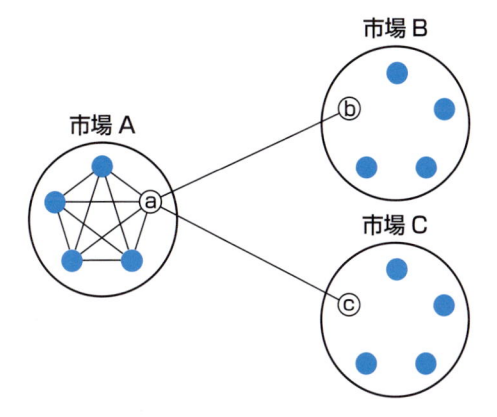

（出所）　Burt（1992, Figure3.1）をもとに作成。

図表 14.4　構造的に拘束された取引関係

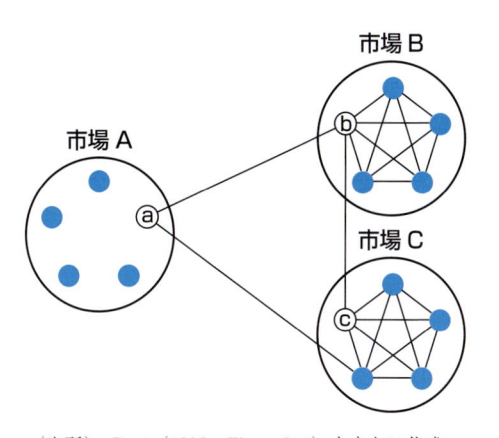

（出所）　Burt（1992, Figure3.1）をもとに作成。

なります。反対に市場Cでいくらで売るのかという情報が市場Bで知られてしまうことも交渉を難しくします。ですので，取引の情報が流れないように市場Bと市場Cが分断されているほうが，aにとっては有利な状況となります。

次に，市場Aでは，さまざまな製品で必要となる部品を作っている状況を考えてみましょう。市場Bと市場Cでは異なる製品を作っていますが，どちらも市場Aで生産される部品を使っているとします。このときもやはり，市場Aの中では所属する組織同士が結びついているのに対して，市場Bと市場Cに属する組織は分断されているため，aは交渉を有利に進めることができます。さらに，市場Bと市場Cで同じ部品を必要としているということは，その部品に関しては競争関係にあることになります。そのため，市場Aに属するaとしては高く買ってくれるほうに売るという選択肢ができるため，ここでも市場Bと市場Cが結びついていないことが有利に働きます。

これに対して，図表14.4のようなネットワークに組み込まれている場合，aの競争上の立場は厳しいものになります。このネットワークでは図表14.3とは反対に，aは市場Aの中で他の組織と互いに結びついていませんが，bとcはそれぞれ市場B，市場Cの中で他の組織と結びついています。さらに，bとcのつながりによって市場Bと市場Cの間にも結びつきがあります。

ここでもまず，市場Bでは市場Cで使われる材料を生産し，市場Aはそれを仲介しているという状況を考えてみましょう。先ほどとは反対に，市場B，市場Cでは組織が互いに結びついているため，情報が共有されやすい状況にあります。一方市場Aでは，組織同士が結びついていないため，情報が共有されにくくなっています。このとき，市場Aに属するaは，bやcとの取引において弱い立場に立たされるでしょう。bとすればaとその他の市場Aに属する組織を競わせることによって，より高く買ってもらえるように交渉を進めることができます。同じようにcも，より安く売ってもらえるように交渉をすることができます。

さらに，市場Bと市場Cの間に結びつきがあるため，2つの市場の間で情報が流れやすくなっています。そのため，aにとっては交渉が難しい状況になります。

市場Aが，市場Bと市場Cの両方で必要となる部品を作っている状況でも同じことが起こります。市場Aでは所属する組織が分断されているのに対し，市場B，市場Cでは互いに結びついているため，aよりもbやcに交渉力があることになります。加えて市場Bと市場Cの間にもつながりがあるため，a

はそこでも交渉力を発揮することができないということになります。

このように、ネットワークの構造から生じる優位を理解するうえでは「どこでつながりが欠けているか」ということを考えなければいけません。この、ネットワークの中で関係が欠けている部分を**構造的空隙**（structural hole）と呼びます（Burt, 1992）。

図表 14.3 を組織 a の立場からみると、自身は他の組織との間に緊密なつながりをもっていますが、取引相手である b や c はつながりをもっていません。この場合、a の周りには構造的空隙が少なく、b や c の周りには構造的空隙が豊富にあることになります。そしてすでにみたように、このようなネットワークの場合、a が有利な立場に立つことになります。

反対に図表 14.4 では a の周りには構造的空隙が多く、b や c の周りには構造的空隙が少なくなっています。この場合には、a は構造的に拘束されることになり、不利な立場に立たされてしまいます。

14.5　埋め込まれた紐帯

ネットワークが組織の競争に与える影響を考えるためには、どのような関係で結ばれているのかというつながりの特性も重要になります。

ビジネスを行う組織間の関係を考えるとき、つながりの特性には**市場取引としての紐帯**と**埋め込まれた紐帯**の2つのタイプがあります（Uzzi, 1997）。

市場取引としての紐帯とは、各自の経済的な利害関係にもとづくつながりです。埋め込まれた紐帯とは、信頼や仲間意識といった社会的な関係にもとづく緊密なつながりです。

ビジネスを行う組織にとっては、市場取引としての紐帯にもとづく接触は頻度が高く、日常的に行われています。これに対して埋め込まれた紐帯にもとづく接触は頻度をみると低くなりますが、組織の成功にとって重要なやりとりはこちらを中心に行われることが多くなっています。

埋め込まれた紐帯は、信頼、きめ細かい情報のやりとり、協同での問題解決

という3つの面で優れています。

###〈1〉信　頼

　埋め込まれた紐帯は市場取引としての紐帯と異なり，信頼にもとづいています。そのため，自分たちの利益だけを考え相手を出し抜くのでなく，互いの利益を考える関係が形成されます（第Ⅰ部第2章2.4参照）。

〈2〉きめ細かい情報のやりとり

　市場取引としての紐帯でやりとりされる情報は，製品の価格や量といったわかりやすいデータが中心になります。これに対して埋め込まれた紐帯ではより機密性の高い，あるいは言葉や数字で表すのが難しいような情報がやりとりされます。このことが，組織にとっては将来の予測の精度を高めたり，行動の選択肢を増やしたりすることにつながります。

〈3〉協同での問題解決

　市場取引としての紐帯にもとづく関係の場合，取引に不満があれば他の相手に切り替えるという行動がとられます。それにより，何が問題であり，どのように対処すべきなのかということについて学ぶ機会が失われてしまいます。埋め込まれた紐帯にもとづく関係の場合，問題がある場合には，それをその場で一緒に解決していこうと考えるようになります。

　しかし，埋め込まれた紐帯も良いことばかりではありません。埋め込まれた紐帯にもとづくネットワークが組織にとってマイナスになってしまう状況としては，以下の3つの場合があります（Uzzi, 1997）。

〈1〉中心組織の予期しない退出

　ネットワークの中心となっている組織の予期しない退出が起こった場合，ネットワーク全体に悪い影響が及びます。急激にネットワーク構造が変化した場合，特定の関係への依存度が高くなっていると市場取引にもとづいて多くの相手と取引していたときよりも受けるダメージが大きくなってしまいます。

〈2〉制度的な変化

　制度的な変化により，取引が経済合理的な考えにもとづいて行われるように

図表14.5　2種類の関係性にもとづくネットワーク

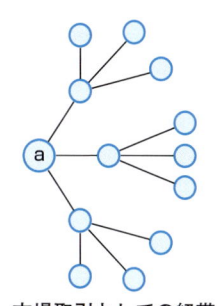

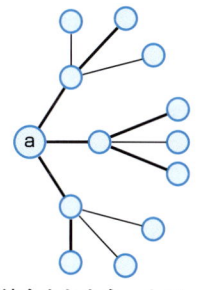

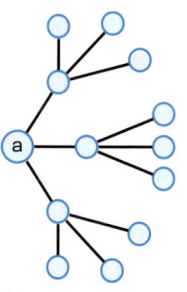

市場取引としての紐帯に　　統合されたネットワーク　　埋め込まれた紐帯に
もとづくネットワーク　　　　　　　　　　　　　　　　　もとづくネットワーク

（出所）　Uzzi（1997, Figure2）をもとに作成。

なった場合，埋め込まれた紐帯にもとづく関係によって競争優位を築いていた組織は失敗する可能性が高くなります。大企業が参入し，関係による取引よりも量をベースにしたと取引を行うようになった場合などにこのようなことが起こります。

〈3〉過剰な埋め込み

　埋め込みが過剰になった場合にも問題が起こります。埋め込まれた紐帯にもとづく関係ばかりが多くなると，狭い範囲のつながりだけになり，新しい情報に接することができなくなってしまいます。また，社会的な関係にとらわれるあまり，経済的にみれば不利な関係を続けることになる可能性もあります。さらに，もとのつながりが強い分，関係が悪化した場合には終わりのない対立関係に陥ってしまうことも考えられます。

　埋め込まれた紐帯にもとづく関係は，現状の環境に対する適合度を高める役割を果たす一方で，組織の適応力を弱めてしまう危険性があるのです。
　埋め込まれた紐帯と市場取引としての紐帯は異なる役割を果たすため，組織にとっては両方が重要になります。

図表 14.5 の 3 つのネットワークのうち，左はすべてが市場取引としての紐帯でつながれているネットワークです。組織 a からみたとき，直接つながっている組織も，その先でつながっている組織もどちらも市場取引としての紐帯で結ばれています。ここでは埋め込まれた紐帯のもつ強みである信頼の形成や重要な情報の交換が行われなくなります。

反対に右のネットワークは，埋め込まれた紐帯にもとづく関係だけで形成されています。組織 a にとっての直接の取引先も，取引先を介してつながっている組織もどちらも埋め込まれた紐帯で結ばれています。これは埋め込み過剰な状態で，すでにみたような埋め込まれた紐帯の弱みにもとづく問題が発生してしまうでしょう。

結局もっとも良いのは，埋め込まれた紐帯と市場取引としての紐帯が統合されたネットワークということになります。それが中央のネットワークです。とくにこの図のように，組織 a の立場からすると直接のつながりは埋め込まれた紐帯で，その先のつながりは埋め込まれた紐帯と市場取引としての紐帯が混ざっているようなネットワークのとき，もっともパフォーマンスが高くなると考えられます。

演習問題

14.1 企業を 1 つ取り上げ，その企業の株式をどのような組織が所有しているかを調べてみましょう。また，どのような組織と取引関係にあるのかも調べてみましょう。

14.2 ネットワーク間の競争が行われている事例にはどのようなものがあるでしょうか。実際の事例を探して調べてみましょう。

第15章

組織アイデンティティ

　組織はそれぞれ異なる特徴をもっています。しかし，組織の活動を考える場合には，そのすべてが等しく重要なわけではありません。とくに重要なのは，組織自身が「他の組織と違う」と認識している特徴です。こういった特徴は，組織が何か決断をする際にもその基準として作用します。本書の最終章では，組織にとっての「自分たちらしさ」について考えていくことにしましょう。

○ KEY WORDS ○
組織アイデンティティ，組織イメージ，
カテゴリー化，組織の戦略

15.1 組織アイデンティティとは？

◯ 組織アイデンティティの3つの基準

　私たち個人がそれぞれ「自分らしさ」をもっているように，組織にも「自分たちらしさ」とでも呼ぶべき自己認識が存在します。それには「私たちはどのような存在であるか？」「私たちはどのようなビジネスを行っているか？」「私たちは何になりたいか？」といった問いに対する答えが該当し，これを組織アイデンティティ（organizational identity）と呼びます（Albert & Whetten, 1985）。

　この概念では，個人の集合である組織を一つの主体としてみなし，自分たち自身をどのような存在であると認識するのかを考えます。

　では，どのような特徴が組織アイデンティティとしてとらえられるのでしょうか。個人のもつ特徴がすべて個人のアイデンティティとなるわけではないように，組織にとってもその組織のもつ特徴のすべてが組織アイデンティティになるわけではありません。組織アイデンティティは，次の3つの基準を満たすような組織の特徴を指します（Albert & Whetten, 1985）。

　第1の基準が中心性です。組織にとって中心的，本質的であるような特徴でなければ組織アイデンティティと呼ぶことはできません。第2の基準が独自性です。他の組織と比較して異なっていると感じられるような特徴である必要があります。第3の基準が連続性です。あまりに短期間で変化してしまうような特徴は組織アイデンティティと呼ぶことはできません。ある程度の期間持続するような一貫した特徴でなければなりません。

◯ 組織アイデンティティが意識される状況

　私たちが普段の生活の中で「自分らしさ」を常に意識して行動しているわけではないように，組織アイデンティティも常に明確に意識されているわけでは

ありません。組織アイデンティティが明確に意識されるような状況としては次のようなものがあります（Albert & Whetten, 1985）。

　第1の状況は、組織の形成時です。新たに組織が立ち上げられる際には、どういった領域で活動するのか、目的は何なのか、どのような手段によって目的を達成するのかなどを考えなければいけません。これらはすべて、自分たちの組織はどのような存在であるのかという問いに関連します。そのため、これらを考えることは組織アイデンティティを考えることにつながります。

　第2の状況は、組織アイデンティティを維持する要素が失われたときです。これはたとえば、創業者が会社を去ったときなどがあります。創業者は、組織アイデンティティの形成に大きな影響を与えます。そのため創業者が去ることは、組織アイデンティティを改めて明確に意識し、考え直すきっかけになります。

　第3の状況は、組織が目的を達成したときです。何かある特定の目的のために設立された組織の場合、それが達成されたときには次に何を行うべきかを考えなければならなくなります。つまり、自分たちらしさについて再考することにつながります。

　第4の状況は、組織が急成長している局面です。組織の成長に伴い、それまではできなかったようなことまで選択肢として考えることができるようになります。そうなった場合に、どの選択肢を選ぶべきかの基準として働くため、組織アイデンティティが強く意識されることになります。

　第5の状況は、組織の集団のステータスに変化が生じたときです。主要な子会社を売却したり、他産業に属する企業を買収したりしたときには、組織としてのミッションや価値観について考えることになり、組織アイデンティティが意識されることになります。

　第6の状況は、組織が縮小する局面です。縮小の局面では限られた予算や人員の配分の優先順位を考えなければいけません。そのため、自分たちはどのような活動を選択していくべきかを再考しなければならなくなり、組織アイデンティティを意識することにつながります。

　では、なぜ組織を理解するうえで組織アイデンティティについて考えることが必要なのでしょうか。それは、組織アイデンティティが、組織が直面してい

る問題をどのようにとらえるか，手に入れた情報をどのように解釈するかといったことを決める要因となり，組織の意思決定における基準として働くからです。

　日常的な意思決定においては，組織アイデンティティが明確に意識されているわけではないかもしれません。しかし，個人が普段の選択の中で意識せずとも「自分らしくない」決定をすることよりも「自分らしい」選択をすることが多いのと同じように，組織も「自分たちらしい」意思決定をしやすくなります。さらに，重大な意思決定を迫られるような局面では，とくに組織アイデンティティが明確に意識され，それに沿った判断がなされやすくなります。

15.2　組織アイデンティティと組織イメージ

　前節で，組織のもつ特徴が組織アイデンティティであるかどうかを判断する基準の一つとして，連続性をあげました。しかし，ある程度の期間継続しないような特徴は組織アイデンティティとは呼べないとしても，これは組織アイデンティティがまったく変化しないということではありません。

　私たち個人も，人生における大きな変化やショックを受けるような経験から自分自身を見つめ直し考え方が変わることがあるように，組織アイデンティティも変化をすることがあります。

　それでは，組織アイデンティティはどのような場合に変化するのでしょうか。これを考える際には，組織アイデンティティは「他者にどのようにみられているか」の影響を受けるということが重要になります。

　確かに，組織アイデンティティは「自分たち自身をどうみるか」で決まるものです。しかし，この自分たちらしさは単なる思い込みで決まるものではありません。たとえば，自分たちでは「顧客重視」の企業だと考えたいとしても，顧客の間では「あの会社は問合せへの対応が不親切で，客を大事にしない」という評判になっているとすれば，「顧客重視」を組織アイデンティティとして考え続けることは難しくなります。

図表 15.1　組織アイデンティティと組織イメージ

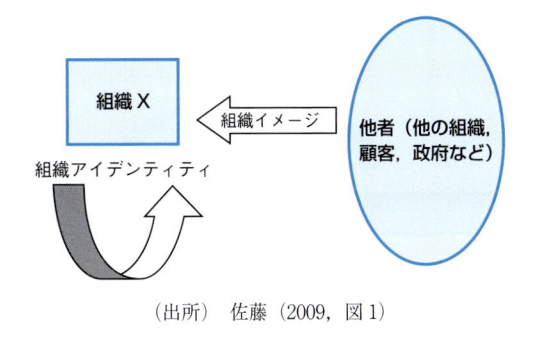

（出所）　佐藤（2009，図1）

　そのため，組織アイデンティティは顧客など組織の外部の存在からの組織イメージ（organizational image）の影響を受けることになります（図表 15.1）。組織イメージとは，他者が当該組織をどのようにみているかを指します（Hatch& Schultz，2002）。組織イメージは，意図的に行う活動を通じてだけではなく，組織メンバーと顧客などとの日々のインタラクションの影響を受けて形成されます（Hatch & Schultz，1997）。

　組織アイデンティティと組織イメージは相互に影響を与え合う関係にあります。組織アイデンティティにもとづいた行動が，組織外部の存在にとってのその組織へのイメージを形成に影響を及ぼします。これに対し，他者からのどのようにみられているかを意識することなしに自分たちらしさを考えることはできないため，組織イメージも組織アイデンティティに影響を与えます。この両者の相互作用を表したのが次の図です（図表 15.2）。

　組織アイデンティティと組織イメージが一致している場合には，組織にとって問題とならないため組織アイデンティティの変化は生じません。組織イメージが組織アイデンティティの変化を引き起こすのは，この2つが乖離した場合です（Gioia et al.，2000）。「私たちはどのような存在か？」「私たちはどのようにあるべきか？」という組織アイデンティティと，「私たちはどのような存

図表15.2　組織アイデンティティと組織イメージの相互作用

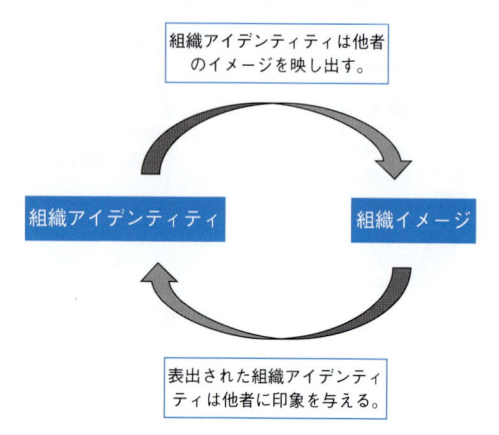

組織アイデンティティは他者のイメージを映し出す。

組織アイデンティティ ⇄ 組織イメージ

表出された組織アイデンティティは他者に印象を与える。

（出所）Hatch & Schultz（2002, p.991, Figure1）をもとに作成。

在だと思われているか？」「私たちはどのようにあるべきだと思われているか？」という組織イメージとが乖離した場合，組織アイデンティティが変化する引き金となります。

　自分たちではそう考えていなかったけれども，外部の評価として「顧客重視」だとみなされるようになれば，組織アイデンティティと組織イメージが乖離することになります。この場合には「顧客重視」が組織アイデンティティとして定着することになるでしょう。

　反対に，外部から悪いイメージをもたれることによって組織アイデンティティと組織イメージが乖離した場合には，組織には2つの対処方法が考えられます。

　一つは，外部からの評価を変化させる，つまり組織イメージを組織アイデンティティに合うように変化させることで対処するものです。自分たちでは「顧客重視」だと考えているのに，顧客にはそう思われていない場合，広告や日々の活動を通じて顧客に「顧客重視」をアピールすることで組織イメージを変え

ることができれば，組織アイデンティティと組織イメージの乖離はなくなります。

もう一つの対処方法は組織アイデンティティを変化させるというものです。もちろん，ネガティブな組織イメージ，たとえば「品質軽視」に組織アイデンティティを合わせれば良いということにはなりません。組織イメージの悪化に対して，組織アイデンティティを再考し行動を変化させることで組織イメージを改善する必要があります。

15.3　組織アイデンティティの変化の例

ダットンとデュカリッチ（Dutton & Dukerich, 1991）は，このプロセスを具体的な組織を対象とした詳細な調査によって明らかにしています。彼女たちは，ニューヨーク-ニュージャージー港湾管理委員会を対象に，組織アイデンティティと組織イメージの相互作用が，この組織のホームレス問題への対応をどのように変化させていったのかを明らかにしました。

まず，ダットンたちは，この組織アイデンティティはどのようなものであるかを調べました。その結果が次の表です（図表15.3）。

そのうえで，港湾管理委員会の行動の変化を組織アイデンティティの変化と関連させながら5段階のフェーズに分けています。

● フェーズ1（1982年～1984年）：「ホームレス問題は警察の治安の問題である」

この段階では，港湾管理委員会はホームレス問題を限定的にとらえており，バスターミナルでの問題であると認識されていました。このフェーズでの重要な出来事は，バスターミナルが改築され，ホームレスが目立つようになったこと，この地域で一人部屋のホテルの多くが閉まったことでした。港湾管理委員会がとった行動は，コンサルタントを雇って警察官のトレーニングを行うこと，港湾管理委員会が所管する施設からホームレスを追い出すために，福祉サービ

図表 15.3　港湾管理委員会のアイデンティティ

港湾管理委員会のアイデンティティの特徴	特徴に言及したインフォーマントの割合
プロフェッショナリズム，技術的専門知識はあるがソーシャル・サービスの専門知識はない	100%
倫理性，利他主義，公共サービスの倫理	44%
品質へのコミットメント	36%
地域の繁栄へのコミットメント	36%
従業員ローヤルティと家族としての従業員	32%
やればできる精神	25%

(出所)　Dutton & Dukerich (1991, p.544, Table2)

スを行う組織と連携をとることでした。

- **フェーズ2**（1985年〜1986年）:「ホームレス問題は企業の問題だが，港湾管理委員会はソーシャル・サービス・ビジネスは行っていない」

　この段階では，フェーズ1と比較すると問題のとらえ方が拡大され，企業の問題であるという認識が強くなっています。しかしホームレス対策は自分たちの仕事ではないという認識は維持されていました。このフェーズでの重要な出来事は，バスターミナル以外の主要な施設でもホームレスがみられるようになったこと，リーダーが変わったこと，事業計画の中でホームレス問題が言及されたことがあげられます。この時期にとられた行動は，ホームレス問題に関するデータの収集，一部施設へのアクセス制限といったものでした。

- **フェーズ3**（1987年）:「ホームレス問題はビジネス上の問題であり，モラルにもとづいた解決が必要だ」

　この段階では，トップ・マネジメントがこの問題に関心をもつようになり，警察中心の解決策が機能しないことも明らかになりました。さらに，新聞などでそれまでの対応を批判されたことから，人道的な対応を考えるようにもなりました。このフェーズの主要な出来事は，施設内をうろつくことを禁じる法律

が廃止されたこと，一晩に集まるホームレスが1,000人を越えるようになったこと，新聞に批判的な記事が掲載されたことがあります。港湾管理委員会がとった行動は，より人道的な対応策の模索，ホームレス問題対策のプロジェクトチームの形成，ホームレス問題研究への資金提供があげられます。

- フェーズ4（1988年）：「ホームレス問題は地域のイメージの問題で，他の誰にも対処できないものである」

この段階では，港湾管理委員会は自らがホームレス問題に関与し，解決しなければならないと考えるようになっています。このフェーズでの主要な出来事としては，市がドロップ・イン・センター運営引継ぎについての合意を撤回したこと，施設を改築し，地域のイメージを向上させるための資本計画が開始されたことがあります。また，港湾管理委員会はドロップ・イン・センターを設立しました。

- フェーズ5（1988年末～1989年初）：「ホームレス問題は地域の競争力の問題で，港湾管理委員会は静かな支援者である」

この段階では，港湾管理委員会は地域の問題であるホームレス問題をともに解決するパートナーを探すなど，より効果的な解決策を模索するようになっています。また，自らをこの問題のリーダーであると考えるようになる一方，そのような立場に立つことに対する抵抗感も感じています。このフェーズでの主要な出来事は，ニューズウィーク誌に批判的な記事が掲載されたことです。これに対し港湾管理委員会は，対策の前面には出ずにホームレスの静かな支援者になること，ともに問題に対応できるパートナーを探すこと，新たなドロップ・イン・センター設立の支援をすること，他の組織がホームレス問題に対応できるようになるための教育をすることを目指すようになっていきます。

このような対応の変化と組織アイデンティティと組織イメージの関係をまとめたものが図表15.4です。

当初，港湾管理委員会は「プロフェッショナリズム，技術的専門知識，ソーシャル・サービスの専門知識はない」という組織アイデンティティにもとづき，ホームレス問題を自分たちの対応すべき問題ではないと考えていました。そのため，警察に任せてホームレスを追い出すといった対応をとっていました。

図表 15.4 ホームレス問題への対応における組織アイデンティティと組織イメージの役割

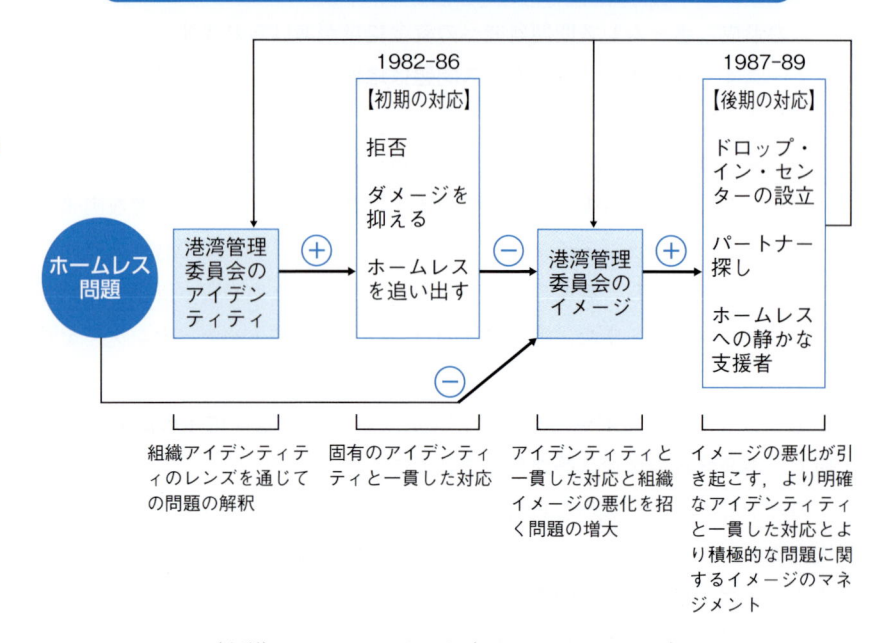

```
                              1982-86                    1987-89
                          【初期の対応】              【後期の対応】
                           拒否                        ドロップ・
                                                       イン・セン
                           ダメージを                   ターの設立
                           抑える
  ホームレス    港湾管理              港湾管理           パートナー
  問題   →    委員会の  →(+)   ホームレス →(−)  委員会の →(+)   探し
              アイデン              を追い出す          イメージ
              ティティ                                  ホームレス
                                         →(−)         への静かな
                                                       支援者

  組織アイデンティ  固有のアイデンティ   アイデンティティと     イメージの悪化が引
  ティのレンズを通じて  ティと一貫した対応   一貫した対応と組織     き起こす，より明確
  の問題の解釈                          イメージの悪化を招     なアイデンティティ
                                      く問題の増大         と一貫した対応とよ
                                                       り積極的な問題に関
                                                       するイメージのマネ
                                                       ジメント
```

（出所） Dutton & Dukerich（1991, p.521, Figure1）

しかしこの対応が非人道的対応であるとみなされてしまい，新聞，雑誌などで批判され，組織イメージの悪化を招いてしまいました。それを受けて後期には倫理性や地域コミュニティを重視したアイデンティティにもとづいて，より積極的に問題に関与する対応がとられるようになっていきました。

15.4 組織アイデンティティの主体的な変化

次に，組織アイデンティティの変化について，「誰が変化させるのか」を考

えてみましょう。組織イメージの悪化が変化の引き金になるとしても，実際に「自分たちらしさ」の考え方を変えていくのは組織の中にいる人です。誰がその中心になるのでしょうか。

これを考えるうえで重要になるのが，組織の中でもその立場の違いによって，組織アイデンティティのとらえ方も異なるということです。とくに，組織内の階層でどこに位置しているかということが，組織アイデンティティをどのようなものとみるのかに違いをもたらします。

組織内の階層で上位に位置する人と下位に位置する人，たとえば社長と一般の社員では考えるべき問題の内容は異なります。この直面する問題の違いが，組織アイデンティティの考え方にも影響します。

上位層と下位層を比較すると，組織の上位層のほうが組織アイデンティティをより具体的な要素と結びつけて考え，コントロール可能なものとしてとらえる傾向があります（図表 15.5）。そのため，少なくとも出発点において組織アイデンティティの変化を主導するのは上位のマネジャーたちの役割になることが多いでしょう。

ただし，組織の上位層の多くは，変化する前の組織アイデンティティのもとで成果を上げ，出世してきた人たちです。そのため，その組織の価値観と自分

図表 15.5　階層による組織アイデンティティの4つの相違点

	階層のトップ	階層のボトム
アイデンティティの本質	組織の戦略，目的，哲学と関連づけられる	組織文化と関連づけられる
アイデンティティの不一致	外部からのイメージとの不一致	時系列のアイデンティティの不一致
アイデンティティの変化の基礎	言語（アイデンティティのラベル）	行動と感情（アイデンティティの意味）
アイデンティティの変化の実行	新たなラベルやイメージを通じた公式のプロセス	意味や行動の変化を通じた創発的なプロセス

（出所）　Corley（2004, p.1169, Table2）

自身の成功体験が強く結びつき，組織アイデンティティの変化に対して抵抗を感じる可能性もあります。上位のマネジャーであれば誰でも組織アイデンティティの変化を主導できるわけではなく，既存の価値観から外れてしまったマネジャー，あるいは自分自身の意識を変えられる変革への意識が高いマネジャーである必要があるでしょう。

15.5 組織アイデンティティの危機

　すでにみたように，組織アイデンティティは外部からの評価の影響を受けて変化をします。その代表的な例が外部からの評価が悪化するといった組織アイデンティティの危機が訪れた場合です。しかし，そのような場合に組織がとる対応はアイデンティティの変化だけではありません。既存の組織アイデンティティを維持しつつ，それをいかに肯定的にとらえるかを考えることもあります。

　たとえば，大学という組織を考えてみましょう[1]。かつては，大学は主に入学難易度（つまり偏差値）によってランキングが付けられていました。もちろん現在でもそれは残っていますが，その他にもさまざまな指標にもとづくランキングが出されています。大学入学後の教育体制は充実しているか，財務状況は健全かなどが評価の対象とされています。

　その中でもとりわけ注目されているのが「就職力」でしょう。卒業生の就職率はどれぐらいか，どのような企業に就職しているのかといったことは学生の皆さんにとって重要な関心事であるだけでなく，その家族も関心をもつ事柄であるため，雑誌などで「本当に就職に強い大学はどこか？」といった特集が組まれ，ランキングが付けられることも珍しくありません。

　では，このような評価基準の変化は大学にとってはどのように受け止められるでしょうか。

　とくにこの変化を脅威と感じるのは，新たな基準によって評価が下がってし

---

[1] ここでの例は，米国のビジネス・スクールを対象とした研究をもとに（Elsbach & Kramer, 1996），わかりやすくするために日本の大学の架空の例として筆者が考えたものです。

図表15.6 アイデンティティの肯定とセンスメーキングの戦術

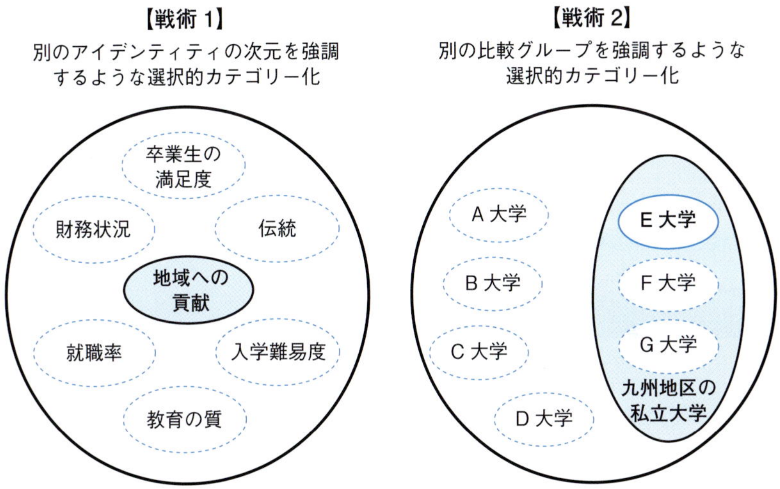

【戦術1】
別のアイデンティティの次元を強調するような選択的カテゴリー化

- 卒業生の満足度
- 財務状況
- 伝統
- 地域への貢献
- 就職率
- 入学難易度
- 教育の質

【戦術2】
別の比較グループを強調するような選択的カテゴリー化

- A大学
- B大学
- C大学
- D大学
- E大学
- F大学
- G大学
- 九州地区の私立大学

まった大学でしょう。かつての基準でいえば上位にランキングされた「難関」大学が、学生の就職率などでみたランキングでは他の大学に追い抜かれてしまっているとするならば、その大学にとっては大きな脅威となります。また、それ以外の大学にとっても、これまで考えてこなかったような基準で評価されることは、自分たちのもっている価値観を揺さぶられることにつながります。

このように外部からの評価による組織アイデンティティへの脅威には2つの種類があります。一つは組織にとって中核となる特性の価値に対する脅威で、もう一つは組織のステータスに対する脅威です。

これに対して、組織が取ることのできる対応も2種類あります。一つは、外部の評価基準では焦点が当てられない組織アイデンティティのポジティブな側面を強調するようにカテゴリー化するというもの、もう一つは比較対象を変更するように自分たちの組織をカテゴリー化するという方法です（図表15.6）。

大学にとっての1つめの方法としては、たとえば地域コミュニティへの貢献をアピールするといった方法があげられます。現在多くの大学では、その大学

が所在する地域のコミュニティに対して活動の成果を還元する努力をしています。地域との連携に特色をもつと考えている大学は，それを強みとして打ち出すことで組織アイデンティティの危機を緩和することができるかもしれません。

2つめの方法としては，たとえば長崎県にある私立大学の場合，比較対象を全国の大学ではなく「九州地区の私立大学」とし，その中でのランキングをアピールするといった方法があげられます。ステータスの低下を相対的に和らげることを通じて，組織アイデンティティの危機を緩和する方法です。

15.6　複数の組織アイデンティティ

次に，複数の組織アイデンティティが存在する場合について考えてみましょう。組織アイデンティティは，組織にとって「自分たちらしさ」を考えるうえで欠かすことのできない中心的な特徴ですが，前節でみたニューヨーク−ニュージャージー港湾管理委員会の例でも6つの特徴があげられていたように，中心的な特徴は1つの組織に1つとは限りません。そのため組織が複数の組織アイデンティティを有することもあります。

ここでも大学を例にとりましょう。大学は，学生の皆さんに専門的な知識や考え方を伝える教育を行う場であるとともに，最先端の知を創造するための研究を行う場でもあります。そのため大学という組織は，教育機関としての組織アイデンティティと研究機関としての組織アイデンティティをもつことになります。

もちろん，どのような人材の育成を目指すか，どのような方向で研究を行うのかは大学によって違いますし，同じ大学でも学部によっても大きく異なるでしょう。また，必ずしも教育と研究を同等に重視するわけではなく，教育重視，研究重視という大学もあります。

ですが，大きくまとめれば教育と研究が組織アイデンティティとなっているといえるでしょう。では，このような複数の組織アイデンティティの存在は，組織にとって，あるいは組織で働く個人（大学の場合は教員や職員）にとって

どのような意味をもつのでしょうか。これを考える前に，まず複数の組織アイデンティティが存在する状況には 2 種類があることを考える必要があります (Albert & Whetten, 1985)。

一つは，**イディオグラフィック**（ideographic）と呼ばれるタイプで，組織内の異なるユニットがそれぞれ異なるアイデンティティもつことで組織全体として複数のアイデンティティをもつことになる場合です。もう一つは**ホログラフィック**（holographic）と呼ばれるタイプで，1 つのユニットの中に複数のアイデンティティが存在する場合です。とくに後者のような場合には，異なる組織アイデンティティにもとづく競合する目標が存在することになり，難しい選択を迫られる状況も起こります。

再び大学の例で考えてみましょう。大学では多くの場合，それぞれの学部で教育と研究の両方が行われています。そのため，ホログラフィックタイプといえるでしょう。大学にとっては教育も研究もとても重要な仕事であることは間違いありません。しかし，大学の予算や人員には限りがありますので，教育と研究の両方に無尽蔵にお金や人をつぎ込むことはできません。バランス良く振り分けることが求められるわけですが，このバランスをとるのは容易なことではありません。

これは組織で働く個人にもあてはまります。大学の教員は教育と研究の両方を行うわけですが，限られた 1 日の時間を配分しなければなりません。さらに学会や研究会の日程が授業と重なることもあります。この場合，研究のことを考えれば授業を休講にしてでも学会や研究会に参加したほうが良いということになりますが，教育のことを考えると（学生がどう感じているかはともかく）授業を休まないほうが良いということになります。

組織アイデンティティは組織における意思決定の基準として働くので，複数の組織アイデンティティが存在すれば複数の判断基準があることになり，時にそれは意思決定を難しくすることにつながります。

ここでは大学を例として取り上げてきましたが，同じような問題はその他の組織でも生じるものです。とくに，病院や美術館・博物館，スポーツ・チームなどのように経済的な側面だけでは評価できないような組織の場合，ビジネスとしての組織アイデンティティとそれ以外の組織アイデンティティが衝突する

局面が多く生じます。NPO 組織（Golden-Biddle & Rao, 1997）や学術出版社（佐藤ほか，2011）の例でも，ビジネスとしての側面とその他の側面がみられます。

　これらの組織は利益を上げることだけを目的にしているわけではありません。しかし，組織を運営するためにコストがかかる以上，オペレーションを効率化するなど，組織を維持するためにはビジネスとしての考え方を取り入れることも必要になります。

　また，現在，CSR（Corporate Social Responsibility；企業の社会的責任）などの観点から，営利企業であっても利益を追求するだけでなく，環境への配慮や地域コミュニティへの貢献など，さまざまな社会的な役割を期待されるようになっています。この場合にもやはり，ビジネスとしての組織アイデンティティとそれ以外の組織アイデンティティが衝突する局面が生まれるかもしれません。

　このような，複数の組織アイデンティティが存在する状況では，組織は「自分たちはどのような存在であるのか」を明確にできなくなる危険があります（佐藤，1999）。また，複数の価値観が混在することになるため，組織内でのコンフリクトが生じやすくなり，その結果，意思決定が遅くなったり，調整のためのコストが上昇したりするという問題が生じるデメリットもあります（Pratt & Foreman, 2000）。

　ですが，デメリットばかりではありません。複数の組織アイデンティティが存在することにはメリットもあります。組織アイデンティティが1つしかないと，それになじまない人はその組織には入ってこなくなります。仮に入ってきたとしても居心地の悪さを感じ，早い段階でいなくなってしまうでしょう。そうすると，その組織には似たような人ばかりが集まることになります。これは組織のまとまりが良くなるという点では良いですが，考え方が偏ってしまうことでもあります。

　これに対し，複数の組織アイデンティティがあれば，多様な組織内の利害関係者の期待を満たすことができるようになります（Pratt & Foreman, 2000）。それによって，多様な人材を組織に集まり，創造性を高めたり学習を促進したりすることが可能になります。

15.7 組織アイデンティティと組織の戦略

　15.3でみたように，組織アイデンティティは組織の独自性を表すだけでなく，自らをどこのカテゴリーに位置づけるのかを決めるという側面ももっています（Glynn & Abzug, 2002）。そしてこれは，誰を競争相手とみなすかということにつながり，組織の戦略に大きな影響を与える要因となります。

　たとえば差別化は競争戦略の基本ともいえる考え方ですが，これは競争相手との違いをいかに生み出すかということですから，そもそも誰を競争相手とみなすかが異なれば異なる戦略が策定されることになります。高級寿司店が，自分たちを「寿司店」というカテゴリーに位置づけるのか，それとも「高級料理店」として位置づけるのかによってとるべき戦略は異なってくるでしょう。

　また，組織アイデンティティは変化への抵抗を生じさせる要因としても組織の戦略に影響を与えます。組織は変化する環境に対応することを求められるため，新たな技術や経営管理の手法を導入しようとします。しかし，それらの変化が組織アイデンティティからの逸脱だとみなされてしまうと強い抵抗が生まれ，導入は困難になります（Regar et al., 1994；佐藤, 2013；Tripsas, 2009）。そのため，合理的に思える戦略であってもその戦略をとることができない，あるいは実行の面で問題が起きるといった可能性があります。

　変化への抵抗の要因となることは，組織アイデンティティが組織の競争を考えるうえで不利に働くということです。一方，組織アイデンティティが有利に働く面もあります。

　一つは，組織アイデンティティが存在することによって，アイデンティティを脅かすような問題の解決が促進されるということです。もう一つは，組織アイデンティティの存在が組織に一体感をもたらすということです。これらの影響により，組織アイデンティティは競争優位の源泉ともなるのです（Fiol, 1991, 2001）。

　組織アイデンティティと戦略の関係は，組織アイデンティティが戦略に影響を与えるという一方的なものではありません。組織アイデンティティの影響を

受けて策定・実行された戦略が，組織アイデンティティをさらに強化するように働くなど，組織アイデンティティと戦略の間には相互に影響を与え合う関係があると考えられます。

演習問題

15.1 あなたが所属している組織（たとえば大学）の組織アイデンティティはどのようなものか，特徴をいくつかあげてください。また，その組織の一員として，組織アイデンティティを明確に意識するような場面を考えてみてください。

参 考 文 献

安部悦生（2002; 2010）『経営史』（初版，第 2 版），日本経済新聞社。
Abernathy, W. J.(1978) *The Productivity Dilemma: Roadblock to Innovation in the Automobile Industry*. Baitimore, MD: Johns Hopkins University Press.
Abernathy, W. J., & Wayne, K.（1974）Limits of the learning curve. *Harvard Business Review*, Sept-Oct., 109-119.
Albert, S., & Whetten, D. A.（1985）Organizational identity. *Research in Organizational Behavior*, 7, 263-295.
Aldrich, H. E.（1979）*Organizations and environments*. Englewood Cliffs, NJ: Prentice-Hall.
Aldrich, H. E., & Pfeffer, J.(1976) Environments of organizations. *Annual Review of Sociology*, 2, 79-105.
Aldrich, H., & Auster, E. R.（1986）Even dwarfs started small: Liabilities of age and size and their strategic implications. *Research in Organizational Behavior*, 8, 165-198.
Aldrich, H., & Ruef, M.（2006）*Organizations evolving*（2nd ed.）. London: Sage.
網倉久永・新宅純二郎（2011）『経営戦略入門』，日本経済新聞社。
青島矢一・武石彰（2001）「アーキテクチャという考え方」，藤本隆宏・武石彰・青島矢一編『ビジネス・アーキテクチャ』，有斐閣。
淺羽茂（2002）『日本企業の競争原理』，東洋経済新報社。
Asforth, B. E., & Gibbs, B. W.（1990）The double-edge of organizational legitimation. *Organization Science*, 1(2), 177-194.
浅川和宏（2003）『グローバル経営入門』，日本経済新聞社。
Axelrod, R.（1984）*The evolution of cooperation*. New York, NY: Basic Books.（松田裕之訳『つきあい方の科学』，HBJ 出版，1987 年）
Badaracco, J. L., Jr.（1991）*The knowledge link: How firms compete through strategic alliances*. Boston, MA: Harvard Business School Press.（中村元一・黒田哲彦訳『知識の連鎖――企業成長のための戦略同盟』，ダイヤモンド社，1991 年）
Baldwin, C., & Clark, K.（2000）*Design rules: The power of modularity*. Cambridge, MA: MIT Press.（安藤晴彦訳『デザイン・ルール――モジュール化パワー』，東洋経済新報社，2004 年）
Barnard, C. I.（1938）*The function of the executive*. Cambridge, MA: Harvard University Press.（山本安次郎・田杉競・飯野春樹訳『経営者の役割』，ダイヤモンド社，1968 年）
Barreto, I., & Baden-Fuller, C.（2006）To conform or to perform? Mimetic behavior, legitimacy-based groups and performance consequences. *Journal of Management Studies*, 43(7), 1559-1581.
Bartlett, C. A., & Ghoshal, S.（1989）*Managing across borders: The transnational solution*. Boston, MA: Harvard Business School Press.（吉原英樹監訳『地球市場時代の企業戦略――トランスナショナル・マネジメントの構築』，日本経済新聞社，1990 年）

Baum, J. A. C.（1996）Organizational ecology. In S. R. Clegg, C. Hardy, & W. R. Nord（Eds.）, *Handbook of organization studies*（pp. 77–114）. London: Sage.

Birkinshaw, J., & Hood, N.（1998）Multinational subsidiary evolution: Capability and chater change in foreign-owned subsidiary companies. *Academy of Management Review*, 23(4), 773–795.

Bruggeman, J.（1997）Niche width theory reappraised. *Journal of Mathematical Sociology*, 22(2), 201–220.

Burns, T., & Stalker, G.M.（1961）*The management of innovation*. London, UK: Tavistock.

Burt, R. S.（1992）*Structural holes*. Cambridge, MA: Harvard University Press.（安田雪訳『競争の社会的構造』, 新曜社, 2006年）

Carroll, G. R.（1984）Organizational ecology. *Annual Review of Sociology*, 10, 71–93.

Carroll, G. R.（1985）Concentration and specialization: Dynamics of niche width in populations of organizations. *American Journal of Sociology*, 90(6), 1262–1283.

Carroll, G. R., & Hannan, M. T.（1989）Density dependence in the evolution of populations of newspaper organizations. *American Sociological Review*, 54(4), 524–541.

Casper, S.（2007）How do technology clusters emerge and become sustainable? Social network formation and inter-firm mobility within the San Diego biotechnology cluster. *Research Policy*, 36(4), 438–455.

Chandler, A. D.（1962）*Strategy and structure: Chapters in the history of the American industrial enterprise*. Cambridge, MA: MIT Press.（有賀裕子訳『組織は戦略に従う』, ダイヤモンド社, 2004年）

Chandler, A. D.（1977）*The visible hand: The managerial revolution in American business*. Cambridge, MA: The Belknap Press of Harvard University Press.（鳥羽欽一郎, 小林袈裟治訳『経営者の時代』（上・下）, 東洋経済新報社, 1979年）

Chandler, A. D.（1990）*Scale and scope*. Cambridge, MA: Harvard University Press.（安部悦生・川辺信雄・工藤章・西牟田祐二・日高千景・山口一臣訳『スケール・アンド・スコープ——経営力発展の国際比較』, 有斐閣, 1993年）

Christensen, C. M., & Bower, J. L.（1996）Customer power, strategic investment, and the failure of leading firms. *Strategic Management Journal*, 17, 197–218.

Christensen, C. M.（1997）*The innovator's dilemma: When new technologies cause great firms to fail*. Boston, MA: Harvard Business School Press.（玉田俊平太監修, 伊豆原弓訳『増補改訂版 イノベーションのジレンマ——技術革新が巨大企業を滅ぼすとき』, 翔泳社, 2001年）

Clark, K. B., & Fujimoto, T.（1991）*Product development performance: Strategy, organization and management in the world auto industry*. Boston, MA: Harvard Business School Press.（田村明比古訳『増補版 製品開発力』, ダイヤモンド社, 2009年）

Clark, K. B., & Fujimoto, T.（1992）Product development and competitiveness. *Journal of Japanese and International Economics*, 6, 101–143.

Coase, R, H.（1937）The nature of the firm. *Economica*, 4(16), 386–405.

Cohen, W. M., & Levinthal, D. A.（1990）Absorptive capacity: A new perspective on learning and innovation. *Administrative Science Quarterly*, 35(1), 128–152.

Corley, K. G.（2004）Defined by our strategy or our culture? Hierarchical differences in per-

ceptions of organizational identity and change. *Human Relations*, 57(9), 1145-1177.
Crozier, M. (1964) *The Bureaucratic Phenomenon*. Chicago, IL: University of Chicago Press.
Cyert, R. M., & March, J. G. (1963) *A behavioral theory of the firm*. Englewood Cliffs, NJ: Prentice-Hall. (松田武彦・井上恒夫訳『企業の行動理論』, ダイヤモンド社, 1967年)
Dacin, M. T., Oliver, C., & Roy, J-P. (2007) The legitimacy of strategic alliances: An institutional perspective. *Strategic Management Journal*, 28(2), 169-182.
Daft, R. L. (2001) *Essentials of organization, theory and design* (2nd ed.). Cincinnati, OH: South-Western College Publishing. (高木晴夫訳『組織の経営学――戦略と意思決定を支える』, ダイヤモンド社, 2002年)
Daft, R. L. (2013) *Understanding the theory and design of organizations*. Cincinnati, OH: Cengage.
Dahl, R. A. (1957) The concept of Power. *Behavioral Science*, 2(3), 201-215.
Davis, S. M., & Lawrence, P. R. (1977) *Matrix*. MA: Addison-Wesley. (津田達夫・梅津祐良訳『マトリックス経営』, ダイヤモンド社, 1980年)
Deephouse, D. L. (1999) To be different, or to be the same? It's a question (and theory) of strategic balance. *Strategic Management Journal*, 20(2), 147-166.
Dill, W. R. (1958) Environment as an influence an managerial autonomy. *Administrative Science Quarterly*, 2(4), 409-443.
DiMaggio, P. (1988) Interest and Agency in institutional theory. In L. Zucker (Ed.), *Institutional patterns and organizations: Culture and environment* (pp.3-21). Cambridge, MA: Ballinger.
DiMaggio, P. J., & Powell, W. W.(1983) The iron cage revisited: Institutional isomorphism and collective rationality in organizational fields. *American Sociological Review*, 48(2), 147-160.
DiMaggio, P. J., & Powell, W. W. (1991) Introduction. In W. W. Powell, & P. J. DiMaggio (Eds.), *The new institutionalism in organizational analysis* (pp.1-38). Chicago, IL: University of Chicago Press.
Dutton, J. E., & Dukerich, J. M. (1991) Keeping an eye on the mirror: Image and identity in organizational adaptation. *Academy of Management Journal*, 34(3), 517-554.
Dyer, J. H., & Nobeoka, K. (2000) Creating and managing a high-performance knowledge-sharing network: The Toyota case. *Strategic Management Journal*, 21(3), 345-367.
Dyer, D., Dalzell, F., & Olegario, R. (2003) *Rising tide lessons from 165 years of brand building at Procter & Gamble*. Boston, MA: Harvard Business School Press. (足立光・前平謙二訳『P&Gウェイ――世界最大の消費財メーカーP&Gのブランディングの軌跡』, 東洋経済新報社, 2013年)
Elsbach, K. D., & Kramer, R. M. (1996) Members' responses to organizational identity threats: Encountering and countering the Business Week rankings. *Administrative Science Quarterly*, 41(3), 442-476.
Emerson, R. M. (1962) Power dependence relations. *American Sociological Review*, 27, 31-41.
Fiol, C. M. (1991) Managing culture as a competitive resource: An identity-based view of sustainable competitive advantage. *Journal of Management*, 17(1), 191-211.
Fiol, C. M. (2001) Revisiting an identity-based view of competitive advantage. *Journal of Management*, 27(6), 691-699.

Fligstein, N. (1990) *The transformation of corporate control*. Cambridge, MA: Harvard Business School Press.

Ford, H. (1922) *My life and work* (in Collaboration with Samuel Crowther). Garden City, NY: Doubleday, Page.

Ford, H. (1926) *Today and tomorrow* (in Collaboration with Samuel Crowther). Garden City, NY: Doubleday, Page.

Forsgren, M., Johanson, J., & Sharma, D. (2000) Development of MNC centers of excellence. In U. Holm, & T. Penderson (Eds.), *The emergence and impact of MNC centers of excellence*. London: Macmillan Press.

French, J. R. P., Jr., & Raven, B. (1968) The bases of social power. In D. Cartwright, & A. Zandar (Eds.), *Group dynamics* (3rd ed.). New York: Harper & Row.

藤本隆宏 (1997)『生産システムの進化論』, 有斐閣.

藤本隆宏 (2001)『生産マネジメント入門』(Ⅰ・Ⅱ), 日本経済新聞社.

藤本隆宏 (2004)『日本のもの造り哲学』, 日本経済新聞社.

藤本隆宏・安本雅典 (2000)「効果的な製品開発の産業・製品分野比較」, 藤本隆宏・安本雅典編著『成功する製品開発』, 終章, 有斐閣.

藤田英樹 (2009)『コア・テキスト ミクロ組織論』, 新世社.

福地宏之 (2007)「家電営業改革」, 伊丹敬之・田中一弘・加藤俊彦・中野誠編著『松下電器の経営改革』, 第4章, 有斐閣.

福嶋路 (2013)『ハイテク・クラスターの形成とローカル・イニシアティブ──テキサス州オースティンの軌跡はなぜ起こったのか』, 東北大学出版会.

Galbraith, J. R. (1971) Matrix organization designs: How to combine functional and project forms. *Business Horizons*, 14(1), 29–40.

Galbraith, J. R. (1974) Organization design: An information processing view. *Interfaces*, 4(3), 28–36.

Garvin, D. A. (1983) Spin-offs and the new firm formation process. *California Management Review*, 25(2), 3–20.

Ghemawat, P. (2001) Distance still matters: The hard reality of global expansion. *Harvard Business Review*, 79(8), 137–147.

Ghemawat, P. (2007) *Redefinig global strategy crossing borders in a world where differences still matter*. Boston, MA: Harvard Business School Press. (望月衛訳『コークの味は国ごとに違うべきか』, 文藝春秋, 2009年)

Gioia, D. A., Schultz, M., & Corley, K. G. (2000) Organizational identity, image, and adaptive instability. *Academy of Management Review*, 25(1), 63–81.

Glynn, M. A., & Abzug, R. (2002) Institutionalizing identities: Symbolic isomorphism and organizational names. *Academy of Management Journal*, 45(1), 267–280.

Golden-Biddle, K., & Rao, H. (1997) Breaches in the boardroom: Organizational identity and conflict of commitment in a nonprofit organization. *Organization Science*, 8(6), 593–611.

Granovetter, M. S. (1973) The strength of weak ties. *American Journal of Sociology*, 78(6), 1360–1380.

Greenwood, R., & Suddaby, R. (2006) Institutional entrepreneurship in mature fields: The big five accounting firms. *Academy of Management Journal*, 49(1), 27–48.

Grove, A. S.（1996）*Only the paranoid survive: How to exploit the crisis points that challenge every company*. New York: Currency.

Hannan, M. T., & Freeman, J.（1977）The population ecology of organizations. *American Journal of Sociology*, 82(5), 929-964.

Hannan, M. T., & Freeman, J.（1984）Structural inertia and organizational change. *American Sociological Review*, 49(2), 149-164.

Hannan, M. T., & Freeman, J.（1989）*Organizational ecology*. Cambridge, MA: Harvard University Press.

橋本毅彦（2002）『〈標準〉の哲学――スタンダード・テクノロジーの三〇〇年』，講談社。

Hatch, M. J., & Schultz, M.（1997）Relations between organizational culture, identity and image. *European Journal of Marketing*, 31(5/6), 356-365.

Hatch, M. J., & Schultz, M.（2002）The dynamics of organizational identity. *Human Relations*, 55(8), 989-1018.

Helper, S.（1991）How much has really changed between U.S. automakers and their suppliers? *Sloan Management Review*, 32(4), 15-28.

Hickson, D. J., Hinings, C. R., Lee, C. A., Schneck, R. E., & Pennings, J. M.（1971）A strategic contingencies theory of intraorganizational power. *Administrative Science Quarterly*, 16, 216-229.

樋口晴彦（2012）『組織不祥事研究』，白桃書房。

平田光弘（2008）『経営者自己統治論』，中央経済社。

Hirschman, A. O.（1970）*Exit, voice, and loyalty: Responses to decline in firms, organizations, and states*. Boston, MA: Harvard Business School Press.（三浦隆之訳『組織社会の論理構造――退出・告発・ロイヤルティ』，ミネルヴァ書房，1975 年）

Hounshell, D. A.（1984）*From the American system to mass production, 1800-1932: The development of manufacturing technology in the United States*. Baltimore and London: Johns Hopkins University Press.（和田一夫・金井光太朗・藤原道夫訳『アメリカン・システムから大量生産へ 1800-1932』，名古屋大学出版会，1998 年）

Hymer, S. H.（1976）*The international operations of national firms: A study of direct foreign investment*. Cambridge, MA: MIT Press.（宮崎義一編訳『多国籍企業論』，岩波書店，1979 年）

生稲史彦（2012）『開発生産性のディレンマ』，有斐閣。

稲水伸行・若林隆久・高橋伸夫（2007）「産業集積論と〈日本の産業集積〉論」，『赤門マネジメント・レビュー』，6(9), 381-412。

Inkpen, A. C., & Tsang, E. W. K.（2005）Social capital, networks, and knowledge transfer. *Academy of Management Review*, 30(1), 146-165.

磯辺剛彦・牧野成史・クリスティーヌ・チャン（2010）『国境と企業』，東洋経済新報社。

Jacobson, G., & Hillkin, J.（1986）*XEROX: AMERICAN SAMURAI*. New York, NY: Macmillan Publishing Company.（信太英男訳『ゼロックス――ナンバーワンを守り抜く戦略』，ダイヤモンド社，1987 年）

Jones, G.（2005）*Multinationals and global capitalism from the nineteenth to the twenty first century*. Oxford, UK: Oxford University Press.（安室憲一・梅野巨利訳『国際経営講義』，有斐閣，2007 年）

Jonsson, S., Greve, H. R., & Fujiwara-Greve, T. (2009) Undeserved loss: The spread of legitimacy loss to innocent organization in response to reported corporate deviance. *Administrative Science Quarterly*, 54(2), 195-228.

加護野忠男 (1980)『経営組織の環境適応』,白桃書房。

加藤俊彦 (2011)『技術システムの構造と革新——方法論的視座に基づく経営学の探求』,白桃書房。

風間信隆 (2012)「ウッドワードの生涯と研究」,岸田民樹編著『ウッドワード』,第1章,文眞堂。

Kennedy, M. T., & Fiss, P. C. (2009) Institutionalization, framing, and diffusion: The logic of TQM adoption and implementation decision among U.S. hospitals. *Academy of Management Journal*, 52(5), 897-918.

岸田民樹・田中政光 (2009)『経営学説史』,有斐閣。

Klein, B., Crawford, R., & Alchian, A. (1978) Vertical integration, appropriable rents, and the competitive contracting process. *Journal of Law and Economics*, 21, 297-326.

Klepper, S. (2002) The capabilities of new firms and the evolution of the U.S. automobile industry. *Journal of Political Economy*, 108(4), 645-666.

國領二郎 (2013)『ソーシャルな資本主義——つながりの経営戦略』,日本経済新聞社。

近能善範・高井文子 (2010)『コア・テキスト イノベーション・マネジメント』,新世社。

小山嚴也 (2011)『CSRのマネジメント』,白桃書房。

Krackhardt, D. (1992) The strength of strong ties: The importance of philos in organizations. In N. Nohria, & R. K. Eccles (Eds.), *Networks and organizations* (pp.216-239). McGraw-Hill.

Krugman, P. (1991) *Geography and trade*. Cambridge, MA: MIT Press. (北村行伸・高橋亘・妹尾美起訳『脱「国境」の経済学』,東洋経済新報社,1994年)

桑嶋健一 (2006)『不確実性のマネジメント』,日経BP社。

Langlois, R. N. (2003) The vanishing hand: The changing dynamics of industrial capitalism. *Industrial and Corporate Change*, 12, 351-385.

Lawrence P. R., & Lorsch, J. W. (1967) *Organization and environment: Managing differentiation and integration*. Cambridge, MA: Harvard Business School Press. (吉田博訳『組織の条件適応理論』,産業能率大学出版部,1977年)

Leblebici, H., Salancik, G. R., Copay, A., & King, T. (1991) Institutional change and the transformation of interorganizational fields: An organizational history of the U.S. radio broadcasting industry. *Administrative Science Quarterly*, 36(3), 333-363.

Lin, N. (2001) *Social capital*. Cambridge: Cambridge University Press. (筒井淳也・石田光規・桜井政成・三輪哲・土岐智賀子訳『ソーシャル・キャピタル』,ミネルヴァ書房,2008年)

MacMillan, I. C. (1986) Executive forum: To really learn about entrepreneurship, lets study habitual entrepreneurs. *Journal of Business Venturing*, 1, 211-243.

間嶋崇 (2007)『組織不祥事』,文眞堂。

真鍋誠司・延岡健太郎 (2002)「ネットワーク信頼の構築——トヨタ自動車の組織間学習システム」,『一橋ビジネスレビュー』,50(3), 184-193。

March, J. G., & Simon, H. A. (1958; 1993) *Organizations*. New York, NY: John Wiley & Sons.

（初版の訳：土屋守章訳『オーガニゼーションズ』, ダイヤモンド社, 1977 年）
Marshall, A.（1890）*Principles of economics*. London, UK: Macmillan.（馬場啓之助訳『経済学原理』, 東洋経済新報社, 1965 年）
McKenna, C. D.（2006）*The world's newest profession*. Cambridge: Cambridge University Press.
Meyer, J. W., & Rowan, B.（1977）Institutionalized organizations: Formal structure as myth and ceremony. *American Journal of Sociology*, 83(2), 340-363.
三宅秀道（2012）『新しい市場のつくりかた』, 東洋経済新報社。
宮島英昭（1992）「第五章　財閥解体」, 法政大学産業情報センター・橋本寿朗・竹田晴人編『日本経済の発展と企業集団』（pp. 203-254）, 東京大学出版会。
宮崎正也（2011）『コア・テキスト 事業戦略』, 新世社。
Monteverde, K., & Teece, D.（1982）Supplier switching costs and vertical integration in automobile industry. *Bell Journal of Economics*, 13, 206-213.
中村隆英（2007）『昭和経済史』, 岩波書店。
Nelson, R. R., & Winter, S. G.（1982）*An evolutionary theory of economic change*. Cambridge, MA: Harvard Business School Press.（後藤晃・角南篤・田中辰雄訳『経済変動の進化理論』, 慶應義塾大学出版会, 2007 年）
Nishiguchi, T.（1994）*Strategic industrial sourcing: The Japanese advantage*. New York, NY: Oxford University Press.（西口敏宏『戦略的アウトソーシングの進化』, 東京大学出版会, 2000 年）
西口敏宏（2007）『遠距離交際と近所づきあい』, NTT 出版。
延岡健太郎（2006）『MOT「技術経営」入門』, 日本経済新聞社。
沼上幹（2004）『組織デザイン』, 日本経済新聞社。
Nystrom, O. C., & Starbuck, W. H.（1984）Organizational facades. *Academy of Management Proceedings*, 182-185.
OECD（2010）*SME's, entrepreneurship and innovation*（OECD studies on SMEs and entrepreneurship）. Paris: OECD.
Oliver, C.（1991）Strategic responses to institutional processes. *Academy of Management Review*, 16(1), 145-179.
大河内暁男（1991; 2001）『経営史講義』（初版, 第 2 版）, 東京大学出版会。
大木清弘（2008）「海外子会社の「進化」とその促進――経営学輪講 Birkinshaw and Hood（1998）」,『赤門マネジメント・レビュー』, 7(10), 757-772。
Penrose, E. T.（1959; 1980; 1995）*The theory of the growth of the firm*. Oxford, UK: Basil Blackwell. 3rd ed. Oxford: Oxford University Press.（第 3 版の訳：日高千景訳『企業成長の理論』, ダイヤモンド社, 2010 年）
Pfeffer, J.（1981）*Power in organization*. Marshfild, MA: Pitman.
Pfeffer, J.（1982）*Organizations and organization theory*. Marshfield, MA: Pitman.
Pfeffer, J.（1992）*Managing with power: Politics and influence in organizations*. Boston, MA: Harvard Business School Press.（奥村哲史訳『影響力のマネジメント』, 東洋経済新報社, 2008 年）
Pfeffer, J.（2003）Introduction to the classic edition. In J. Pfeffer, & G. R., Salancik, *The external control of organizations: A resource dependence perspective*（classic edition）. Stanford, CA: Stanford University Press.

Pfeffer, J., & Salancik, G. R.(1978)*The external control of organizations: A resource dependence perspective.* New York, NY: Harper & Row.

Piore, M. J., & Sabel, C. F.(1984)*The second industrial divide.* New York, NY: Basic Book.(山之内靖・永易浩一・石田あつみ訳『第二の産業分水嶺』,筑摩書房,1993年)

Porter, M. E.(1990)*The competitive advantage of nations.* New York, NY: Free Press.(土岐坤・中辻萬治・小野寺武夫訳『国の競争優位』(上・下),ダイヤモンド社,1992年)

Porter, M. E.(1998)*On competitions.* Boston, MA: Harvard Business School Press.(竹内弘高訳『競争戦略論』(Ⅰ・Ⅱ),ダイヤモンド社,1999年)

Porter, M. E.(2001)*Cluster of innovation: Regional foundations of U.S. competitiveness.* Council of Competitiveness.

Pratt, M. G., & Foreman, P. O.(2000)Classifying managerial responses to multiple organizational identities. *Academy of Management Review*, 25(1), 18-42.

Putnam, R. D.(1993)*Making democracy work: Civic tradition in modern Italy.* Princeton, NJ: Princeton University Press.(河田潤一訳『哲学する民主主義——伝統と改革の市民構造』,NTT出版,2001年)

Reger, R. K., Gustafson, L. T., Demarie, S. M., & Mallane, J. V.(1994)Reframing the organization: Why implementing total quality is easier said than done. *Academy of Management Review*, 19(3), 565-584.

Richardson, G. B.(1972)The organization of industry. *Economic Journal*, 82, 883-896.

Rose, F.(1989)*West of Eden: The end of innocence at apple computer.* New York, NY: Viking Penguin.(渡辺敏訳『エデンの西』(上・下),サイマル出版会,1990年)

Rowley, T. J.(1997)Moving beyond dyadic ties: A network theory of stakeholder influences. *Academy of Management Review*, 22(4), 887-910.

Ruef, M.(1997)Assessing organizational fitness on a dynamic landscape: An empirical test of the relative inertia thesis. *Strategic Management Journal*, 18(1), 837-853.

Sako, M.(1992)*Price, quality and trust: Inter-firm relations in Britain and Japan.* Cambridge, UK: Cambridge University Press.

佐藤郁哉(1999)『現代演劇のフィールドワーク』,東京大学出版会。

佐藤郁哉・山田真茂留(2004)『制度と文化——組織を動かす見えない力』,日本経済新聞社。

佐藤郁哉・芳賀学・山田真茂留(2011)『本を生み出す力』,新曜社。

佐藤秀典(2009)「我々は何者でありたいと願うのか——ダイナミックな組織アイデンティティの理解に向けて——経営学輪講 Dutton and Dukerich(1991)」,『赤門マネジメント・レビュー』,8(1), 19-28。

佐藤秀典(2010)「正当性獲得行動のジレンマ——損害保険業における近視眼的問題対応」,『組織科学』,44(1), 74-84。

佐藤秀典(2013)「ルーチン形成における管理者の認識とパワー——自動車販売現場における管理者の役割」,『組織科学』,47(2), 47-58。

Saxenian, A. L.(1994)*Regional advantage: Culture and competition in Silicon Valley and Route 128.* Cambridge, MA: Harvard Business School Press.(山形浩生・柏木亮二訳『現代の二都物語——なぜシリコンバレーは復活し,ボストン・ルート128は沈んだか』,日経BP社,2009年)

Seo, M-G., & Creed, W. E. D.(2002)Institutional contradictions, praxis, and institutional

change: A dialectical perspective. *Academy of Management Review*, 27(2), 222-247.
塩見治人（1978）『現代大量生産体制論——その成立史的研究』，森山書店。
Simon, H. A.（1947; 1957; 1976）*Administrative behavior: A study of decision-making processes in administrative organization*. 1st ed. and 2nd ed. New York, NY: Macmillan. 3rd ed. New York, NY: Free Press.（第3版の訳：松田武彦・高柳暁・二村敏子訳『経営行動』，ダイヤモンド社，1989年）
Simon, H. A.（1969; 1981）*The sciences of the artificial*. Cambridge, MA: MIT Press.（第2版の訳：稲葉元吉・吉原英樹訳『新版システムの科学』，パーソナルメディア，1987年）
Sloan, A. P. edited by J. McDonald with C. Stevens（1964）*My years with General Motors*. Garden City, NY: Doubleday.（田中融二・狩野貞子・石川博友訳『GMとともに——世界最大企業の経営哲学と成長戦略』，ダイヤモンド社，1967年）
Smith, D. K., & Alexander, R. C.（1999）*Fumbling the future: How Xerox invented, then ignored, the first personal computer*. New York, NY: Morrow.（山崎賢治訳『取り逃がした未来』，日本評論社，2005年）
Sorensen, C. E.（1956）*My forty years with Ford*. New York, NY: W. W. Norton.（高橋達男訳『フォード　その栄光と悲劇』，産業能率短期大学出版部，1968年）
Sorenson, O., Mcevily, S., Ren, C. R., & Roy, R.（2006）Niche width revisited: Organizational scope, behavior and performance. *Strategic Management Journal*, 27(10), 915-936.
Stinchcombe, A. T.（1965）Social structure and organizations. In J. G. March（Ed.）, *Handbook of Organizations*（pp. 153-193）. Chicago, IL: Rand McNally.
Suchman, M. C.（1995）Managing legitimacy: Strategic and institutional approaches. *Academy of Management Review*, 20(3), 571-610.
高橋伸夫（1995; 2003; 2006）『経営の再生——戦略の時代・組織の時代』（初版，新版，第3版），有斐閣。
高橋伸夫編著（1996）『未来傾斜原理——協調的な経営行動の進化』，白桃書房。
高橋伸夫編著（1999）『生存と多様性』，白桃書房。
高橋伸夫編著（2000）『超企業・組織論』，有斐閣。
高橋伸夫（2004）『虚妄の成果主義——日本型年功制復活のススメ』，日経BP社。
高橋伸夫・新宅純二郎・大川洋史（2007）「技術的トラジェクトリの破断——経営学輪講 Christensen and Bower（1996）」，『赤門マネジメント・レビュー』，6(7), 267-274。
高橋伸夫（2013a）「ランダムではない行為の中に組織を見出す——経営学輪講　Thompson（1967）」，『赤門マネジメント・レビュー』，12(4), 327-348。
高橋伸夫（2013b）『殻——脱じり貧の経営』，ミネルヴァ書房。
高瀬武典（1991）「組織学習と組織生態学」，『組織科学』，25(1), 58-66。
高瀬武典（2010）「日本のソフトウエア産業における競争と地域性——密度依存仮説の適用可能性をめぐって」，『組織科学』，43(4), 27-37。
武石彰（2003）『分業と競争——競争優位のアウトソーシング』，有斐閣。
谷口勇仁（2012）『企業事故の発生メカニズム』，白桃書房。
Taylor, F. W.（1911）*The principles of scientific management*. New York, NY: Harper & Bros., Reissued 1967 by W. W. Norton & Company, New York, NY.（有賀裕子訳『新訳　科学的管理法』，ダイヤモンド社，2009年）
Teece, D. J.（1982）Towards an economic theory of the multiproduct firm. *Journal of Economic*

Behavior and Organization, 1(3), 223-247.
Thompson, J. D., & McEwen, W. J.（1958）Organizational goals and environment: Goal-setting as an interaction process. *American Sociological Review*, 23, 23-31.
Thompson, J. D.（1967; 2003）*Organizations in action: Social science bases of administrative theory*. New York, NY: McGraw-Hill. New Brunswick, NJ: Transaction.（1967年版の訳：高宮晋監訳，鎌田伸一・新田義則・二宮豊志訳『オーガニゼーション　イン　アクション――管理理論の社会科学的基礎』，同文舘出版，1987年。2003年版の訳：大月博司・廣田俊郎訳『行為する組織――組織と管理の理論についての社会科学的基盤』，同文舘出版，2012年）
Tripsas, M.（2009）Technology, identity, and inertia through the lens of "The digital photography company." *Organization Science*, 20(2), 441-460.
Ulrich, K.（1995）The role of product architecture in the manufacturing firm. *Research Policy*, 24, 419-440.
Uzzi, B.（1996）The sources and consequences of embeddedness for the economic performance of organizations: The network effect. *American Sociological Review*, 61(4), 674-698.
Uzzi, B.（1997）Social structure and competition in interfirm networks: The paradox of embeddedness. *Administrative Science Quarterly*, 42(1), 35-67.
Vernon, R.（1966）International investment and international trade in the product cycle. *Quarterly Journal Economics*, 80, 190-207.
von Bertalanffy, L.（1968）*General system theory: Foundations, development, applications*. New York, NY: George Brazillier.（長野敬・太田邦昌訳『一般システム理論』，みすず書房，1973年）
和田一夫（1991）「自動車産業における階層的企業間関係の形成――トヨタ自動車の事例」，『経営史学』，26(2), 1-27。
和田一夫（2009）『ものづくりの寓話――フォードからトヨタへ』，名古屋大学出版会。
若林直樹（2006）『日本企業のネットワークと信頼――企業間関係の新しい経済社会学分析』，有斐閣。
Weber, M.（1922）*Soziologische grundbegriffe, wirtschaft und gesellschaft*. Tuebingen, J. C. B. Mohr.（清水幾太郎訳『社会学の根本概念』，岩波書店，1972年）
Westphal, J. D., Gulati, R., & Shortell, S. M.（1997）Customization or conformity? An institutional and network perspective on the content and consequences of TQM adaptation. *Administrative Science Quarterly*, 42(2), 366-394.
Wilkins, M.（1970）*The emergeice of multinational enterprise*. Cambridge, MA: Harvard University Press.（江夏健一・米倉昭夫訳『多国籍企業の史的展開――植民地時代から1914年まで』，ミネルヴァ書房，1973年）
Wilkins, M.（1974）*The maturing of multinational enterprise*. Cambridge, MA: Harvard University Press.（江夏健一・米倉昭夫訳『多国籍企業の成熟』（上・下），ミネルヴァ書房，1976年）
Williamson, O. E.（1975）*Markets and hierarchies: Analysis and antitrust implications*. New York, NY: Free Press.（浅沼萬里・岩崎晃訳『市場と企業組織』，日本評論社，1980年）
Williamson, O. E.（1981）The modern corporation: Origins, evolution, attributes. *Journal of Economic Literature*, 19(4), 1537-1568.

Williamson, O. E.（1985）*The economic institutions of capitalism*. New York, NY: Free Press.
Woodward, J.（1965）*Industrial organization: Theory and practice*. London, UK: Oxford University Press.（矢島鈞次・中村寿雄訳『新しい企業組織』，日本能率協会，1970年）
山田耕嗣（1996）「組織間関係論」，高橋伸夫編著『未来傾斜原理――協調的な経営行動の進化』，白桃書房，55-82。
山田耕嗣（1997）「組織文化とパワー」，高橋伸夫編著『組織文化の経営学』中央経済社，111-124。
山田耕嗣（2000）「組織間関係」，高橋伸夫編著『超企業・組織論――企業を超える組織のダイナミズム』，有斐閣。
Yamada, K.（2014）Spurious correlation between economies and scale: Model T Ford revisited. *Annals of Business Administrative Science* 13, 199-214.
山岸俊男（1998）『信頼の構造――こころと社会の進化ゲーム』，東京大学出版会。
山倉健嗣（1993）『組織間関係』，有斐閣。
山中伸彦（2000）「組織におけるパワー研究の現状と課題」，『立教経済学研究』，53(4), 51-76。
安田雪（2001）『実践ネットワーク分析』，新曜社。
吉原英樹（1992）『富士ゼロックスの奇跡――なぜXeroxを超えられたか』，東洋経済新報社。
Zimmerman, M. A., & Zeitz, G. J.（2002）Beyond survival: Achieving new venture growth by building legitimacy. *Academy of Management Review*, 27(3), 414-431.

年鑑・社史類

『富士ゼロックスの歴史　1962-1992』1994年。
『三菱日本重工業株式会社社史』1967年。
『トヨタ自動車三十年史』1967年。

索　引

人名索引

アンドリーセン（Marc Lowell Andreessen）　84
ウィリアムソン（Oliver E. Williamson）　221
ウェバー（Max Weber）　204
ウッドワード（Joan Woodward）　50, 160

ガルブレイス（Jay R. Galbraith）　27
ギャンブル（James A. Gamble）　88
ギルブレス夫妻（Frank B. & Lillian M. Gilbreth）　131
グラント（Ulysses S. Grant）　184
クリステンセン（Clayton M. Christensen）　189
グリボーバル（Jean-Baptiste Vaquette de Gribeauval）将軍　119
クロジェ（Michel Crozier）　208
ゲマワット（Pankaj Ghemawat）　93
コース（Ronald H. Coase）　220

サイアート（Richard M. Cyert）　202
サイモン（Herbert A. Simon）　6, 222
サクセニアン（AnnaLee Saxenian）　73
サランシック（Gerald R. Salancik）　176
ショックレー（William B. Shockley, Jr.）　80
ジョブズ（Steven P. Jobs）　200
ストーカー（George M. Stalker）　159
セーブル（Charles F. Sabel）　70

ダール（Robert A. Dahl）　205
チャンドラー（Alfred D. Chandler, Jr.）　24

テイラー（Frederick W. Taylor）　129, 158
デュラント（William C. Durant）　228
ドッジ（Joseph Dodge）　181
トンプソン（James D. Thompson）　124, 169

ノイス（Robert N. Noyce）　80

ハーシュマン（Albert Hirschman）　36
バーナード（Chester I. Barnard）　3
バーノン（Raymond Vernon）　101
バーンズ（Tom Burns）　159
ハイマー（Stephen H. Hymer）　101
パッカード（David Packard）　78
パットナム（Robert D. Putnam）　79
ハナン（Michael T. Hannan）　243
ピオリ（Michael J. Piore）　70
ヒクソン（David J. Hickson）　208
ヒューレット（William R. Hewlett）　78
ファビオ（Robert Fabbio）　81
フェファー（Jeffrey Pfeffer）　176
フォード（Henry Ford）　120, 210
フォン・ベルタランフィ（Ludwig von Bertalanffy）　3
フリーマン（John Freeman）　243
フリグスタイン（Neil Fligstein）　209
ブリン（Sergey M. Brin）　78
フレンチ（John R. P. French, Jr.）　205
プロクター（William Procter）　88
ベイザーマン（Max H. Bazerman）　143
ヘルパー（Susan Helper）　36
ポーター（Michael E. Porter）　66

315

マーシャル（Alfred Marshall）　69
マーチ（James G. March）　202
マクドナルド（Robert A. MacDonald）　91
マスク（Elon Musk）　84
マックロー（Peter McColough）　110, 197
松下幸之助　25
ムーア（Gordon E. Moor）　80

ヤーガー（Durk Jager）　91, 100

ラフリー（Alan G. Lafley）　91, 100
ラリー・ペイジ（Lawrence E. "Larry" Page）　78
ラングロワ（Richard N. Langlois）　232
リーズン（James T. Reason）　143
レイブン（Bertram Raven）　205
ローシュ（Jay W. Lorsch）　165
ローレンス（Paul R. Lawrence）　165

ワトキンス（Michael D. Watkins）　143

企業・団体名など索引

朝日新聞社　244
アップル　75, 196
インテル　75
ウォルト・ディズニー　257
オラクル　75
花王　90

カルピス　257
キヤノン　108
協豊会　44, 47
グーグル　75
小林製薬株式会社　56

シアーズ　24
しまむら　134
シンガー　229
スカイチーム　272
スターアライアンス　272
スタンダード・オイル　114
3M　55
セゾン・グループ　133
セブン-イレブン・ジャパン　102
ゼロックス　196

ダイキン工業　185
チボリ・システムズ　81
ディジタル・イクイップメント・コーポレーション　74
テスラ・モーターズ　84

デュポン　24, 114
トヨタ　43
トヨタ自動車　257, 277

日本経済団体連合会　255
ニュージャージー・スタンダード　24
ニューヨーク-ニュージャージー港湾管理委員会　291
ネスレ　96
ネットスケープ・コミュニケーションズ　84

ハイブリテック　81
ハウス食品　257
パナソニック　25, 257
パロアルト研究所　196
ヒューレット・パッカード　75
フィリップス　96
フェアチャイルド・セミコンダクタ　81
Facebook　257
フォード　114, 257
富士写真フイルム　107
富士ゼロックス　107
ブリヂストン　257
プロクター・アンド・ギャンブル　88
米国ゼロックス　107, 191
本田技研　257

マサチューセッツ工科大学　74

松下電器産業　*99*
松下電器産業株式会社　*25*
三菱銀行　*182*

ヤフー　*75*
雪印食品　*145*
雪印乳業　*145*
ユニ・チャーム　*90*
ユニリーバ　*96*
読売新聞社　*244*

ライオン　*90*

ランク・ゼロックス　*107*
リコー　*108*
良品計画　*132*

ワンワールド　*272*

GM　*24*
IBM　*196*
ITT　*211*
NEC　*99*
U.S.スティール　*114*

事項索引

あ 行

アイデンティティ　*47,79,105*
アイボン　*56*
アウトソーシング　*33,234*
アウトプット　*125*
　　――における標準化　*126*
新しさによる不利　*84,249*
アニュアル・モデル・チェンジ　*211*
アメリカ式製造システム　*119*
アルト　*196*
暗黙知　*278*
　　――的な情報　*80*
　　――的な知識　*47,104*

イシューマイオピア　*147*
依存関係　*175*
一次部品メーカー　*34*
一定の距離を置くような関係　*36*
一般環境　*6,165*
イディオグラフィック　*299*
移動式組立方式　*118*
意図への信頼　*42*
イノベーション　*105,127*
インセンティブ　*144*
インターナショナル組織　*97*

インターフェイス　*37,127*
インターフェイスの標準化　*127*
インダストリアル・エンジニアリング
　131
インテグラル型アーキテクチャ　*37*
インパナトーレ　*73*
インフォーマルなコミュニケーション
　160
インプット　*124*
　　――の標準化　*125*
インフレーション　*181*

埋め込まれたエージェンシーのパラドックス　*268*
埋め込まれた紐帯　*281*
埋め込み型の知識　*48,67*
埋め込み理論　*41*

エンジェル　*83*

オースティン　*81*
オーバーラップ型製品開発体制　*111*
オープン・アーキテクチャ　*127*
オープン化　*76,127*
オープン・システム　*6,169*

索引

317

か 行

海外市場への参入　264
下位環境　165
外注化　44
外的統合　61
外部経済　69
外部役員の受け入れ　181
価格　174
科学的管理法　129, 158
過剰な埋め込み　283
カスタム部品　38
割賦販売　211
合併・買収　180
カテゴリー化　297
ガバナンス構造　221
株主価値　212
カルテル　181, 213
加齢による不利　250
考え方の不一致　201
環境　6, 201
環境からの影響力モデル　187
環境特性　166
環境変化　238
環境変動　245
緩衝化　171
カンパニー制　17
かんばん方式　47
完備契約　222
官僚制組織　9, 158, 259
関連・支援産業　79

企業の来歴　80
機会主義　33, 222
機械的管理システム　159
機械的な組織体制　53
機関投資家　212
企業外ネットワーク　103
企業系列診断制度　44
企業コントロール　209
企業戦略および競争環境　78
企業内ネットワーク　103, 273

企業の行動理論　202
技術的トラジェクトリ　189
技術的ネットワーク　76
規則の文書化　158
機能分化　128
機能別組織　15
規範的同型化　256
規模の経済　114, 233
吸収能力　104
境界　170
境界単位　170
業界団体　181
強制　168
強制的同型化　255
競争的同型化　255
競争入札　33
競争優位　301
共通目的　4, 14
協定　181
協働システム　3
京都議定書　185
局部的合理性　203
許容水準意思決定ルール　203
近代組織論　6
緊密で長期継続的な取引関係　34

組立分工場　123
クラスター　66
クローズド・システム　6
グローバリゼーション　94
グローバル組織　97

経営遺産　99
経営者の役割　3
経験からの学習　144
経験効果　124
経済的隔たり　93
形式知　278
ケイパビリティ　231
軽量級プロダクト・マネジャー型組織　58
系列　274
系列融資　182

ゲージ *118*
ゲスト・エンジニア *40*
権威 *205*
権限・責任の明確化 *158*
原材料や労働力の標準化 *125*
現地人マネジャー *104*
限定された合理性 *222*
現場参加型の標準化活動 *121*

行為する組織 *169*
貢献 *7*
貢献意欲 *4, 14*
工作機械 *118*
公式権限 *71, 174, 206*
公式組織 *4*
公式の規則や手続き *160*
構成概念 *4, 221*
構成的特性 *3*
構造的慣性 *242*
構造的空隙 *207, 281*
構造同値 *274*
工程イノベーション *118*
工程明細書 *121*
合弁 *181*
後方統合 *233*
互換性 *119*
顧客満足 *7*
個体群 *241*
コミットメント *214*
コミュニケーション *4, 14, 202*
コミュニケーション・ネットワークにおける中心性 *207*
コングロマリット *211*
コンティンジェンシー理論 *9, 92, 158, 176*
コンバータ *73*
コンプライアンス意識 *142*
コンフリクト *167, 196*
　　——解決メカニズム *169*
　　——の準解決 *203*
コンベアー・システム *118*
根本的な変容 *226*

さ 行

最小効率規模 *233*
財務志向のコントロール *211*
サウス・イースト・エセックス工科大学 *160*
サウス・エセックス研究 *50*
作業の標準化 *121*
作業標準 *131*
サプライヤー *272*
　　——・システム *32*
差別化 *301*
　　——競争 *78*
差別出来高給制度 *129*
参加者 *7*
産業集積 *66, 274*
サンタクララ・バレー *75*
産地 *71*
サンディエゴ *81*

ジェネラリスト組織 *243*
時間研究 *121, 129*
時間的バッファー *204*
事業グループ *17*
事業部制組織 *15, 213*
事業ユニット *17*
資源依存理論 *175*
資源交換の相対的規模 *178*
資源の希少性 *202*
資源の重要性 *178*
資源の配分や使用に関する自由裁量権 *178*
資源の必須性 *178*
事後コスト *225*
資産特殊性 *225*
自主研究会 *47*
市場と企業組織 *222*
市場取引 *174*
　　——としての紐帯 *281*
市場ニーズの多義性 *62*
市場の厚み *234*
市場の価格メカニズム *220*

市場の失敗　222
システム　2
事前コスト　224
持続的イノベーション　190
自働化　47
市販部品　38
資本の自由化　88
社会化　126
社会的現実　215
社会的コミュニティ　76
社会ネットワーク分析　41
シャシー　116
社内研修　126
集合的アイデンティティ　84
集団合理性　240
柔軟な専門化　70
周辺的な存在　268
重量級プロダクト・マネジャー型組織　59
需要条件　78
準分解可能なシステム　221
少数企業間の不完全競争　222
少数性　223
承認図方式　38
情報の収集　143
情報の統合　143
情報の偏在　222
職能別組織　213
食品産業　167
職務の専門化　158
シリアル・アントレプレナー　83
シリコン・バレー　74, 274
自律性　180
新制度派組織論　254
新製品開発プロジェクト　56
人的特殊資産　225
信頼　41
心理的近似性　81

スイスチーズモデル　143
垂直統合　74, 233
垂直分化　128, 234
水平統合　213

スタートアップ　75
スタンフォード大学　74, 75
ステークホルダー　273
ステータスに対する脅威　297
スピル・オーバー　69
スピンオフ　80
　　——の連鎖　81
スプリングフィールド兵工廠　119
スペシャリスト組織　243
スペック　126
スムート・ホーリー関税法　96
3PL　235
スループット　124

生産活動　50
生産工程の標準化　120
生産システム　50
生産調査部　46
生産要素の比較優位　67
静止式組立方式　122
製造志向のコントロール　210
製造性　40, 121
正当性　240, 259
制度的圧力　267
制度的企業家　268
制度的同型化　255
制度的隔たり　93
制度への信頼　41
精肉業者の解体ライン　118
製品アーキテクチャ　37
製品開発活動　50
製品コンセプト　61
製品の統合性　38
製品の標準化　120
製品の複雑性　62
世界恐慌　94, 95
セミ・グローバリゼーション　99, 100
セラー・キーフォーバー法　211
ゼロックス914　107
善意への信頼　42
泉州　71
漸進的イノベーション　191

センター・フォー・グローバル型イノベーション　106
前方統合　233
専門化　128
専用資産　225
戦略的イニシアティブ　106
戦略的コンティンジェンシー理論　208
戦略的提携　274
戦略的バランス　264

相互依存　202
装置生産　161
ソーシャル・キャピタル　79, 273
組織　14
組織アイデンティティ　286
　　──の危機　296
組織イメージ　289
組織エコロジー論　241
組織間学習　80
組織間関係　174
　　──論　10, 174
組織均衡　6
組織ぐるみ　140
組織形態　243
組織構造　50
組織合理性　169
組織デザイン　14
組織と環境　158
組織内政治　239
組織内の政治的プロセス　187
組織の死亡率　248
組織の誕生率　248
組織の必要資源をコントロールする能力　208
組織の不確実性に対処する能力　208
組織のプログラム　134
組織の分化　201
組織の有効性　177
　　──のジレンマ　189
組織フィールド　257
組織文化　216
組織倫理　142

損害保険業界　149

た　行

第1次グローバル経済　94
大規模なバッチ・大量生産　161
第2次世界大戦　95
貸与図部品　39
大量生産　114
　　──システム　70
多角化　180
多国籍企業　92
タスク環境　6, 165
タスク・フォース　27
単品・小規模なバッチ生産　161

チアー　89
地域産業システム　74
小さいことの不利　251
治具　118
知識の創造と移転　100
中核となる特性の価値に対する脅威　297
中心性　286
中心的な存在　268
紐帯　276
調整グループ，チーム　28
調整連絡役　27
朝鮮戦争　182
直接結合　274
直接コントロール　213
地理的隔たり　93
チンしてこんがり魚焼きパック　57

2ボス・モデル　21
作り勝手のよい部品設計　40
強い紐帯の強み　276

定式化　145
テクニカル・コア　170
デザイン・ルール　127
デジュリ・スタンダード　184
手続きの神話化　147

徹底討議　168
デトロイト　80

動学的取引コスト　232
同期化　118
同型化　255
統合　92, 165
統合担当者　168
統合担当部門　168
統合的管理職位　28
統合的職位　28
統合メカニズム　169
動作研究　131
倒産　238
同質的競争　78
淘汰　242
トータル・クオリティ・マネジメント　264
独自性　286
トヨタ生産方式　131
取引　221
取引コスト　221
取引特殊的資産　225
取引頻度　225, 227

な 行

内的統合　61
内部経済　69
流れ　115
ナショナリズム　96

日給5ドル制　130
ニッチ　243
認識のギャップ　147

熱さまシート　56
ネットワーク　272
ネットワーク信頼　46
ネットワーク理論　10
粘着性のある知識　104

能力への信頼　41
ノック・ダウン生産　110
ノック・ダウン方式　123
のどぬ〜る　56

は 行

バーゲニング　202
パーソナル・コンピュータ　196
ハイブリッド構造　19
ハイランド・パーク工場　123
発言　36
バッチ生産　51
バナジウム鋼　116
パブリカ　45
パワー　200
パワー格差　188
パワー関係　175
パワー構造の固定化　188
パワー構造変革　214
パワーの自己強化　215
パワーの制度化　215
パワー優位性　33
範囲の経済　233
パンパース　89

尾州　71
ビッグ・スリー　32
ビッグ・ビジネス　70, 114
人質　226
標準化　37, 116
標準の時間的，空間的な共通化　116
ピラミッド型の階層構造　34
品質の作り込み　44

ファシリテーター　207
フィッター　119
封鎖　172
フェイス・トゥ・フェイスのコミュニケーション　79
フォード・システム　70, 116
不確実性　71, 222, 225, 227

──・複雑性　222
不完備契約　222
不祥事　142
不正行為　140
復興金融金庫　181
物的特殊資産　225
プラート　71
プラスチック産業　165
フランチャイズ方式　230
プログラム　129
プロジェクト実行チーム型組織　61
プロダクト・マネジャー　58
プロダクト・ライフ・サイクル仮説　101
分化　92, 165
文化的隔たり　93
分業　14
分断的イノベーション　191
分断の時代　95

平準化　171
隔たり　93
変化への抵抗　301
ベンチャー・キャピタル　66, 83

ホールド・アップ　226
ポスト・イット　55
ホログラフィック　299

ま 行

マーケット・セグメンテーション　211
マーケティング志向のコントロール　210
埋没コスト　239
埋没費用　226
マグネット点火式エンジン　116
マクロ組織論　9
マザー・ドーター組織　96
マトリックス組織　15, 100
マニュアル　48, 129
マルコム・ボルドリッジ国家品質賞　111
マルチナショナル組織　96

ミクロ組織論　9
ミニ・コンピュータ・メーカー　74
未来傾斜原理　43
未来の重さ　43
ミラノ・ファッション　71

無検査受け入れシステム　45
無印良品　132

命令系統の一本化と階層化　158
メインバンク制　181

モータリゼーション　39, 43
目的の差異　201
目標に対する逐次的注意　203
モジュール化　76, 127
モジュラー型アーキテクチャ　37
モジュラー的開発組織　63
モニタリング・システム　182
ものづくり　115
模倣的同型化　256
問題回避　168
問題を起こしてしまった後の対応　148
モントリオール議定書　185

や 行

役員の兼任　181

誘因　7
有機的管理システム　160
有機的な組織体制　53
遊星歯車式変速機　116
雪印食品牛肉偽装事件　145
雪印乳業集団食中毒事件　145

容器産業　167
予測　171
弱い紐帯の強み　276

ら行

ライセンス契約　*230*
ラインとスタッフの役割の明確化　*158*
ラディカル・イノベーション　*191*
ランカシャー　*70*

リスク分散　*33*
離脱　*36*
立地　*66*
立地特殊的資産　*225*
立地優位性　*102*
リヴァー・ルージュ工場　*123*
リン酸塩　*90*

ルート 128　*74*

連続性　*286*

ローカル・フォー・グローバル型イノベーション　*106*
ローカル・フォー・ローカル型イノベーション　*106*
ロックイン　*225*
ロビー活動　*184*

わ行

割り当て　*171*

英字

CRO　*235*
CSR　*300*
EMS　*235*
exit 型　*36*
GATT　*97*
GHQ　*181*
HFC32　*185*
IEC　*184*
IMF　*88*
ISO　*184*
Make or Buy　*222*
MUJIGRAM　*134*
NIH 症候群　*104*
ODM　*235*
OECD　*88*
OJT　*126*
PM　*58*
TQC　*44*
TQC 活動　*111*
TQM　*264*
T 型フォード　*116, 210*
VA　*45*
VE　*45*
voice 型　*36*

著者紹介

山田　耕嗣（やまだ　こうじ）　【序章，第 2, 4～6, 8～11 章】

1969 年　大分県生まれ
1993 年　横浜国立大学経営学部卒業
1998 年　東京大学大学院経済学研究科博士課程企業・市場専攻単位取得退学
現　在　専修大学経営学部准教授

主要著書・論文

『生存と多様性』（分担執筆）（高橋伸夫編著，白桃書房，1999 年）
『超企業・組織論——企業を超える組織のダイナミズム』（分担執筆）（高橋伸夫編著，有斐閣，2000 年）
『ニューリーダーの組織論——企業のダイナミズムを引き出す』（分担執筆）（加藤茂夫編著，泉文堂，2002 年）
『経営入門——よい経営の創り方，よい経営学の学び方』（分担執筆）（加藤茂夫編著，学文社，2012 年）
"Spurious correlation between economies and scale: Model T Ford Revisited." *Annals of Business Administrative Science*, 13, 2014.

佐藤　秀典（さとう　ひでのり）　【第 1, 3, 7, 12～15 章】

1980 年　茨城県生まれ
2004 年　東京大学経済学部経営学科卒業
2010 年　東京大学大学院経済学研究科博士課程企業・市場専攻単位取得退学
現　在　筑波大学ビジネスサイエンス系准教授

主要論文

「制度との対話としての商品開発——損害保険会社による確定拠出年金用商品の開発」（『日本経営学会誌』25, 2010 年）
「正当性獲得行動のジレンマ——損害保険業における近視眼的問題対応」（『組織科学』44 (1), 2010 年）
「感情労働におけるスキルの形成と人材育成——損害保険業における損害サービス部門の事例」（『日本経営学会誌』27, 2011 年）
「組織アイデンティティ論の発生と発展」（組織学会編『組織論レビューⅡ』白桃書房，2013 年）
「ルーチン形成における管理者の認識とパワー——自動車販売現場における管理者の役割」（『組織科学』47 (2), 2013 年）

ライブラリ 経営学コア・テキスト=3
コア・テキストマクロ組織論

2014年9月25日 ⓒ　　　　　　初 版 発 行
2020年3月25日　　　　　　　初版第3刷発行

著　者　山　田　耕　嗣　　　発行者　森　平　敏　孝
　　　　佐　藤　秀　典　　　印刷者　加　藤　文　男
　　　　　　　　　　　　　　製本者　米　良　孝　司

【発行】　　　　　　　　　　株式会社　新世社
〒151-0051　東京都渋谷区千駄ヶ谷1丁目3番25号
編集☎(03)5474-8818(代)　　　サイエンスビル

【発売】　　　　　　　　　　株式会社　サイエンス社
〒151-0051　東京都渋谷区千駄ヶ谷1丁目3番25号
営業☎(03)5474-8500(代)　　　振替 00170-7-2387
FAX☎(03)5474-8900

印刷　加藤文明社　　　　　製本　ブックアート
《検印省略》

本書の内容を無断で複写複製することは，著作者および出
版者の権利を侵害することがありますので，その場合には
あらかじめ小社あて許諾をお求めください．

ISBN 978-4-88384-212-4
PRINTED IN JAPAN

サイエンス社・新世社のホームページのご案内
http://www.saiensu.co.jp
ご意見・ご要望は
shin@saiensu.co.jp まで．